원불교 초기교단 예화모음

글머리에

　대종사님께서는 일생동안 제자들에게 많은 법문을 설하셨습니다. 그때마다 법문에 맞게 예화를 많이 사용하셨다고 합니다.

　하지만 기록이나 구전으로 전해지는 예화들이 많지 않아 아쉽습니다. 특히 대종사님께서 사용하셨던 예화들은 대종사님 당대 제자들도 그리 많이 기억하고 있지 못한 실정입니다. 늦었지만 지금이라도 관심을 가져야 할 것입니다.

　제1부 '대종사님께서 사용하신 예화'는 각종 문헌자료와 대종사님을 모시고 구전심수 하셨던 원로교무님과 선진님들을 통해 대종사님께서 사용하셨던 예화들을 틈틈이 모은 것입니다.

　예화의 특성상 같은 내용일지라도 때와 장소에 따라 조금씩 다르고, 구전으로 전해지는 과정에서 다소 차이가 있을 수 밖에 없습니다. 또 문헌도 기록하는 사람에 따라 조금씩 차이를 보이지만 내용은 대동소이 합니다.

문헌기록이나 구전에는 줄거리만 몇 줄 전해지는 것들을 엮은이가 자료에서 찾아 내용을 엮었습니다. 예화 중심으로 엮다보니 때로는 원문을 요약정리 하였음을 밝힙니다.

〈회보〉나 〈월말통신〉등 대종사님 당대 간행물에서 발췌한 자료들은 시대에 맞게 맞춤법이나 띄어쓰기를 편집자 임의로 정리했음을 밝힙니다.

제2부 '대종사님 감수 아래 회보에 발표한 예화'는 선진님들께서 초기교단 간행물인 〈회보〉에 연재한 것들을 한 자리에 모았습니다.

대종사님 재세시는 일제강점기여서 불법연구회와 대종사님에 대하여 일경의 감시와 탄압이 심했던 때였습니다. 그래서 간행물에 발표했던 자료들은 대종사님께서 일일이 감수하여 발표했습니다. 그러하기에 이 자료들이 더욱 소중하고 의미가 깊다고 생각됩니다.

 책으로 엮어보니 대종사님과 선진님들께 누가 되지나 않을지 염려가 됩니다. 책의 내용 중에 잘못된 점이 있다면 전적으로 엮은이들의 잘못입니다. 잘못된 점은 지적해주시고, 보충해 주시고, 지도해 주시기 바랍니다.

 후진들이 예화를 통하여 대성자이신 대종사님과 선진님들의 혼을 느끼게 하는 것도 이 시대를 사는 후학의 소임이라 생각됩니다.
 대성자들의 한 말씀 한 말씀은 어떤 금은보화로도 살수 없는 것임을 새삼 느끼면서 글머리에 대신합니다.

서문성 · 문향허 교무 심고

원 불 교 초 기 교 단 예 화 모 음

목차

제1부 대종사님께서 사용하신 예화

I. 내소사 공양주

- 내소사 공양주 13 • 이진사의 청법공덕 17
- 삼세를 통하여 인도하신 스승 20 • 식은 밥 한 덩어리에 맺힌 원한 24
- 이차돈의 백유 29 • 덕진 다리의 유래 36
- 홍복이의 시주로 지은 홍복사 42 • 부설거사 일가족의 성도담 50
- 혜가대사와 서대원 선진 58 • 구정선사의 신성 65
- 홍인대사와 육조대사 71 • 금강경 소리에 마음이 열린 나뭇꾼 75
- 스님! 마음을 찾으라고 그랬습니다 76 • 바쁘다 스님 77
- 지정선사의 상좌 79 • 나옹대사의 방편 83 • 나옹대사의 누님 85
- 나옹대사의 누님과 제석천 89 • 내가 진묵이라면 어쩌겠어 91
- 진묵대사의 장보기 95 • 술을 곡차로 알고 마시다 97
- 진묵대사와 십육나한 99 • 진묵대사와 봉곡 101
- 석가불의 참 모습 103 • 간수를 마신 진묵대사 105
- 진묵대사와 홍시 108

II. 영원한 인연

- 영원한 인연 113 • 통장수의 통 매기 116 • 구봉과 사계 119
- 작은 악함이 대업을 그르치나리라 123 • 강태공의 낚시 127
- 순 임금의 효 129 • 단주와 순 임금 134 • 요순과 걸주 138
- 봉사와 문 152 • 저수지로 뛰어간 사람 154 • 박첨지 놀음 155
- 영광 구수미 최일양대의 복 받은 이야기 159 • 5세 신동 김시습 166
- 이항복의 감나무 사건 170 • 간사와 몽학선생 176
- 인연작복은 영생의 큰 일 181 • 불보살 되는 접붙이기 183
- 고양이 새끼 기르기 185 • 정한 데로 주시오 188
- 두 친구의 차이 190 • 천인의 아들 공부시키기 192
- 배도의 관상 195 • 승리는 최후의 5분 202 • 아내의 지혜 204
- 눈을 파목은 과보 206 • 몽바우 장에 가기 208

목차

- 종일 통곡에 부지하부인상사 210 • 까마귀와 왕비의 전쟁 212
- 어머니 뼈와 아버지 뼈 214 • 융희 황제의 전생 217
- 석가와 조달이 218 • 석가, 예수, 에디슨 221

제2부 대종사님 감수 아래 〈회보〉에 발표한 예화

I. 화목의 비결
- 화목의 비결 233 • 독심이 변하여 양심으로 237 • 자신의 추천장 246
- 사랑의 여함장 249 • 천진한 생활 260 • 관인대도 265
- 인자은애 271 • 무저항의 성력 276 • 담 효자의 이야기 280
- 오뉘탑의 전설 290 • 무형한 함정 298 • 계의 보은 302
- 아버지 덕 308 • 보지도 못했는데 309 • 장님등불 310
- 아버지 어렸을 때 311 • 이것도 바람 312 • 뻐꾸새 313
- 쓴 것만 해도 314 • 시인과 하인 315 • 바보영감의 술 떡 317

II. 무자비의 자비
- 무자비의 자비 323 • 범종대화상 326 • 욕심과 착심 329
- 소동파와 불인선사간 문답 334 • 사심은 우리의 원수이다 336
- 각후에 덕성 340 • 천불문답 344 • 효도의 감응 348
- 정성은 성공의 어머니 353 • 부처님의 평등 자애 358
- 남을 제도하려면 부루나존자의 본을 받자 363 • 강의대담 367
- 노군과 장자의 문답 372 • 조조의 돈지 375
- 부모 보은에 대한 감상 377 • 나의 참회 381
- 까닭있고 열심있는 사람이 됩시다 385 • 몽환같은 일생 389
- 자기적 동지가 되자 399 • 양설을 경계하신 옛 이야기 404

제1부
대종사님께서 사용하신 예화

Ⅰ. 내소사 공양주
Ⅱ. 영원한 인연

I 내소사 공양주

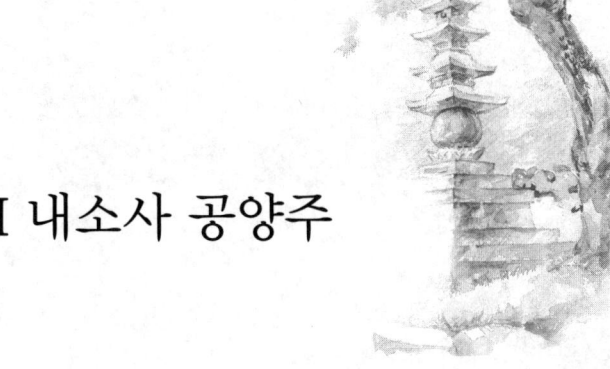

내소사 공양주

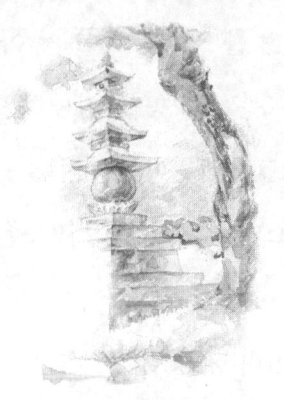

내소사란 절에는 중들이 어찌도 많이 사는지 월급을 주고 공양주를 부릴 정도였다. 하루는 더벅머리 총각이 오더니 "나는 돈을 안 주어도 좋으니 틈틈이 고승석덕(高僧碩德)들의 법문을 듣게 해 주십시오."라고 사정해 함께 살게 되었다.

공양주 총각은 뭐가 그리 기쁜지 나무할 때도 싱글벙글, 아궁이에 불을 때면서도 싱글벙글, 밥을 하고 청소를 하면서도 싱글벙글, 항상 즐거운 마음으로 일을 하였다.

승려들은 무보수로 공양주 노릇하는 총각을 보고 "중도 아니고 속인도 아니다."고 비아냥거렸다.

공양주 총각은 그때마다 "나야 밭에서 죽으면 밭 임자가 치울 것이요, 산에서 죽으면 산 임자가 치울 것이며, 물에서 죽으면 물 임자가 치울 것 아니오?"라고 말했다.

그는 중노동을 감내하면서도 약속대로 고승들의 법문만은 다 청법하였다.

스님들은 시주 받고 노는 것 등으로 세월을 보낼 뿐 누구 하나 하찮은 공양주에게 눈을 돌리지 않았다.

여러 해가 지난 어느 날, 갑자기 공양주가 아무 말 없이 사라져 버리자 스님들은 공양주를 찾기 시작하였다. 무슨 영문인지 몰라 궁금했기 때문이었다.

그때 대웅전 뒤 담장 옆에서 서기가 방광했다. 스님들이 모두 서기가 방광하는 곳으로 달려가보니 더벅머리 공양주는 이미 앉은 채로 열반에 든 상태였다.

그제야 스님들은 공양주가 큰 도인이었다는 것을 알았다고 한다.

대종사는 제자들에게 "내소사 공양주의 정신을 닮으라"고 당부하면서 내소사 공양주를 여래라고 하였다

대종사는 제자들에게 말씀하셨다.

"그 공양주는 평생 동안 대중에게 공양주 노릇만 하느라 선(禪)공부는 한번도 안하였다고 한다. 하지만 공양주는 그 속에서 항상 낙도생활을 하여 불평하는 마음이 없이 살았다하니,

그는 마음 가운데에 참 공부길을 대중 잡고 수 십년 동안 동정 일여 공부를 속깊게 한 것이다. 하루는 공양주가 없어져 찾아 보니 뒷 담장 옆에서 앉은채 열반하였고 서기가 비쳤다고 한 다. 그것이 좌탈입망이니 공양주가 큰 도인이다. 너희들도 평생 똥지게만 지고 일만 하라 한다면 불평 없이 살겠는가 대조하여 보아라."

　대종사님 당대 제자들은 "내소사 공양주 이야기는 대종사님께서 즐겨 사용하였던 예화중의 하나."라고 증언하고 있다.
　대종사 당대 제자인 묵타원 권우연 교무가 〈월간원광〉에 연재한 '대종사님의 그때 그 말씀'에도 기록되어 있다

내소사는 어떤 절인가?

　내소사는 전북 부안군 변산반도에 자리한 절로 백제 무왕 34년(633) 혜구두타가 창건하였다. 일주문에서 천왕문에 이르는 600m가량의 전나무 숲길로 유명하다. 대종사께서도 몇 차례 방문한 적이 있다.
　대종사는 영산에서 봉래정사에 가실 때 내소사를 들러 가셨다. 대종사는 내소사 인근인 보안면 종곡에 살고 있는 이춘풍의 집에 머무신 후 이춘풍과 함께 내소사를 둘러보고 내소사

산내 암자인 청련암(靑蓮庵) 비탈길을 넘어 도학골을 거쳐 봉래정사에 오셨다.

〈대종경〉 수행품 34장 법문은 이 때 나온 법문이다.

대종사 이춘풍으로 더불어 청련암 뒷산 험한 재를 넘으시다가 말씀하시기를 "험한 길을 당하니 일심 공부가 저절로 되는도다. 그러므로, 길을 가되 험한 곳에서는 오히려 실수가 적고 평탄한 곳에서 실수가 있기 쉬우며, 일을 하되 어려운 일에는 오히려 실수가 적고 쉬운 일에 도리어 실수가 있기 쉽나니, 공부하는 사람이 험하고 평탄한 곳이나 어렵고 쉬운 일에 대중이 한결같아야 일행삼매(一行三昧)의 공부를 성취하나니라."

이진사의 청법공덕

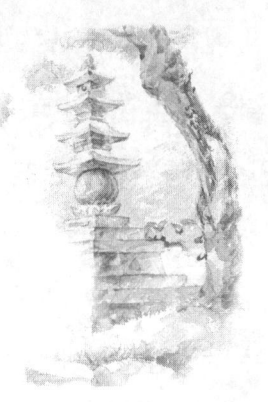

'이진사가 청법공덕이 인연이 되어 도를 이룬 성도담'은 대종사께서 평소 자주 사용하셨던 예화이다. 범산 이공전 등 대종사 당대 제자들의 증언이다.

옛날 이진사라는 사람은 세속락을 누리며 살던 유학자로 불교에 대해 좋지 않은 생각을 가지고 있었다.

어느 봄 날 화전놀이를 다녀오다가 마침 비가 와 어느 절 문에 의지해 비를 피하게 되었다. 그때 절 안에서 "대방광불 화엄경 대방광불 화엄경"하고 경 읽는 소리가 나는지라 "체, 대방광불화엄경이 다 뭐야."하고 빈정거렸다.

비가 그친 뒤에 집에 돌아와 낮잠을 자던 이진사는 머슴들의 장작 패는 소리에 까무라쳐버렸다. 갑작스런 일에 온 집안 식구들은 울고 야단이 났다.

이진사는 까무러친 채 무사들의 호위를 받으며 어디론가 가고 있었다. 그러다가 무사들이 있는 곳을 벗어나 한참을 가다보니 신선 두 명이 바둑을 두고 있고, 한 신선은 옆에서 훈수를 두는 모습을 보게 됐다.

이진사는 그 모습이 어찌나 보기 좋은지 '나도 당장 저런 도포를 입고 바둑이나 두었으면 좋겠다'고 생각했다. 그러자 세 사람 가운데 흰 도포를 입은 신선이 옷을 벗어주며 "내 대신 여기서 바둑을 두겠느냐."고 하였다.

이진사가 그 옷을 받아서 막 걸치려고 하는데 별안간 공중에서 "대방광불화엄경 한 번만 외운 사람도 축생보에 떨어지지 않는데 너는 왜 축생의 가죽을 둘러쓰려고 하느냐?"하고 외치는 소리가 들렸다. 이진사는 그 소리에 깜짝 놀라 도포를 입으려다 멈추었다.

다시 한참 걷다보니 예쁜 기생들이 노래와 춤을 추고 있는 모습을 보게 됐다. 이진사는 '나도 저기에서 기생들과 같이 노래하고 춤을 추었으면 좋겠다'고 생각했다. 그러자 기생들이 와서 "같이 놀자."고 하는지라 마악 그곳으로 가려는데 또 공중에서 "이진사야! 대방광불화엄경 한번만 외운 사람도 축생보에 떨어지지 않은데 너는 왜 축생의 굴 속으로 들어가려고 하느냐."고 외치는 소리가 들렸다. 그 소리에 깨어보니 집안 식구들이 모두 이진사 옆에 앉아 울고 있었다.

 이진사는 머슴을 시켜 꿈에 보았던 집안 구석구석을 찾아보라 하였다. 강아지 세 마리가 금방 태어났는데 그 중 흰 강아지는 죽어있었고 집 뒤에는 개구리들이 모여서 울고 있었다 한다. 강아지 세 마리는 신선이고, 개구리들은 기생들이었던 것이다.

 이진사는 그 길로 출가를 단행하여 입산수도를 하였다. 부인과 자녀들이 물어물어 찾아와도 산봉우리 위로 올라가 만나주지 않았다.

 그가 열심히 수도하여 깨닫고 보니 과거에 자기가 까무라쳐 제일 먼저 만난 무사들은 벌떼들이었고, 예쁜 기생들은 개구리요, 바둑 두는 신선들은 강아지였음을 확연히 알 수 있었다.

 이진사는 부안 줄포에 살았던 유학자였고, 절 문에서 비를 피하며 "대방광불화엄경"하고 경 읽는 소리를 들은 곳은 내소사라 한다. 또 이진사가 출가수도한 곳은 내변산으로, 지금도 이진사가 수도하던 골짜기를 도학골이라 부르고 있다. 도학골은 원불교 변산성지 봉래정사 맞은편 골짜기를 말한다.

삼세를 통하여 인도하신 스승

옛날 마을에서 멀리 떨어진 깊은 산 속에 낡은 절 한 칸을 짓고 사는 훌륭한 노승이 있었다. 하루는 마을에 살던 한 청년이 도에 발심해 노승을 찾아와 문답을 나누었다.

"도를 배우러 왔습니다."

"도를 배우려거든 내가 시키는 대로 해야 하는데 그렇게 할 수 있겠느냐."

"네, 그렇게 하겠습니다."

하지만 노승은 제자에게 밥 짓고 빨래하고 청소하고 나무하는 일 외에는 아무 말도 하지 않았다.

한달 두달, 한해 두해가 흘러도 마찬가지였다. 청년은 그래도 '우리 스승님께서 나에게 도를 가르쳐주시겠지…' 하는 마음으로 오직 일만 열심히 했다.

어언 10년이라는 세월이 흘렀다. 어느 날 갑자기 노승이 청년을 불렀다.

"이리 오너라, 내가 나이가 찰대로 다 찼고 몸이 늙었으니 갈 때가 다 되었다. 나는 아랫마을 김정승 댁 애기로 태어날 것이니 나를 보고 싶거든 태어난지 3일 후에 그 애기를 봐라. 아이가 오른손에 입을 대고 천장을 한 번 쳐다본 후에 빙그레 웃으면서 오른쪽으로 돌아누울 것이니 나인줄 알아라. 그러면 뒤도 옆도 쳐다보지 말고 곧장 신발을 신은 후 네 발길이 닿는 대로 멀리 달아나거라. 그리고 기다리며 살아라. 언젠가 한 청년이 머리에 예쁜 띠를 두르고, 크고 누런 황소를 옆으로 비껴 타고 피리를 불며 나타날 것이니 바로 나인줄 알아라."고 말한 후 홀연히 열반에 들었다. 참 허망도 하지, 10년간 도를 배우려 했건만….

그렇지만 청년은 '우리 스승님은 절대 빈말은 하지 않으실 것이다'고 생각했다. 곧장 절을 다 정리한 후 개나리 봇짐 하나 등에 메고 김정승 댁에 갔다.

"저는 저 산에 살던 중입니다. 스님이 돌아가시고 혼자 몸이라 여기서 얼마간이라도 의지하고 살게 해 주십시오. 머슴을 하라면 머슴을 하고, 종노릇을 하라면 종노릇을 할 테니 무슨 일이라도 시켜주십시오."라고 간청했다.

주인은 불쌍하다 싶어서 "그렇게 하라."고 허락했다. 청년은 성실하게 살았다. 청소도 하고, 소여물을 따뜻하게 끓여서 소를 배불리 먹이는 등 모든 일을 다 잘 하였다.

그 즈음 정승 마나님이 태기가 있어 10달 후 애기를 낳았다. 아들이 없어 간절히 바라던 차에 아들을 낳으니 큰 경사였다. 아이를 난지 이틀째 되던 날, 청년은 모든 일을 다 정리하고 목욕재계를 한 후 다음날을 준비했다. 다음날 아침 일찍 마나님을 찾아뵈었다.

"제 원이 하나 있는데 들어 주시겠습니까?"

"무엇인가."

"아이를 잠깐만 보았으면 제 원이 풀릴까 합니다."

마나님은 평소 성실하고 믿을만한 사람이라 쾌히 허락하고 그 사이 부엌에 물을 뜨러 나갔다. 청년이 방에 들어가 보니까 정말로 아이가 한번 천장을 쳐다보고 빙그레 웃으며 입을 오른손에 대고 왼쪽으로 돌아누웠다. 노승이 일러 준 대로 뒤도 옆도 돌아보지 않고 짚신을 신고 발길 닿는 대로 달려갔다.

얼마쯤 가니 앞에 강이 있고 강가에 조그마한 나룻배가 있는지라 그것을 타고 건너가 깊은 산중으로 들어갔다. 그곳에서 땅을 일구어 수수, 감자, 조 등 곡식을 심고 밭을 매면서 살게 되었다.

  얼마 후 들려오는 소문을 들어보니 '청년이 정승댁 아이를 보고 난 뒤 마나님이 방에 들어가 보니 아이가 죽어있더라는 것이다. 그래서 그 옆 마을에 있는 여러 머슴을 네 패로 나누어 그 청년을 잡아오도록 했다'는 것이다.

  그 청년은 앉으나 서나, 밭을 매나 밥을 먹으나 자기 스승님이 머리에 예쁜 띠를 두르고, 누런 황소를 옆으로 비껴타고 피리를 불고 나타나겠지 하는 모습이 항상 눈에 어른거렸다.

  세월이 흘러 10년이 지났을까. 하루는 밭을 매고 있는데 언덕 너머에 한 청년이 예쁜 띠를 두르고 피리를 불며 나타났다. 밭을 매던 청년은 곧장 달려갔다. 스승님을 부르며 발과 황소를 안고 얼굴을 비비며 흐느껴 울었다. 그 사람은 청년의 머리를 쓰다듬으면서 "너였구나, 기다리느라고 얼마나 고생했느냐?"고 위로했다. 청년은 그 말 한마디에 마음이 열려서 도를 얻게 되었다

  스승이 제자를 깨치기 위하여 삼세를 통해 노승으로, 어린아이로, 목동으로 나시어 믿음을 인도하셨던 것이다.

  대종사는 이야기를 마치고 제자들에게 말씀하셨다.

  "소 끌고 지붕 위에 올라가라고 하면 그렇게 하라! 그 정도 신심이 있어야 도를 이루리라."

식은 밥 한덩어리에 맺힌 원한

대종사께서는 '변산의 포수 이야기'도 자주 사용하셨다. 범산 이공전등 대종사 당대 제자들의 증언이다.

불교와 관련된 설화는 대종사께서 변산에서 제법하실 때 월명암 백학명 선사등 스님들과 교류하며 들은 내용이라고 한다.

변산 월명암은 예로부터 수도도량으로 유명하여 큰스님들이 많이 수도한 곳이다.

월명암에서 수도하여 도를 깨친 대사 한 분이 절 뜰 앞에 서 있었다. 그 때 큰 멧돼지 한 마리가 절 아래에서 정신없이 달려왔다. 월명암에 들어온 맷돼지는 어디로 갈 줄 모르고 헤매고 있었다. 불쌍히 여긴 대사가 월명암 마루 밑 문을 열고 들어가도록 한 후 상좌에게 시원한 냉수 한 그릇을 떠오도록 하였다.

　조금 있으니 총을 든 포수가 숨을 헐떡거리며 달려와 대사에게 물었다.

　"스님, 멧돼지 못봤습니까, 내가 멧돼지를 잡으려고 따라오다가 월명암 근처에서 놓쳐버렸습니다."

　"본 것도 같고 안 본 것도 같습니다. 그러나 당신이 비지땀을 흘리며 숨을 몰아쉬는 것을 보니 멧돼지를 잡기 전에 먼저 죽게 생겼소. 여기 시원한 냉수나 한 그릇 드시오."

　목이 마른 포수는 대사가 주는 냉수 한 그릇을 벌컥벌컥 마셨다.

　"멧돼지는 다 잡게 되어있으니 멧돼지를 잡기 전에 내 이야기나 한번 들어 보시오."

　"사냥을 하는 사람에게 무슨 이야기를 한다는 것입니까. 멧돼지 간 길이나 일러 주십시오."

　"이쪽으로 간 것도 같고 저쪽으로 간 것도 같으니 알아서 가시오."

　"그런 말이 어디 있습니까. 빨리 이야기 하시고 알려주십시오."

대사는 이야기를 시작하였다.

"예로부터 변산에는 명당이 많기로 소문이 나 지관들이 많이 찾아 다녔습니다. 하루는 지관 한 사람이 명당을 찾아 변산 산중을 다니다가 길을 잃었습니다. 한참을 헤매다가 겨우 벌초하는 사람을 만날 수 있었습니다. 지친 몸을 쉬다가 보니 묘지 옆 소나무에 도시락이 매달려있는 것을 보았습니다.

산속을 헤매느라 몇 끼니를 굶은 지관은 시장기가 더욱 발동하였습니다. 지관은 벌초하는 사람이 도시락 먹기만을 기다렸습니다. 벌초가 끝난 그 사람은 옆에 사람이 있어도 본 체도 하지 않았습니다. 먹어보란 말도 않고 혼자만 먹기 시작하였습니다. 이제나 저제나 기다려 보았지만 본 체도 하지 않았고 이제 도시락은 얼마 남지 않았습니다.

"여보시오, 내가 이 산중에서 길을 잃고 헤매느라 몇 끼니를 굶어서 기갈이 자심하오. 밥 한 수저라도 나 좀 요기를 하게 해주오."

"도시락이 몇 개라도 모자랄 지경인데 남 줄 밥이 어디 있습니까?"하고 다 먹어버렸습니다.

기갈이 극심했던 지관은 원한을 가득 품고 그 자리에서 죽어버렸습니다. 그 사람은 "죽으려면 다른 곳에서 죽을 것이지 하필 남의 묘지에서 죽어, 별 재수 없는 꼴을 다 보겠다."면서 작대기로 시신을 한쪽으로 치워버렸습니다.

 원한을 가득 품고 죽은 지관은 결국 독사로 태어났습니다. 벌초하던 사람은 해마다 그 묘지에 와서 벌초를 했습니다. 몇 해가 지난 어느날, 벌초를 하고 도시락을 먹은 후 가까이에 있는 옹달샘에 가서 물을 먹으려는 순간 독사가 그만 입을 물어버렸습니다.

 독이 온몸에 퍼져도 어찌할 방도가 없어 그 자리에서 죽으며 '남의 머슴 사는 놈이 벌초를 한다고 산중까지 와 물 좀 먹는데, 네가 나에게 어떤 원수가 있어서 입을 물어 죽게 해' 하면서 원한을 품었습니다.

 독사에게 물려 죽은 사람은 멧돼지의 몸을 받아 태어났습니다.

 몇 해가 지나자 변산 산중에 멧돼지 한 마리가 나타나 뱀이라는 뱀은 다 잡아먹고 다녔습니다.

 독사는 다시 사람으로 태어나 포수가 되었습니다. 그런데 포수는 다른 짐승은 잡지 않고 멧돼지만 보면 다잡아 씨를 말리려고 했습니다."

 대사에게 이 말을 들은 포수는 눈물을 죽 흘리며
 "그 이야기가 바로 제 이야기만 같습니다."

"바로 당신 이야기입니다. 멧돼지를 잡고 나면, 멧돼지는 다시 당신을 잡기위해 또 무엇으로 태어날지 모르니 어찌하렵니까?"

"어찌하면 좋겠습니까?"

"원망을 다 놓아버리고 갚을 자리에 참아버리면 되니 총부터 버리시오."

포수는 총을 주춧돌에 던져 두동강을 내었습니다.

"멧돼지는 이 마루 밑에 있습니다. 어찌 하렵니까?"

"잡지 않으렵니다."

포수는 '식은 밥 한 덩어리가 원한이 되어 이렇게 원한이 끊이지 않는구나' 하는 깨달음이 생겨 머리를 깍고 대사의 상좌가 되었다.

수도에 정진한 포수는 마침내 인과의 이치를 깨달았다. 그래서 월명암에는 인과의 이치를 깨달은 큰 대사 두 명이 나왔다고 전해오고 있다.

변산포수 이야기와 유사한 내용이 강원도 철원군 보개산 석대암의 연기 설화로도 전해오고 있다.

이차돈의 백유

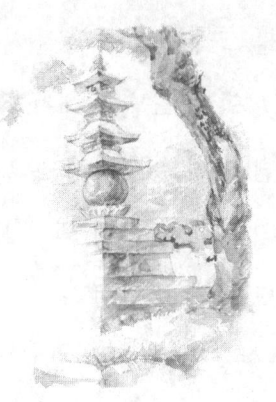

　대종사께서는 이차돈의 순교 정신에 대해 말씀하셨다고 한다. 대산종사의 증언이다. 대산종사도 자주 이차돈의 백유(白浮)에 대해 법문하였다.
　김영신 선진은 〈회보〉 제29호에 '이차돈의 빛난 희생을 보고'라는 글을 실었다. 이차돈의 백유에 대하여는 대종사께서 말씀하신 것과 약간은 다를지 모르나 이 또한 대종사께서 직접 감수하신 후 발표하셨기에 그대로 인용한다.

　지금으로부터 일천 수백년 전 신라에 법흥왕이라는 인군(仁君)이 계시고 그 신하에 이차돈(성은 박씨요 일명 염촉이라고도 함)이라는 성자 한 분이 계셨으니, 그 두 분은 곧 조선 불교를 크게 융흥케 하신 거룩한 어른이시다.

 그 역사 일부를 대강 듣건대 법흥왕 당시에는 얼마 전부터 불법이 비록 신라에 수입은 되었으나 어떠한 관계로 일반 조정의 반대를 받게 되어 보통 민간에서는 불교가 세상에 있는지도 알지 못하며 혹 이웃 나라에서 승려가 나온다면 아이들은 성군작당(成群作黨)하여 쫓아다니며 무슨 별 물건이나 보는 듯이 서로 모여서 구경을 하였다 하니 그때의 불법이 너무나 잔미하고 희귀한 것을 가히 상상할 수 있다.

 그러나 법흥왕께서는 과거에 불연이 중하신 어른이라, 내심에 불교를 깊이 신앙하시고 사원과 불사를 지어 나라를 이롭게 하고 백성을 복되게 하라는 칙령을 내리시었다.

 그때에 만조 제신은 일제히 "근래에 흉년이 잦고 백성이 불안하며 이웃나라의 적병이 국경을 침범하야 전쟁이 끊일 새가 없사온데 어느 여가에 백성에게 부역을 시켜서 그 무용한 사원을 지으라 하십니까." 하며 굳센 어조로 반대하였다.

 왕은 그 신하들의 반대를 당하시고는 하도 어이가 없고 심기가 불편하사 용안에 늘 남모르는 근심을 가지고 계시니 궁중 근시(宮中近侍)는 따라서 근심 빛이 많았다. 그 가운데에도 특별히 인군의 마음을 잘 알아차리는 근시내사인(近侍內舍人)으로 있는 나이 30미만의 묘령 청년이 있으니 그가 곧 성자 이차돈 이었다.

차돈은 외모가 아름답고 심지가 굳세며 겸하여 불교에 대한 이해가 충분한 남자로서 임금을 위하여서는 또는 도덕을 위하여서는 몸을 희생하면서도 정성을 다하여야 된다는 충의를 가진 사람이었다. 무슨 일이든지 자기가 맡은 일은 뼈가 으스러지도록 충성을 다하여 봉명거행(奉命擧行)함으로써 왕께서도 이차돈을 자식같이 사랑하였다.

어느 날 깊은 궁중 어떤 빈방에서 왕과 이차돈은 고요히 만났다. 군신간은 서로 얼굴을 쳐다 보다가 무거운 입을 열게 되었다.

"밤이 깊은 이때에 네가 나를 찾아옴은 궁중에 무슨 변사가 있느냐." 하고 정중히 말을 내리시었다.

"아니올시다. 일전 조신들이 어명을 거슬린 뒤로부터 용안을 엎드려 살피온즉 우려가 계신 듯 하와 위로의 말씀을 드릴 겸 해서 감히 어전에 헌신한 것이옵나이다." 하고 다시 엎드려 말하기를 "황송하온 일이오나 무슨 말씀을 아뢰고자 하옵는데 전하께서는 들어주실런지요."

"오냐, 무슨 말이든지 하여라. 네가 하는 말이야 무슨 말이든지 안 들을 리가 있겠느냐."

"네, 그러면 아뢰겠습니다. 만일 불교를 일으키시려거든 신의 소원과 청을 들어주십시오."

"너의 청과 원이란 무엇이냐."

"신이 거짓 왕명을 유자(儒者)에게 전하야 정사 사원을 지으라고 하겠나이다. 이와 같이 하오면 군신들이 반드시 가할 것이온즉 대왕께서는 곧 칙명을 내리시되 '내 명을 내림이 없거늘 누가 거짓 전하였느냐' 라고 하소서. 그리하오면 신이 자진하야 자복하겠사온바 저 군신들이 이것을 들으면 신의 죄를 탄핵할 것이오니 그때에는 저들의 말을 옳게 여기시고 왕명을 속였다는 죄로 신을 곧 사형에 처하여 주시옵소서"하였다.

이 말을 들은 왕은 깊이 탄식하시고 눈물을 흘리시며 목 메인 어조로 말씀하시었다.

"너의 충성과 신앙심은 천지신명이 조림하실만큼 가상하다만 그것들이 이미 저렇게 우치하거니 너를 죽인들 무슨 신통한 일이 있겠느냐."

"아니올시다 대성(大聖)의 교법은 반드시 천신이 받드는 바이오니 만일 소신이 불법을 위하여 일심으로써 죽사오면 기필코 천신의 감응을 받아 어떠한 이적이 나타날 줄로 믿습니다. 그리하여 어떠한 이적이 나타난 후에는 누가 감히 사원 건축에 거역할 자 있으며 불교 발전에 무슨 장애가 있겠습니까. 저는 오로지 그 일심으로써 대왕과 부처님께 바치려고 합니다."

고 하였다.

그러나 왕은 쉽게 이 말씀에 동의하지 않으시며 가라사대,

"내가 불교를 발전하려 하는 것은 사람을 살리려고 하는 것이어늘 어찌 차마 사람을 죽여 불법 발전을 도모하겠느냐."고 하시었다.

때에 이차돈은 다시 고하되 "사람의 생명은 비록 버리기 어렵다 하나 그 영혼은 향상 여여하여 불멸한 것이오며, 한 사람이 죽어서 만인이 좋게 된다면 또한 이치에 어긴 일이 아니오니 소신이 저녁에 죽고라도 대교(大敎)가 아침에 행한다면 불일재휘(佛日再輝)하야 성주(聖主)가 길이 평안하시고 생령이 같이 홍복(洪福)을 입을지니 신이 비록 죽는다 할지라도 사는 것과 무슨 다름이 있겠습니까. 신은 이미 결정한 바가 있사오니 성상은 만류치 마옵소서."하고 재삼 그 결심한 바를 표시하였다.

왕이 다시 탄식하시고 가라사대 "너의 결심이 이렇듯 견고하니 내가 더 만류는 못한다만 무죄한 너를 사형에 들게 한 나의 심사는 그 어떠하겠느냐. 너는 과연 보살의 후신이요, 범상한 사람은 아니로다. 너의 이 몸을 버린 후 다시 좋은 몸을 얻어 가지고 우리 군신의 오늘날 미진한 한을 풀어 주기 바란다." 하시고 이차돈의 손목을 힘있게 쥐어 주시었다.

그런지 몇일 후에 과연 이차돈은 다른 신하들의 고발로 어전에 잡혀 나오게 되었다.

왕이 정중한 말씀으로 "어찌 왕명을 거짓 전하였느냐."고 물었지만 이차돈은 황겁한 태도로 고개를 숙이고 아무 말이 없었다.

왕은 거짓 성내시며 "이런 일의 처리를 어떻게 하였으면 옳을까" 하시고 한 번 제신을 돌아보시니 제신들은 다투어 말하기를 "인군을 속인 죄 지중하니 마땅히 사형에 처하여지이다." 하였다.

왕은 한참동안 묵연하시다가 "그러면 여러 사람의 의견을 좇아 사형에 처하라"고 분부하시니 그때에 이차돈은 하늘을 향하여 "나는 불법을 위하여 형벌을 받겠사오니 부처님의 영험이 계시거든 마땅히 감동이 있게 하소서."하고 부르짖었다.

말을 마침에 형관이 칼을 들어 이차돈의 목을 베어서 떨어뜨렸다. 아 이상할 사! 목은 어디로 날아 갔는지 볼 수 없고 흰 젖이 끊어진 목으로부터 여러 길을 솟아오르는지라, 수많은 사람들은 이 광경을 보고 뉘 아니 놀라지 않으리까. 그때부터 모두 불법을 신앙하게 되고 불교의 세력이 조수같이 밀려들어가위 불세계가 되었다고 한다.

과연 일심이 지극한 머리에는 이적이 나타나는 것이며, 정성이 지극하면 천신이 감응하는 것이니 이차돈의 빛난 죽음은 이와 같은 거룩한 결과를 나타내지 않았는가.

　그런즉 우리는 이러한 혈심 노력한 분의 말씀을 들을 때에 범연히 청과할 것이 아니다. 오직 이차돈은 그런 무지한 일반 대중에게 그와 같은 희생을 당하면서도 정법을 포양케 하였으니, 우리는 그 이차돈의 헌신적 희생적 정신을 모방하야 어떠한 천신만고라도, 아무러한 비탕도화(沸湯徒花)라도 오직 이차돈의 용맹성을 보감 삼아서 매진한다면 세상에 성공 못할 일이 하나도 없으리라고 생각한다.

원기21년 〈회보〉 제29호 김영신.

덕진다리의 유래

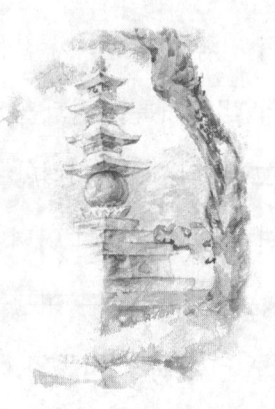

일명 '덕진이 이야기'로 전해지는 덕진다리의 유래는 대종사께서 자주 제자들에게 말씀하셨다. 양산 김중묵의 《인과의 세계》에도 소개되었다. 범산 이공전 종사가 '대종사 사용하셨던 예화'를 말할 때 자주 소개하는 이야기다. 《인과의 세계》에 소개된 내용을 인용한다.

영광에 가면 '관철네 마당'이라는 말이 있다. 이 말은 실속 없이 넓고 크기만 한 마당을 가리키는 말이다.
신라시대 영광 법성에 관철이라고 하는 사람이 살고 있었다. 그런데 이 사람은 3천석이나 짓는 부자였지만 어찌나 성질이 고약하고 욕심이 많던지 혀를 내두르지 않는 사람이 없었다.

욕심이 얼마나 많은가 하면 가을에 소작인들이 폐농하여 소작료를 조금 감해달라고 하면 "다른 사람은 농사를 잘 지었는데 왜 그대만 농사를 잘못 지어 그러느냐. 그렇게 농사 지으려면 논을 내놓으라."고 야단을 칠 정도였다. 그 바람에 소작인들은 논을 빼앗길까봐 아무 말도 못하였다.

또 소작료를 가지고 가면 마쟁이를 시켜 말로 되는데 마쟁이에게 돈을 주어 말을 듬뿍 듬뿍 되게 하였다. 그렇게 하지 않았다가는 마쟁이 자리를 빼앗기기 때문에 마쟁이도 할 수 없었다.

그런가 하면 또 풍구쟁이를 시켜 곡식을 풍구질하는데 쭉정이 하나 없이 깨끗하게 풍구질하게 하니 소작인들이 한 섬을 가져가면 한 두말 축나는 일이 예사였다. 억울한 소작인들은 "죽어서 구렁이나 되라, 지옥에나 떨어져라."고 욕했다.

그래서 그랬는지 관철이가 시감을 앓게 되었다. 시감이란 감기 비슷한 증세로 열이 오르는 병이다. 약방에 가서 약을 지어 다려 먹었는데 그만 죽고 말았다. 의사가 감기인줄 알고 약에 인삼을 넣었기 때문이다. 열체질에 인삼이 들어가니 죽고 말았던 것이다.

관철은 청의동자의 안내를 받아 어디로 가게 되었다. 한참 가니 시퍼런 강물이 있고 그 강물 위에 외나무다리가 걸려 있었다. 동자의 뒤를 따라 조심스레 그 다리를 건너니 거기가 저 승이라고 했다.

저승에 온 관철은 동자의 뒤를 따라 재판정에 갔다. 재판정 안에는 염라대왕이 위의를 갖춰 앉아 있었고 그 주위에 수많은 판관들이 앉아 있었다.

관철을 본 염라대왕께서 "너는 아직 올 때가 아닌데 왜 왔느냐, 어서 나갔다가 8년 후에 오너라."고 하였다. 관철이 나오다 생각하니 집에서 가지고 간 여비를 다 써버리고 없었다.

그것을 걱정하니 염라대왕께서 "네 창고에 가면 거기에 돈이 있을 것이니 거기 가서 가져가라."고 하였다.

안내를 받아 자기 창고에 가보니 커다란 창고 앞에 '관철지고' 라 쓰여 있었다. '아 여기에도 내 창고가 있구나' 싶어서 기쁜 마음으로 창고 문을 열어 보니 안은 텅 비어 있고 오직 주춧돌 세개와 볏짚 다섯다발이 덩그렇게 놓여 있지 않은가?

주춧돌 세개는 사촌이 집을 지을 때 좀 도와 달라고 하자 다른 것은 아까워 주지 못하고 겨우 주춧돌 세개 준 것이고, 볏짚 다섯다발은 이웃집 가난한 여자가 어린애를 낳고 굶주리고 있을 때 다른 것은 아까워 주지 못하고 땔것 하라고 주었던 것이다.

결국 돈이 하나도 없으니 가지고 갈 것이 없었다. 할 수 없이 다른 사람의 창고에서 돈을 빌려가기로 하고 옆의 창고를 보니 '덕진지고' 라 쓰여 있는데 그 창고 안에는 금, 은, 돈, 식량 할 것 없이 가득 차 있었다. '이 사람은 얼마나 부자이기에 이토록 돈이 많을까' 생각하면서 노자를 좀 얻어 가지고 돌아오다가 지난번에 건넜던 외나무다리에 이르러 깜작 놀라보니 자기 집에 누어 있었다. 죽은지 이틀만에 되살아난 것이다.

 지난 일을 생각해보니 꿈도 같고, 도깨비에게 홀린 것도 같아 이상하였으나 너무나 역력하고 신기하여 그 뒤 덕진이라는 사람을 찾아보기로 마음먹었다. 여러 곳을 해매며 덕진이를 찾았으나 좀처럼 찾을 수가 없었다.

 며칠이 지난 후 전주 어느 산모퉁이를 지나게 되었다. 해는 지는데 배는 고파오고 다리는 아파 쉬어갈 곳을 찾았다. 그때 마침 주막이 있어서 그 집에 들어가 술과 음식을 청했다. 주인이 "덕진아 손님 왔다."하면서 덕진이를 부르지 않는가? 귀가 번쩍하여 덕진이를 보니 지지리도 못생긴 노처녀였다. 너무나 못났기 때문에 시집갈 생각도 단념하고 먼 일가뻘 되는 이 주막집에서 밥도 하고 심부름도 하면서 살고 있었.

 이윽고 밥상 차려오는 것을 보니 깨끗하고 정성스러웠다. 식사를 끝낸 관철은 덕진이의 행동을 유심히 관찰했다. 덕진이는 설것이를 깨끗하게 하고는 구정물에 들어간 밥풀, 무 조각,

나물 건더기 등을 조리에 받아서 꽉 짜더니 그것을 버리지 않고 자기 밥 반 그릇을 덜어 비벼서 먹었다.

얼마 후 길을 가던 손님들이 "덕진이 있소."하며 찾아오면 마치 친오빠나 친동생과 같이 정성스럽게 상을 차려 손님을 대접했다. 이 주막에서는 손님들에게 밥을 파는데 돈을 3전 내면 밥을 큰 그릇으로 한 그릇 주고, 2전 내면 작은 그릇에 밥을 담아주었다.

그런데 키는 크고 건장한 손님이 돈이 없었던지 2전 짜리 밥을 달라는 말을 듣고 덕진이는 자기가 조금 전에 남겨두었던 밥을 더 담아서 상을 내주었다. 뿐만 아니라 손님들이 벗어놓은 감발(양말이 없는 때라 발을 감는 베)을 깨끗하게 빨아서 여기저기 널었다가 새벽길 떠나는 손님들이 신고 갈 수 있도록 해주었고, 밤늦게 찾아오는 손님도 반갑게 맞이하여 극진히 대접했다.

이를 본 관철은 속으로 크게 깨달았다. '나는 3천석이나 받는 부자이지만 지금껏 누구에게 밥 한 그릇 주어본 일 없고, 돈 한 푼 준 일도 없고, 남 못할 일, 속 짠 짓만 하면서 살았다. 그런데 덕진이는 저토록 알뜰하게 복을 지으며 살고 있으니 저승 창고에 돈이 가득 할 수밖에 없다.'

이렇게 생각한 관철은 덕진이에게 저승이야기를 하면서 덕진이 창고에서 빌려왔던 돈을 내 놓았다. 그러자 덕진이는 "그럴 수가 있느냐."고 극구 사양했다. 결국 돈을 주지 못한 관철이는 덕진이가 다리를 하나 놓는 것이 평생 소원인 것을 알고 그 돈에 얼마를 더 보태 덕진이가 살던 주막 옆에 '덕진교'라는 다리를 놓아주었다는 것이다.

세월이 흘러 덕진다리는 석물마저도 일부분만 남게 됐다. 2001년 덕진네를 기리기 위해 옛 덕진다리가 있던 자리에 석물을 보태 석교(石橋)일부를 복원하였다.

전남 영암군 덕진면에 전해오는 덕진다리 이야기도 조금 다르기는 하나 내용은 대동소이 하다.

흥복이의 시주로 지은 흥복사

일명 '흥복이 이야기'는 김제시 흥사동에 위치한 흥복사와 관련된 예화이다.

흥복사는 김제-익산간 23번 국도에 있는 절로 백제 의자왕 10년(650), 고구려에서 온 보덕 스님이 창건한 절이다. 여러차례 중건, 중창이 있었으나 정유재난 때 절이 폐허가 되었다.

그 후 인조 3년(1625), 김제에 살던 흥복(興福)이라는 사람이 부처님의 감응을 받아 극락전을 중건하면서 다시 법등을 잇게 되었다. 이때부터 종래에 승가사라는 이름을 흥복사로 바꾸었다.

대종사께서 김제에서 익산 본관에 가실 때 이 절 앞 국도를 지났고, 불법연구회 초대 회장으로 익산 본관 건설에 주력했던 추산 서중안도 자전거를 타고 이 절 앞을 지나다녔다.

  흥복이 이야기 역시 대종사께서 자주 사용하셨던 예화 가운데 하나이다.

  김제에 흥복이라는 욕심 사나운 원님이 살고 있었다. 흥복이는 어찌나 욕심이 많은지 남이 가진 좋은 물건은 기어코 제 것으로 만들어야 직성이 풀렸다.

  뿐만 아니라 세금은 두 배로 거두어들이면서 날마다 기생들과 어울려 술타령을 일삼았다.

  그러니 관아 일은 뒷전일 수밖에 없었다.

  "요즘 귀신들은 뭘 먹고 살지? 백성의 피로 살만 찐 사또는 안 잡아가고."

  "그러게나 말일세."

  "하늘도 무심하시지. 벼락은 두었다 뭐하는 거야. 저런 놈에게 떨어뜨리지 않고."

  백성들은 모이기만 하면 흥복이를 원망했지만 흥복이는 백성들의 입방아 쯤은 콧방귀도 뀌지 않았다. 원망의 소리가 커질수록 백성들을 쥐어 짤 뿐이었다.

  "사또, 백성들의 원성이 큽니다. 이제 제발 관아 일을 돌보십시오."

"당신이 뭘 안다고 그러는 거요. 내게도 생각이 있으니 내가 하는 일에 상관하지 마시오."

"심은 대로 거둔다는 말이 있지 않습니까. 죄를 지으면 벌을 받기 마련입니다. 제발 마음을 바로 쓰십시오."

흥복의 아내는 날마다 사정을 하였다. 하지만 흥복이는 들은 척도 하지 않았다. 할 수 없이 흥복의 아내는 절에 찾아가 부처님께 남편의 죄를 용서해 달라고 빌고 또 빌었다. 그래도 흥복의 나쁜 마음은 전혀 고쳐지지 않았다.

그러던 어느 해 심한 가뭄이 들어 큰 흉년이 닥쳤다. 배고픈 백성들은 나무껍질과 풀뿌리로 겨우겨우 목숨을 이어갔다.

그러나 욕심 많은 흥복은 곳간에 쌀이 가득 쌓여 있어도 쌀 한 톨 나누어 주지 않았다.

"백성들에게 쌀을 나누어 줍시다. 굶어 죽어 가는 사람이 한 둘이 아닙니다."

"알게 뭐요. 나와는 상관없는 일이요."

흥복의 아내는 남편 대신 배고픔에 허덕이는 백성들을 구해야겠다고 마음먹었다. 그것이 남편의 죄를 용서받을 수 있는 길이라고 여겼기 때문이다. 흥복의 아내는 남편이 멀리 나가기를 기다렸다. 마침 남편이 관아 일로 이웃 고을에 가게 되었다.

"어서 가서 사람들을 불러 오너라. 서둘러야 한다."

홍복의 아내는 머슴들을 시켜 사람들을 불러 모았다. 뼈만 앙상한 백성들이 동헌 앞마당에 구름처럼 모여들었다.

"곳간 문을 열어라. 쌀을 나누어 줄 것이니라."

"마님, 사또가 아시는 날이면 살아남지 못할 것이옵니다."

"뒷 책임은 내가 질 것이니 어서 시키는 대로 하거라."

홍복의 아내는 곳간에 가득 쌓아 있던 쌀가마를 남김없이 나누어 주었다.

"마님은 선녀시옵니다. 하늘같은 은혜 평생 잊지 않겠사옵니다."

"사또가 오기 전에 어서 돌아들 가시오."

"마님, 부디 옥체 보존하십시오."

동헌 앞마당에 모였던 사람들은 코가 땅에 닿도록 절을 하고 뿔뿔이 흩어졌다.

이때, 사또 홍복은 일을 마치고 돌아오는 길이었다. 들판을 건너 갯다리에 이르렀는데 처음 건너는 다리도 아니건만 갑자기 몸이 으슥으슥 하고 추운기가 몰려들었다. 홍복은 '내가 고뿔이 들었나.' 생각하며 아무 생각 없이 다리 밑을 바라보다가 까무러치듯 놀랐다. 다리 밑에 큰 기둥만한 커다란 먹구렁이가 머리를 치켜들고 금방이라도 홍복을 덮칠 듯이 혀를 날름

거리고 있었다.

"사람 살려, 사람 살려!"

홍복은 있는 힘을 다해 외쳤지만, 마음 뿐이지 도무지 말소리가 입 밖으로 나오지 않았다.

게다가 발걸음은 자석에라도 달라붙은 듯 한걸음도 뗄 수가 없었다.

한참 동안 홍복을 노려보던 먹구렁이가 또아리를 풀고 풀숲으로 사라지자 그제서야 발이 움직여졌다. 홍복은 겨우 다리를 건너 이랑 긴 논밭을 거쳐 주막 앞에 다다랐다.

'휴우. 살았다. 여기서 좀 쉬어가야지.' 홍복은 땀에 젖은 옷을 벗으며 마루에 걸터앉았다.

주모가 허겁지겁 달려오며

"사또, 어인 일로 이 누추한 곳을 찾으셨습니까?"

"지나가다 들렀다. 목이 타는구나, 술상이나 봐 오너라."

"예, 사또. 잠시만 기다려 주십시오."

주모가 술상을 차리러 간 사이에 홍복은 벽에 몸을 기댔다. 따스한 가을 햇살이 홍복이를 감쌌다.

"네 이놈, 홍복아! 아직도 정신을 차리지 못하였느냐?"

머리에 구렁이 탈을 쓰고 검정 옷을 입은 노인이 나타나 큰소리로 꾸짖었다. 홍복은 질겁을 했다.

"다, 당신은 누구요?"

"나는 조금 전 네놈이 보았던 구렁이다."

"구, 구렁이라고요?"

"그렇다. 이제 이 탈을 내 대신 네놈이 써야겠다. 네가 지은 죄값이니라."

노인은 머리에 쓴 구렁이 탈을 벗으려고 했다.

그러나 구렁이 탈이 벗겨지지 않았다.

"아니, 이럴 수가! 억울하다. 네 놈의 부인이 이 탈을 벗지 못하게 만들었구나! 죄 많은 네 놈과 모습을 바꿀 때가 되었는데, 억울하다, 억울하다…"

"안됩니다. 전 구렁이 탈을 쓸 수 없습니다."

홍복은 그 노인이 금방이라도 구렁이 탈을 씌울 것 같아 몸부림을 쳤다.

"사또, 정신 차리십시오. 사또!"

"엉? 휴우 꿈이었구나!"

"좋지 않은 꿈입니까? 몸부림을 치시던데."

"아니다. 술이나 따라라."

홍복은 입맛이 씁쓸하여 술도 마실 수 없었다. 돌아오자마자 홍복은 곧 바로 동헌으로 가 아내를 불렀다.

'올 것이 왔구나.' 이렇게 생각한 홍복의 아내는 하얀 소복으로 갈아입고 흥복이 앞으로 가 무릎을 꿇고 백팔 염주를 들었다.

"어언 일로 소복을 입고 무릎을 꿇는거요?"

"소첩을 죽여 주십시오. 굶주리는 백성들이 하도 가여워 사또의 허락도 받지 않고 곡식을 나누어 주었습니다."

"참으로 잘 하셨소. 일어나 앉으시오."

"예? 그 말이 진정이십니까?"

흥복의 아내는 꿈인지 생시인지 분간할 수가 없었다.

흥복이 하루 사이에 하늘과 땅 차이로 달라진 것이다.

"그렇소, 그간 내가 너무 나빴소. 나를 용서하시오. 부인이 아니었다면 지금쯤 나는 흉측한 구렁이가 되었을 거요."

"구렁이라니요? 무슨 말씀이신지요?"

흥복은 자기가 겪은 일을 낱낱이 아내에게 들려주었다. 이야기를 다 들은 흥복의 아내는 염주를 들고 합장을 하며 말했다.

"부처님이 도우셨습니다, 부처님이. 사또께서도 부처님을 섬기십시오."

"그러리다. 이제부터라도 헛된 욕심 부리지 않고 부처님 뜻에 따라 베풀며 살겠소."

그 일이 있은 후 흥복은 열성으로 불도(佛道)를 닦는 한편 전 재산을 털어 불타버린 승가사를 다시 지었다. 사람들은 이 승가사를 흥복이가 지은 절이라 하여 흥복사라 불렀다.

 흥복이 원님이 아니라 이방이었다는 설도 있다.
 예전에는 흥복사 앞으로 바닷물이 들어왔다고 하며 이곳 갯가에 있는 다리라는 뜻으로 갯다리라는 다리가 있었다고 전해진다.

부설거사 일가족의 成道談

대종사께서는 변산에서 제법하실 때 백학명 선사등 스님들과 교제하시며 불교에 관한 예화들을 많이 접하셨다.

대종사는 "내소사 공양주, 이진사, 그리고 부설거사의 일가족인 부설과 묘화부인, 자녀인 등운과 월명 등 여섯명이 모두 여래"라고 말씀하셨다고 한다.

정산종사와 대산종사께서도 부설거사의 게송을 제자들에게 말씀하셨다.

부설거사의 게송에 대해 정산종사는

'목무소견무분별(目無所見無分別)은

목무착견무분별(目無着見無分別)이고

이청무성절시비(耳聽無聲絶是非)는

이무착성절시비(耳無着聲絕是非)'라고 하였다.

아래 내용은 월명암에서 소장하고 있는 《부설전》의 내용이다.

신라 진덕여왕이 왕위에 오른 해의 일이다. 경주 남내 항아(경주 남천 옆 경주 향교 있는 곳)라는 마을 진씨가에 광세라고 하는 아들이 있었다. 다섯살에 불국사를 찾아가 원정선사를 스승으로 출가하니, 법명은 부설이다. 그는 불과 일곱살에 현묘한 이치를 통달하였다.

부설은 불국사를 떠나 사방으로 원로 스님들을 참방하기로 하고 영조, 영희와 함께 서로 벗을 삼아 길을 떠났다. 작은 배를 띄워 남해를 돌아 두류산(지리산)에 발자취를 머물렀다.

삼년이 지나 천관사에 건을 걸고 머물렀다. 다섯해 동안 참선을 한 후 능가산(변산)을 거닐었다. 두루 유람을 마치고 법왕봉 아래에 초가집 한 칸을 짓고 묘적이라는 편액을 붙였다.

세 사람이 한 집에서 한마음으로 도를 닦았다. 십년 동안 세속의 인연을 끊고 삼생의 환몽을 없애 버렸다.

그 후 세 사람은 문수보살 도량인 오대산을 참배하기 위해 북으로 향했다. 가는 길에 두릉(만경의 옛 이름, 현 김제시 성덕면 고현리) 백련지 옆 '구무원'이라는 청신도 집에 묵게 되었다.

구무원 노인은 신심이 깊은 거사로 본래부터 청허한 도리를 숭상하여 매우 간절하게 도를 구하고 있었다. 구 노인은 일단의 법문을 들은 후 그들을 상좌로 모시고 극진한 예를 다하였다.

밤이 다 새도록 이야기를 나누고, 다음날 길을 나서려했지만 새벽부터 봄비가 흠뻑 내려 나설 수가 없었다. 하는 수 없이 얼마간 더 머물게 되었다.

이들은 밤낮으로 도를 묻고 대답하였다. 부설의 설법은 마치 마명보살의 지혜로운 말씀 같고 용수보살의 거침없이 쏟아지는 강물과 같았다.

마침 노인에게 묘화라고 하는 딸이 있었다. 연꽃을 보고 낳았다는 태몽을 꾸고 붙인 이름이다.

묘화는 얼굴이 아름다운데다 재주마저 뛰어났다. 사랑스러우면서도 유순하고, 엄하면서도 절의와 지조가 있어 당대 어디에 견줄 데 없을만큼 특출하였다. 비록 빈한한 가정에서 태어나 자랐으나 사람들은 흔히 보기 드문 인물이라고 칭찬하였다.

묘화는 이날 부설의 설법 소리를 듣고 문득 슬픔에 복받쳐

울음을 그치지 못했다. 그것은 마치 아난의 설법을 듣고서 울었던 마등가와 같고 초양왕과의 이별을 서러워하던 무산의 선녀와도 같았다.

묘화는 부설의 곁에서 조금도 떨어지려 하지 않았다. 그녀는 맹세코 부설을 쫓으려 하였다.

'영원히 부부가 되면 죽어도 원이 없거니와 만일 버림을 당하면 맹세코 목숨을 끊겠다' 고 다짐하였다. 구무원도 딸의 심경을 불쌍히 여겨 부설에게 머리를 조아리고 간청했다.

"오직 원하옵건데 제 딸을 버리지 마시옵고 제도하여 주소서!" 하고 낮이나 밤이나 천 번 만 번 빌었다. 하지만 부설은 뜻을 굽히지 않았다. 그의 마음은 쇠와 돌보다도 더욱 견고하여 애욕 따위에 눈길 한 번 주지 않으니 어찌 여색에 빠질 수 있겠는가?

부설은 구무원과의 인연 때문에 도에 방해가 된다고 경계하며 깊이 두려워하고 있었다.

그러나 한 번 더 생각해보면 보살의 자비로운 뜻을 생각할 때, 혼인의 육례를 갖추지 않았지만 죽음도 불고하는 여인의 한마디 맹서의 말이 진실하고 간절하여 마치 밀을 씹는 것처럼 맛이 없고, 연꽃이 물에 떠 있는 것 같았다. 부설은 마침내 묘화와의 결혼을 승낙하였다. 그러나 이는 결코 애욕에 탐착한 소이가 아니었다.

　영희, 영조 두 스님은 본래 도를 구하러 나왔다가 서쪽의 외진 곳에서 벗을 잃고 말았다.

　그렇게해서 부설이 재가 수도한지 어언 10년이 되었다. 그러는 동안 아들 딸은 무럭무럭 커갔다. 사내는 등운이요, 딸은 월명이다.

　부설은 번잡한 세상의 모든 일과 두 자녀를 묘화부인에게 맡긴채 따로 일당(一堂)을 짓고 지난날에 수도하였던 일을 다시 정련했다. 그는 "내 몸의 귀중한 것을 손상시키는 것은 본래 육문(六門)으로 말미암은 것이다. 단견과 상견의 두 견해를 없애고, 자성을 돌이켜 진실여여하게 홀로 드러나게 함은 방편을 빌릴 것이 없다." 하고 거짓으로 "걸음을 걷지 못한다"는 핑계를 대고 사람을 시켜 미음이나 약을 가져오게 했다.

　또한 대변이나 소변을 눌 적에 기력이 없는 것처럼 해서 마음을 가라앉히고 공부를 해나갔다.

　부설은 '성도 하리라' 굳은 결심을 했다. 비아존자처럼 '말하지 않는 것'을 사모하여 소림사의 달마스님이 벽을 향해 수심(守心)하였던 것을 그리워하였다.

　어느덧 기약한 지 오년이 되던 해에 빛나는 별처럼 밝게 통하였다. 그러나 다시 남은 찌꺼기를 깨끗이 하니, 거듭 지혜의 봉우리가 높이 솟았다. 이에 화엄의 법계를 두루 횡행하고 원각의 오묘한 경지에 편안히 앉아서 스스로 자신이 즐길 뿐, 남에게는 일체 말하지 아니하였다. 지난날에 옷깃을 함께 하던 동지 영희, 영조 두 스님은 오랫동안 도를 구하고 두루 명산을 유람한 후 인연을 따라 다시 두릉 고을의 청신도 구씨의 집에 이르게 되었다.

구무원과 그의 처는 죽은지 이미 오래이므로 그간의 사정을 물어 볼만한 사람이 없었다.

마침 갓을 쓰고 비녀를 꽂은 단정한 남녀를 만나 부설거사의 안부를 물어보며 지난날에 같은 벗으로 지냈던 인연을 말하니, 바로 이들이 부설의 자녀였다.

등운과 월명은 집에 들어가 아버지께 말씀을 드렸다. 이 말을 전해들은 부설거사는 "옛 벗이 돌아왔다는 기쁜 소식을 들으니 나의 오랜 병이 문득 나아 버렸구나! 기분이나 몸이 거뜬하여 편안하니 정당에 자리를 마련하여 편안히 모시고 높은 이를 대접할 음식을 장만하라. 그들은 반드시 뛰어난 도인이요, 널리 사물의 이치를 아는 군자들이니 공손히 맞아들여 행여 그 뜻을 거슬리거나 게으름이 없도록 하여라." 하고 즉시 일어나 반가이 맞아 서로 쌓인 옛 정을 나누었다. 근기의 밝고 민첩함은 밝은 달처럼 빛나고, 신의 송곳처럼 예리하였다. 이러므로 등운과 월명 두 남매의 마음에는 두 분의 법력으로 아버지의 병이 나은 것이라 생각하고 온몸을 땅에 굽혀 하늘에 계신 신보다도 더 공경하였다.

부설거사가 말하기를 "세 개의 병에 물을 담아 오너라. 공부가 얼마나 익었는지 시험해 보리라." 하고 들보 위에 병을 매달아 놓고 각기 병 하나씩을 치게 하니, 영희와 영조 두 사람의 병과 물은 모두 부서지고 쏟아져 내렸다. 부설 또한 한 병을 치니 병은 부서졌지만 물은 들보에 그대로 매달려 있었다.

재가 수도를 한 부설이 출가 수도한 그들보다 깨달음이 더 깊었던 것이다. 이어서 게송을 읊으니, "눈에 보이는 바가 없으니 분별할 것이 없고, 귀에 소리 없는 참 소식을 들으니 시비가 끊어지는구나! 분별과 시비를 모두 놓아버리고 다만 마음의 부처를 보며 스스로 귀의 하소."

이때, 하늘에 상서로운 구름이 자욱이 펼쳐지고 신선의 아름다운 음악이 허공에 가득히 메아리쳤다. 부설이 단정히 앉아 한 생각에 해탈하는 것을 보이니, 향기는 바다 밖에까지 퍼지고 하늘에서 꽃비가 쏟아졌다.

영조와 영희 두 스님은 부설거사의 덕을 기려 추모하고 정성스럽게 다비했다. 불꽃 속에서 학이 춤 추고, 빗방울은 오색이 영롱한 사리의 구슬을 적시었다. 사리를 거두어 병에 넣은 후

묘적암 남쪽 기슭에 묻고 부도를 세웠다.

그 후 부설거사의 두 남매 등운과 월명은 아버지가 옛적에 수도하고 부도를 모신 묘적암 옆에 자신들의 이름을 따 등운암과 월명암을 짓고 수도정진 하여 도를 이루었다. 월명은 월명암에 계속 주석하고 등운은 계룡산으로 자리를 옮겨 등운암을 짓고 선풍을 날렸다.

그의 어머니 묘화는 백십세까지 살았는데, 부설과 살던 집을 내놓아 절을 만들고 부설원이라 이름하였다. 부설의 일가족인 부설, 묘화, 등운, 월명이 모두 성불하였다 하여 4성이 출현했다고 한다.

혜가대사와 서대원 선진

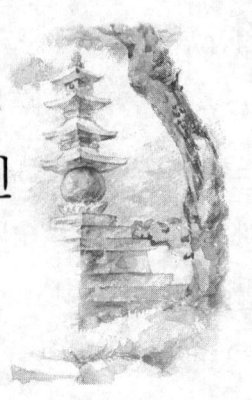

　달마대사 앞에서 팔을 자른 혜가대사처럼 서대원은 대종사께 신성을 바치는 뜻으로 왼쪽 손목을 잘랐다. 대종사는 병원에서 치료를 받고 돌아온 서대원에게 말씀하시었다.

　"대원, 왜 손목을 잘랐지? 일이 하기 싫어서 그랬나? 편해지고 싶어서?"

　"아닙니다. 그런 것이 아닙니다."

　"그렇다면 왜?"

　"실은 달마대사에게 팔을 잘라 바친 혜가대사를 골똘히 생각하다가 그만…."

　"뭐라고! 혜가대사의 흉내를 내었다고?"

　"흉내를 냈다기보다 한쪽 팔을 끊을 만큼 독실한 신심이 있어야만 도를 이룰 수 있을 것 같아서요."

"그래서 나를 달마대사에, 대원이를 혜가대사에 비유해 그랬단 말이냐?"

"네, 그렇습니다."

"그건 별로 좋은 비유가 아니다. 그건 그렇고, 그럼 달마대사와 혜가대사의 이야기를 한 번 해보아라."

"달마대사가 인도에서 중국으로 건너오자 양무제는 '불사를 많이 한 자기의 공덕이 얼마나 되느냐'고 물었습니다. 이에 달마대가사 '소무공덕'(所無功德)이라 대답하고 숭산 소림사에 들어가 9년 면벽을 했지요."

"그렇지, 그때 혜가대사가 달마대사를 찾아와 법을 청하는데 흰 눈이 내려 무릎에까지 닿도록 움직이지 않았지. 그때 달마대사가 무상 묘법을 불석신명자(不惜身命者)에게만 전해 주겠다고 했지."

"그렇습니다. 그 말을 들은 혜가대사는 즉시 칼을 들어 자기의 왼팔을 잘라 달마대사에게 바쳤습니다."

"혜가대사가 비록 자기의 팔을 자르는 신성을 보였으나 그래도 마음의 안정을 얻지 못해 달마대사에게 '저의 마음이 매우 불안하오니 편안하게 해주소서'라고 간청했지, 그 말을 들은 달마대사가 무어라 했는가?"

"그렇다면 너의 그 불안한 마음을 가져오너라. 그러면 내가 편안하게 해주겠다고 했습니다."

"혜가대사는 아무리 자기의 불안한 마음을 찾아보아도 도저히 찾을 수가 없었지. 그래서 달마대사에게 무어라고 말했던가?"

"아무리 불안한 마음을 찾아보아도 도저히 찾을 수가 없다고 대답했습니다."

"그때 달마대사는 또 어떻게 말했지?"

"불안한 마음을 찾아도 없다면 너는 이미 안심을 얻었노라고 대답했습니다."

"그 다음에는?"

"그 말에 혜가대사가 도를 깨쳤습니다."

"그렇다면 혜가대사가 팔을 자르고 도를 깨쳤는가? 아니면 이미 안심을 얻었다는 말에 도를 깨쳤는가?"

"그야 물론 이미 안심을 얻었다는 말에 도를 깨쳤지요."

"그렇게 잘 알면서 대원이는 무엇 때문에 팔을 잘랐나? 나에게 신심을 바치기 위해서 손을 잘랐단 말인가? 그런 신심을 바쳐서 무얼 어떻게 하겠다는 건가?"

"……"

"왜 아무 말도 못해! 능한 웅변으로 대답해봐."

"대종사님 잘못 했습니다."

"대원이는 그래도 우리 회상에서 크게 기대되는 인물이 아닌가. 그런 사람이 바보 같은 일을 저지르다니. 만약에 후진들이 대원이를 본받아 손을 자르는 사람들이 자꾸 나온다면 그때에는 어떻게 해야 될까?"

"……"

"대원이, 잘 들어. 사람의 몸이란 공부와 사업을 하는데 없어서는 안될 가장 중요한 자본이야. 그런데 그 중요한 자본을 상하여 신심을 나타낸들 무슨 소용이 있단 말인가. 진정한 신심이란 마음에 있는 것이지 몸에 달린 것이 아니야. 지금 우리회상은 초창기라 해야 할 일이 많아. 이럴 때에 손을 잘라 일을 못하게 되면 그 일을 어떻게 할 것인가. 앞으로는 이런 일을 두 번 다시 해서는 안돼. 아무리 지식과 문장이 뛰어나고, 한때의 특행으로써 여러 사람의 신망을 얻는다 할지라도 그것만으로 우리 회상의 참 주인이 될 수는 없는 것이야. 오직 이 공부 이 사업에 죽어도 변하지 않을 신성으로 혈심 노력하는 사람이라야 우리 회상의 참 주인이 될 수 있을 것이야."

보리달마와 혜가대사의 대화는 이렇게도 전해지고 있다.
달마대사는 숭산 소림사에 들어가 9년동안 참선만 하였다.

이때 그의 심법을 이을 혜가를 만났다.

혜가는 원래 노장학(老莊學)을 익히다가 40세가 넘어 달마대사를 만나 스승으로 섬겼다.

혜가는 소림사에 와서 매일 법을 물었으나 달마대사는 전혀 입을 열지 않았다.

하루는 혜가가 '옛 사람들은 법을 구하기 위해 자신의 목숨도 아끼지 않았는데 나 또한 무엇을 아끼랴' 이렇게 생각했다.

달마대사의 방문 앞에서 밤새 눈을 맞으며 꼼짝도 않고 날을 샜웠다. 날이 새자 그제사 달마대사가 혜가의 모습을 보고 말했다.

"너는 눈 속에 서서 무엇을 구하려 하느냐?"

혜가는 꼿꼿이 선 채 눈물을 흘리며 말했다.

"바라옵건대 감로(甘露)의 문을 활짝 열어 뭇 중생을 널리 건져 주소서."

이에 달마 대사가 말했다.

"부처님들의 위없는 지혜는 여러 겁을 수행해야만 얻어지는 것이다. 너의 작은 뜻으로는 큰 법을 얻으려 해도 얻을 수 없느니라."

이 말을 듣고 혜가는 즉시 날카로운 칼을 뽑아 자신의 왼팔을 끊어 달마대사 앞에 놓았다.

그제사 달마대사는 입을 열었다.

"여러 부처님들과 보살들이 법을 구할 때에는 육신을 육신으로 보지 않았고 목숨을 목숨으로 보지 않았다. 네가 이제 팔을 끊었으니 법을 구할 만하다."

이렇게 해서 혜가는 달마대사의 제자가 되었다.

하루는 혜가가 달마대사를 찾아와서 청했다.

"저의 마음이 아직 불안하니 저의 마음을 편안케 해주십시오."

달마 대사가 말했다.

"그래? 그 불안한 마음을 가져오너라. 편안하게 해줄 테니."

"아무리 찾아도 마음을 찾을 수 없습니다."

"그렇지, 찾아지면 그것이 어찌 너의 마음이겠느냐! 벌써 너의 마음을 편안하게 해주었다."

달마 대사는 이렇게 말하고 혜가에게 되물었다.

"너의 마음을 이미 편안하게 해주었다. 너는 보고 있느냐?"

이 말에 혜가는 활짝 깨달음을 얻었다.

혜가는 즉시 절을 하며 이렇게 말했다.

"오늘에야 모든 법이 본래부터 공적(空寂)하고, 그 지혜가 멀리 있지 않다는 것을 알았습니다. 보살은 생각을 움직이지 않고 지혜의 바다에 이르며, 생각을 움직이지 않고 열반의 언덕에 오르나이다."

"옳은 말이다."

"스승이시여, 이 법을 문자로 기록할 수 있습니까?"

이때 달마대사는 다음과 같이 일렀다.

"나의 법은 마음으로써 마음을 전하니 문자를 세우지 않느니라.(不立文字)"

달마대사의 이 말은 후에 선종(禪宗)의 종지가 되었다.

대종경 신성품 17장은 원산 서대원이 신(信)을 바치는 뜻으로 손을 끊는 일이 있은후 대종사께서 그에게 말씀하신 내용을 요약정리 하고 있다.

대종사께서 혜가선사 이야기를 하실때마다 원산 서대원이 팔을 끊은 이야기가 뒤따랐다고 한다. 문산 김정용이 〈월간원광〉 '소태산 대종사의 그때 그 말씀'에서 밝혔다.

구정(九鼎) 선사의 신성

구정선사의 신성에 대한 이야기는 대종경 신성품 10장에 요약정리 되어 있고 《대종경 선외록》에는 조금 더 상세히 기록되어 있다.

큰 도를 구하기 위하여 큰 신성을 바친 사람은 제 몸과 제가 가진 물질과 제 정성을 아끼지 않나니 만일 아낌이 있다면 참 신성은 아닐 것이다.

구정(九鼎)선사는 본디 부유한 가정에서 두 부인을 거느리며 큰 장사를 하던 상인이었다.

하루는 비단과 백목 수백 필을 싣고 어느 재를 넘다가 쉬고 있었다.

그때 얇은 옷을 입고 떨며 지나가는 거지 스님이 지나갔다. 구정은 자비심이 일어나 그 스님에게 백목 한 필을 주려다가 아까운 마음이 들었다. 줄까 말까 망설이기를 몇 차례 거듭한 후에야 겨우 큰 마음 먹고 비단 한 필을 떼어 주었다.
　얼마 후 어떤 거지 한 사람이 자기가 스님에게 주었던 그 백목 한 필을 어깨에 걸치고 고개를 넘어 왔다. 이상하게 생각한 구정은 그 이유를 물어보았다. 그랬더니 거지가 "이 고개 너머에서 젊은 스님 한 분이 나를 보고 '네 옷이 내 옷보다 더 급하니 이것 갖다 옷 지어 입으라' 고 주었다."고 대답했다.
　구정은 그 말을 듣고 가슴이 벙벙하고 머리가 무거워 큰 매를 맞은 듯 스스로 부끄러운 마음이 들었다.
　'나는 갖고 있는 백목이 수천 필 이건만 한 필 주는 것도 그렇게 힘이 들고 애가 쓰였거늘 그 스님은 한 필 있던 백목을 그렇게 썩은 새끼 떼어주듯 하다니, 그 분은 필시 큰 보물을 갖춘 도인이로구나' 고 생각했다. 그리하여 거마(車馬)와 주단 포목을 모두 재에다 남겨두고, 그 스님을 따라가 예를 올린 후 제자 되기를 간청하였다.
　그 스님은 "그대가 지금 이 마음을 평생토록 계속하겠다고 생각되면 따라오고, 만일 중간에 변동이 있을 것 같으면 애당초 그만 두라."고 하였다.

구정은 "평생토록 스님을 따르겠다."고 서원해 겨우 승낙을 받았다. 스님의 보따리를 받아 짊어지고 해가 질 때까지 굶으며 스님이 있는 절에 당도했다. 하지만 그 절은 세상에 둘도 없는 빈찰(貧刹)이었다. 먹을 양식과 땔 나무도 없을 뿐 아니라 늙은 자기가 자식 같은 스님을 시봉해야 할 형편이었다.

그 스님은 방에 들어가 "내가 발을 씻고자 하니 물을 데워 오너라. 솥이 잘못 걸려있으니 솥을 먼저 고쳐 걸라."고 명령했다. 구정은 몹시 춥고 시장했지만 언 흙을 파 찬물에 이겨 솥을 고쳐 걸었다. 하지만 스님은 "솥이 잘못 걸렸으니 다시 고쳐 걸라."며 뜯어고치게 했다. 그렇게 걸었다 고치기를 무려 아홉 번이나 거듭했다. 스님은 꼬박 밤을 지내고서야 드디어 허락했다. 비로소 물을 데어 발을 씻고 그 솥에 밥을 지어 오게 하였다. 밥을 먹은 후 구정(九鼎)이라는 법호를 내려주며 "시봉을 하라."고 하였다.

구정은 그 후 젊은 스님에게 수십년동안 정성을 다해 시봉을 드렸다. 구정은 스님을 오직 큰 도인으로 알고, 믿고 의지하며 살아갈 뿐 별다른 법문 한번 들은 적 없었다. 그러다가 젊은 스님이 중병이 들어 임종이 가까워졌다. 지극한 마음으로 간병을 하던 구정은 우연히 한 생각을 얻게 되었다.

'스승님이 이치를 깨쳐 주시는 것이 아니라 내 스스로 깨쳐 알아야 한다'는 것을 확철대오 하였다. 그 후 구정은 모든 사리에 막힘이 없어져 큰 회상을 펴고 수많은 제자를 가르쳤다고 한다.

대종사는 제자들에게 "그대들은 그대들의 신심과 정성을 스승에게 아끼고 있지는 않은가 생각하여 보고 구정선사를 표준삼아 다시없는 신성을 들이대어 보라."고 강조했다.

구정선사에 관련된 이야기는 강원도 오대산 월정사의 산내 암자인 동관음암에 전해오고 있다. 동관음암은 한국전쟁 때 소실되어 폐허로 남아 있다가 1971년에 중건되어 오늘에 이르고 있다.

신라 무열왕의 8대손인 무염선사(無染:801~888년)가 동관음암에서 수행했는데 이때의 설화가 구정선사와 관련되어 전해지고 있다. 무염선사는 구산선문(九山禪門) 가운데 하나인 성주산파를 이끈 고승이다.

동관음암에 전해오는 구정선사의 이야기는 다음과 같다.

신라 말 홀어머니를 모시고 비단행상을 하는 청년이 있었다. 어느 날 명주(강릉)땅을 가다가 대관령 중턱에서 잠시 쉬고 있었다. 그 때 길가 풀숲에 서서 꼼짝 않는 노승을 만나게 되었다. 청년은 하도 이상해서 노승에게 물었다.

"스님 대체 뭘 하고 계십니까?"

"중생들에게 공양을 드리고 있지."

청년은 그 말이 무슨 뜻인지 알 수가 없어 다시 무슨 중생들이냐고 물었다.

"옷 속의 이와 벼룩이 피를 먹고 있다네."

그 말에 감명 받은 청년이 노승을 따라 도착한 곳이 동관음암 이었다. 청년은 "자신도 도를 닦아 스님과 같이 큰 선사가 되겠다."고 간청했다.

노승은 "자신이 시키는 대로 하면 제자로 받아주겠다."고 말했다.

그때부터 청년은 나무하고 밥하며 스님을 시봉했다. 그렇게 3년이 흘렀다. 하지만 아무리 기다려도 노승은 법문 한 구절 가르쳐 주지 않았다. 어느 날 노승에게 물었다.

"무엇이 부처입니까?"

"즉심시불(卽心是佛)이니라."

그러나 글자를 모르던 청년은 이것을 잘못 알아들어 '짚신이 부처'라고 생각했다. '짚신이 부처라고?' 자신이 생각해도 이상했지만 스승을 지극히 존경하고 있었기에 그 말을 그대로 믿었다. 그러고는 자기 짚신을 머리에 이고 다니며 늘 생각했다. '어째서 스승님은 짚신이 부처라고 하셨을까?' '짚신아 어째서 네가 부처냐? 짚신아 어째서….'

시간 가는 줄 모르고 그 질문만 반복하다가 짚신의 끈이 뚝 끊어지는 순간 마침내 크게 깨달았다. 깨닫고 보니 짚신이 부처가 아니라 '즉심시불' 이었다. 청년은 산에서 뛰어내려와 노승에게 '즉심시불' 이라고 말했다. 스승은 아무 대답 없이 "부엌에 가마솥을 걸라"고 말했다.

청년은 스승의 말을 듣고 엄동설한에도 불구하고 언 흙을 파 찬물에 이겨 솥을 걸었다. 그러나 노승은 "솥이 기울었다."며 "다시 걸라."고 명령했다. 그러기를 무려 아홉번, 스승은 솥을 아홉번이나 걸고 나서야 청년의 깨달음을 인가했다. 솥을 아홉 번 걸었다하여 구정(九鼎)이라는 법호를 주었다. 그리고 자신은 무염선사라고 밝혔다고 한다.

그래서 동관음암에서는 구정선사를 일명 '짚신부처' 라고 부르고 있다고 한다.

동관음암 뒷산인 만월봉 옆에는 구정 선사가 나무하던 구정봉이 있다. 구정봉을 오르는 길가에 솥을 걸기 위해 흙을 팠던 '흙구덩이 터' 가 있으며 그 위에는 도를 깨쳤다는 '좌선대' 가 있다.

홍인대사와 육조대사

대종경 실시품 7장에는 '대종사 영산에 계실 때에 창부 몇 사람이 입교하여 내왕하매 좌우사람들이 발전에 장애가 될 것을 우려하여 꺼리는 것을 들으시고 말씀하신 내용'이 있다.
위의 법문과 관련하여 전해지는 이야기이다.

대종사가 영산에 계실 때에 창부 몇 사람이 입교하여 가끔 내왕하였다. 옆에서 제자들이 꺼리어 대종사께 여쭈었다.
"이곳은 청정도량입니다. 이러한 곳에 저들처럼 천한 사람들이 내왕한다면 사람들이 비웃을 것이요, 우리 회상의 발전에도 장애가 있을 것입니다. 오지 못하게 하는 것이 좋을 것 같습니다."

대종사는 홍인대사와 육조대사의 예화를 말씀해주셨다.

옛날 육조 혜능대사가 오조 홍인대사를 처음 찾아왔다.
홍인대사는 육조에게 "어디서 왔느냐."고 물었다.
"남해 신흥 땅에서 왔습니다."
"남해 신흥 땅이라면 오랑캐들이 사는 땅인데 어떻게 성불하겠다는 거냐?"
"사람의 신분에 귀천이 있고 땅에도 남북이 있지만 어찌 사람의 성품에 귀천이 있고 남북이 있겠습니까?"라고 되물었다.
홍인대사는 육조대사가 큰 법기임을 알았다.

이어 대종사는 "세상에는 신분의 고하가 있고 직업에 귀천이 있지만 사람의 성품에는 아무런 차별이 없다. 불법의 대의는 항상 대자대비의 정신으로 일체중생을 두루 제도하는 데에 있는 것이니 어찌 그들을 제외하겠는가. 오히려 그러한 사람일수록 더 반가이 맞아들여 그 악을 느껴 스스로 깨치게하고 마침내 그 업을 부끄러이 여겨 스스로 놓게 하는 것이 교화의 본분이다. 어찌 다른 사람들이 비웃을까 염려하여 교화의 본분을 잊어버릴 수 있단 말인가."라고 말씀하셨다.

홍인대사와 혜능대사의 이야기는 이렇게도 전해지고 있다.

도신대사에게 법을 이어받은 홍인대사의 명성은 날로 높아져 갔다. 당대의 호족들이 사방에서 운집하였고 10여년동안 출가자와 재가자를 막론하고 홍인대사의 교화를 받지 않은 사람이 거의 없을 정도였다.

어느 날 32세 되는 노행자(盧行者)가 영남(嶺南)에서 홍인대사를 뵙고자 찾아왔다.

홍인대사가 물었다.

"그대는 어디서 왔으며, 무엇을 구하려 하는가?"

"예, 신흥(新興)에서 왔으며, 부처가 되기를 원합니다."

신주는 바로 영남지방에 있는 고을이었다.

"영남 사람은 불성이 없느니라."

"사람은 남쪽과 북쪽의 차이가 있겠지만, 어찌 불성에 남쪽과 북쪽의 차별이 있겠습니까?"

홍인대사는 이 사람이 큰 그릇임을 즉시 깨달았으나 시치미를 떼고 다시 물었다.

"그대는 무슨 공덕을 짓겠는가?"

"힘껏 방아를 찧어 스승님과 스님네에게 공양할까 합니다."

이에 홍인대사는 그를 제자로 받아들였다. 그날부터 매일 방아를 찧은지 8개월이 되던 어느 날 노행자가 물었다.

"어떤 것이 대도(大道)의 근원입니까?"

"그대는 속인인데 나에게 그런 것을 물어서 무엇 하려는가?"

"세상 일에는 승속(僧俗)이 있지만 도에는 승속이 없습니다."

"그렇게 알고 있다면 왜 남에게서 찾으려 하는가?"

"그렇다면 밖에서 찾아서는 안 되겠습니다."

"안에서 찾아도 옳지 않느니라."

바로 이 노행자가 홍인대사의 법을 이어받은 6조 혜능대사이다.

금강경 소리에 마음이 열린 나무꾼

중국 선종(禪宗)의 제6조인 혜능대사(慧能 : 638~713)의 성(姓)은 노(盧)씨로 광동성(廣東省) 신흥사람이다.

일찍 아버지를 여의고 홀어머니 밑에서 땔나무를 팔아 생활하고 있었다. 그는 어느 날 나무를 팔러 갔다가 그 집 주인이 《금강경》 읽는 소리를 듣고 마음이 활짝 열렸다. 혜능은 집 주인으로부터 황매산에 계신 5조 홍인대사의 이야기를 듣고 황매산에 가 그의 제자가 되었다.

대종사는 "나뭇꾼인 혜능대사가 《금강경》의 '응무소주이생기심' 구절을 듣고 깨달음을 얻은 것은 전생에 닦고 나온 상근기였기 때문이다."고 하셨다.

스님! 마음을 찾으라고 그랬습니다.

　신라시대에 국사(國師) 대우를 받는 스님이 있었다. 하루는 그 절 목공 일을 하는 사미승이 그 국사의 이름을 마구 불러 문을 열어 보았다. 그는 사미승이 자기 이름을 부르자 진심(嗔心)이 치밀어 올랐다. 하지만 '저 목공이 반드시 무슨 곡절이 있어 그랬으리라' 생각하고 문을 닫고 진심이 가라앉기를 기다렸다.

　잠시 후 사미승을 불러 "왜 나를 불렀느냐."고 물었다.

　사미승이 대답하기를 "이제 되었습니다, 스님이 마음을 찾았으니. 제가 스님의 마음을 찾으라고 그랬습니다."라고 대답하였다.

바쁘다 스님

옛날 어느 절의 스님이 일상 기거동작에 항시 '바쁘다 바쁘다' 하여 '바쁘다 스님'이라는 별명을 얻는 동시에 대중들의 조소거리가 되었다고 한다.

그러다가 우연히 그 스님이 병이 들어 열반하게 되었다. 화장을 마치고 돌아와 한 스님이

"주야장천에 끔찍이도 바쁘다 바쁘다고 하더니 이제는 또 어디 가서 바쁘다고 할 것인가"

한즉, 공중에서 "그럼 아니 바뻐, 지금은 더 바쁘다."하는 소리가 들렸다고 한다.

남 보기에는 별일 없이 놀면서 공연히 바쁘다고 한 것 같지

만 사실은 간단없는 숨은 공력, 즉 일심공부를 계속 하였기 때문에 그만한 신통까지 나투게 되었을 것이다.

대종사는 '바쁘다 스님'의 이야기를 하시고 이어서 말씀하시었다.

"무릇 도학(道學)이란 과학과 달라서 무형한 마음을 찾고 길들이며 조종하는 것인지라, 외형으로 보아서는 그 정도를 전혀 알 수가 없으나, 동정간에 일심만 계속한다면 행주좌와(行住坐臥)가 불리자성(不離自性)공부 아님이 없다. 비록 외면에는 눈을 감고 누웠다 하더라도 일심만 챙겼다면 그 사람은 공부를 바쁘게 한 것이요, 공원에 가서 친구와 종일 한담냉설(閑談冷說)로 놀았다 하더라도 일심만 챙겼다면 그 사람은 공부를 바쁘게 한 것이다.

바꾸어 말해 육근(六根)이 무사시(無事時)에 잡념을 제거하고 일심을 양성하였다면, 한 순간 한 찰나도 방심할 틈도 없는 동시에 눈코 뜰 사이도 없이 바쁘게 공부 한 것이니, 바쁘다 스님이 항상 바쁘다고 한 말은 거짓말이 아닐 것이다. 제군들도 성불제중을 원하거든 동정간에 게을리 말지어다."

'동정간 불리선법'이란 대종사 법문을 구타원 이공주가 수필(受筆)한 것이다.

지정선사의 상좌

대종사는 원기24년 7월 '자리행자(自利行者)는 남의 보시를 받지 말라' 는 법문을 하시면서 지정선사에 대해 말씀하셨다. 이때 법문은 인과품 28장에 요약정리 되었다.

옛적 중국에 지정선사라는 분은 직속 제자가 십여인이요, 청법하러 내왕하는 신도가 기백명에 달하였다. 신도들은 각자의 정성대로 쌀이며 돈, 의복과 기타 모든 물품들을 가져오므로 그의 생활은 궁색할 것이 하나도 없었다.

자기와 다른 상좌들은 각처에서 보시 받은 것으로 먹고 입고 살았지만 과수나무 몇 주를 따로 심어 놓고, 매일 아침이면 두어 시간씩 손수 가꿔 그 수입으로 막내 상좌 하나를 먹여 살렸

다. 제자들이 이상히 생각하여

"어째서 모(某)는 특별히 스님께서 벌어 먹이십니까?"

라고 그 내역을 물어 보았다.

"허허, 너희들은 그런 내역도 모르고 사니 오죽이나 답답하겠느냐. 내 가르쳐 주리라. 모(某)로 말하면 과거에도 복을 지은 바가 없고 금생에도 남에게 유익을 줄만한 인물이 못된다. 그런데 만일 그런 사람에게 중인이 복을 빌기 위하여 보시한 것을 받아 먹이는 것은 크게 위험한 일이니 저는 단 한 세상을 얻어먹고 산 것이 그 후 갚을 때에는 천 세상 만 세상에 우마 육축이 되어 천신만고를 겪게 될 것이다. 그 내역을 번연히 알고 있는 나로서 어찌 차마 그것을 먹일 수가 있느냐.

그러므로 나는 사제의 정의로 중인의 부채를 면케 하기 위하여 내가 여가로 벌어 먹이는 것이다. 우리로 말하면 매일 매일 모든 신도들을 위하여 노력하니까 그분들의 보시를 받아먹는다 하더라도 크게 빚이나 죄될 것이 없지마는 만일 그렇지 못한 사람은 결코 중인의 보시 받은 것은 먹지 않아야 할 것이니라."고 일장 설화를 하였다고 한다.

"이상에 말한 그 스님의 대답이야말로 모두가 옳은 법문이니 가령 더 알기 쉽게 말하자면 한 동리에서도 본 자산이 있다든지 그 인물됨이 얌전하고 똑똑하면 그런 사람은 혹 남의 빚을

졌다 하더라도 갚기가 쉽지마는 만약 근본적으로 무산(無産)하다든지 그 인물됨이 불량하고 못났다면 그런 사람은 남의 빚을 갚기는 고사하고 당장 살기가 곤란이요, 그 빚으로 인하여 일생을 두고 고생하는 것과 같은 일이다.

그러면 제군들도 곰곰이 생각하여 보아서 정신이나 육신이나 물질이나 남을 위해서 희생 즉, 이타행(利他行)을 하였다면 중인의 보시 받은 것을 먹어도 큰 관계가 없지마는 만일 자리행자(自利行者)로서 중인의 보시를 받아먹는다면 그는 반드시 남의 노예나 우마가 되어 죽을 곤욕을 당할 것을 각오하여야 한다. 그러나 대개 보면 이타행자는 오히려 보시 받기를 싫어하고 자리행자는 도리어 보시 받기를 좋아하는 자 많으니 가장 딱한 일인가 하노라."고 하셨다.

한 제자가 정산종사께 물었다.

"지정선사는 제자를 위하여 여러 사람이 복을 비는 재물로 먹이지 않고 손수 가꾼 과수의 수입으로 먹이셨다는데 그것 역시 빚이 아닙니까?"

"남이 복 지으러 가져온 것을 먹는 것과 스승이 정의로 먹이는 것을 비교하면 먹는 것은 같으나 갚는 데는 큰 차이가 있다. 같은 사과 한 바구니를 받아 먹는 것도, 친구와 놀며 얻어

먹는 것과 큰일을 잘 보아달라는 조건부로 얻어먹는 것과는 큰 차이가 있는 것과 같다."고 하셨다.

나옹대사의 방편

　대종사는 나옹대사가 영단을 쌓기 위하여 쓰신 방편과 나옹대사 누님이 법 높은 동생만 믿고 공부하지 않자 누님을 초대하신 일, 그리고 어렵게 사는 누님을 위하여 제석천왕을 모시고 누님 집에 가 있었던 이야기를 제자들에게 말씀하셨다.

　나옹대사는 말년에 영단(靈團)을 쌓고자하는데 제자들이 귀찮게 따라 다니므로, 하루는 상좌 하나를 데리고 마을로 내려가 울타리에 널어놓은 백목(白木:옷감이름) 한 필을 훔쳐 장삼 소매에 넣고 갔다가 마침 이를 본 주인에게 잡혀 온통 망신을 당했다.
　그 후 제자들이 다 떨어진 뒤에 조용한 절을 찾아 옹(翁)이란 이름으로 수양에 전력하였다.

　하루는 아침에 앉아 관(觀)을 해보니 나라에서 국사로 모시려고 찾으러 오게 생겼는지라, 상좌에게 나무로 단을 쌓게 하고 그 위에 앉아 화염(火炎) 속에서 최후를 마쳤다.

나옹대사의 누님

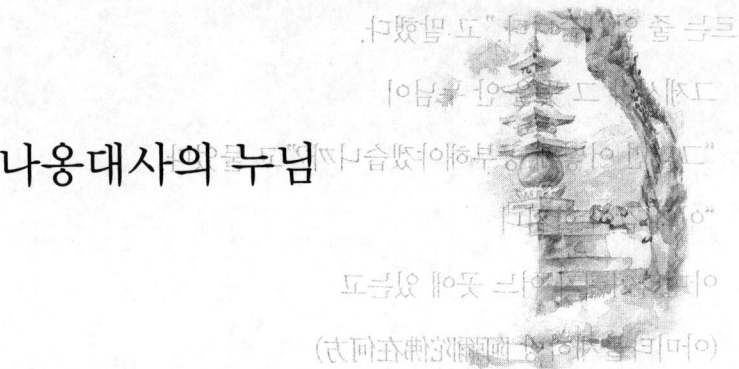

나옹대사의 누님은 나옹대사와 같은 절에 기거하면서 나옹 대사의 법력만 의지하고 수행에 힘을 쏟지 않았다. 이를 안 나옹대사는 어느 날 저녁, 누님을 식사에 초대해 놓고 밥상에는 대사의 밥만 차려 놓았다. 그런 뒤 혼자 열심히 밥을 먹기 시작했다.

누님은 "대사는 나를 초대하여 놓고 어찌 혼자 그렇게 먹을 수가 있습니까?" 하고 물었다.

"내가 밥을 먹으면 누님도 배가 부르지 않습니까?"

"대사가 밥을 먹는데 내가 어찌 배부를 수 있습니까?"

"누님은 평소에 내가 훌륭한 도인이 되면 누님도 큰 도인이 될 것 같이 생각하는데 나도 내가 밥을 먹으면 누님도 배가 부르는 줄 알았습니다."고 말했다.

그제서야 그 뜻을 안 누님이

"그러면 어떻게 공부해야겠습니까?"고 물었다.

"이와 같이 할지니

아미타여래가 어느 곳에 있는고

(아미타불재하방 阿彌陀佛在何方)

마음 가운데 두고 간절하게 잊지 말라

(착득심두절막망 着得心頭切莫忘)

생각이 다하여 생각 없는 곳에 이를 때에는

(염도염궁무념처 念到念窮無念處)

육근문에 항상 자색광명이 빛나리라

(육문상방자금광 六門常放紫金光)"고 대답했다.

나옹대사의 누님과 같은 일화는 같은 내용이 보조국사의 누님에 대한 이야기로 전해오고 있다.

보조국사에게 누님이 있었다. 보조국사가 누님에게 항상 염불을 하라고 할 때마다 그녀는 이렇게 말했다.

"내게는 부처님같이 훌륭한 아우가 있는데 염불 공부를 해서 무엇하겠나. 설사 내가 도를 닦지 않는다 해도 다른 사람까지 제도해 주는 아우가 있는데 나 하나쯤 좋은 곳으로 제도해 주지 않겠소?"

　보조 국사는 말로써는 누님을 제도할 수 없다는 것을 알고 다른 방법을 쓰기로 했다. 어느 날 누님이 절에 오는 것을 미리 알고 국사의 방에 진수성찬을 가득 차려 놓았다. 이때 누님이 들어오자 국사는 힐끔 쳐다보고 말했다.

"누님 오셨습니까? 앉으십시오. 막 공양을 하려던 참입니다."

　국사는 혼자서 음식을 맛있게 들고 상을 물렸다. 전에 없던 일이었다. 보조국사의 누님은 섭섭하고 노여운 감정이 일었다.

"자네가 오늘은 왜 이러나?"

"무슨 말씀입니까, 누님?"

"무슨 말이라니? 나는 그만 집으로 가야겠네."

"진지나 잡수고 가셔야지 먼 길을 그냥 가시면 시장하지 않으시겠습니까?"

"밥을 줄 생각이 있으면서 이제까지 있었나? 몇 십리 걸어온 사람을 보고 음식을 먹으면서 한번 먹어 보라는 말도 없으니 그게 사람이 할 짓인가?"

"누님, 제가 이렇게 배가 부르도록 먹었는데 누님은 왜 배가 아니 부르십니까?"

"자네가 먹었는데 어찌 내 배가 부르단 말인가?"

"제가 도를 깨치면 누님도 제도된다고 하지 않았습니까? 그렇다면 동생이 배부르면 누님도 배가 불러야 하지 않겠습니까?"

"무슨 말을 그렇게 하는가? 밥은 창자로 들어가고 염불은 마음으로 하여 정신이 극락을 가는 것이니 밥 먹고 배부른 것과는 다른 것이 아닌가?"

"그렇습니다. 제가 음식을 먹어도 누님이 배부르지 않듯이 내 마음으로 염불을 하면 나의 영혼은 극락에 가도 누님은 갈 수 없습니다. 누님이 극락에 가고 싶으면 누님의 마음으로 염불을 하지 않으면 안됩니다. 죽음도 대신하지 못하는 것처럼 극락도 대리 극락이란 있을 수 없습니다."

이 말을 마치고 보조국사는 상좌를 시켜 누님의 점심상을 차려오게 해놓고 말했다.

"누님, 이 동생이 제도할 것을 믿지 말고 당신 자신의 지극정성으로 염불을 하시어 내생에 극락 가도록 하십시오."

이후로 보조국사의 누님은 지성으로 염불을 하며 수행하였다고 한다.

나옹대사의 누님과 제석천

나옹대사는 누님이 어찌나 가난하게 살든지 복을 짓게 하려고 찾아갔다.

"누님이 하도 가난하게 살기에 제석천왕을 모셔다가 공양하면 복을 받게 될 테니, 음식 장만을 잘하시오" 하고는 석양(夕陽)에 거지 두서너 명을 데리고 갔다.

동생이 제석천왕을 초대한다는 말에 있는 정성을 다해 장만해 놓고, 문틈으로 내다보니 온다던 제석천왕은 아니 오고 웬 험상궂은 거지들을 데리고 오는지라 화가 나서 야단을 쳤다.

나옹은 여전히 제석천왕들을 들어오게 한 후 밥을 먹이려 하였지만 워낙 누님의 화풀이가 심하여 수저만 겨우 잡아보고 나오면서

"누님은 제석천왕을 그렇게도 못 알아 보시오."한 후
"복을 좀 지어주려고 했더니 별수 없구나!"하고 한탄하였다고 한다.

내가 진묵이라면 어쩌겠어

대종경 불지품 23장에 보면 대종사께서 "불보살들은 이 천지를 편안히 살고 가는 안주처 삼기도 하고, 일을 하고 가는 사업장 삼기도 하며, 유유자재하게 놀고 가는 유희장을 삼기도 하나니라."고 하셨다.

대종사가 '이 천지를 유유자재하게 놀고 가는 유희장 삼기도' 한 불보살은 진묵대사를 말하는 것이라고 한다.

대종사 변산 석두암에 계실 때 하루는 백학명 선사의 제자가 찾아와

"진묵스님께서 열반하시기 전에 부도를 구해놓고 이 부도가 희어지면 내가 이 세상에 출세한 줄 알아라 하셨다지요."

"그래서 어쨌단 말이여."

"그런데 제가요, 전주 봉서사에 가서 저녁 먹고 산책을 하며 부도 있는데로 가보니 부도 머리가 희어졌어요."

"그래서?"

"아, 그러면 진묵스님께서 출세하신 것이 아니겠습니까?"

"그렇겠지, 성현의 말씀에 빈말이 없으실 테니까. 그래 어쨌단 말이여."

"먼저 뵙게 될 것 아니에요."

"그러면 그대가 진묵스님께서 출세하신 것을 보면 알겠나."

"아 보면 알테지요."

"그러면 내가 진묵이라면 어쩌겠어."

"아이고 뭐 그럴랍디여."

대종사 미소를 지으시니 그는 그 뜻을 알지 못하였다.

대종사는 진묵대사의 행적을 찾기도 하고, 진묵대사의 일화들을 제자들에게 자주 말씀하셨다고 한다.

원기13년 2월 초엿새, 이리 총부에서 동선 해제식을 마치고, 대종사께서 말씀하시었다.

"내가 들은즉 전주 부근에 있는 봉서사 진묵대사의 부도 한편이 점차 희어진다 하니, 내 한번 가 보리라."

이튿날 20여명의 제자들은 대종사를 모시고 이리역을 출발하여 삼례역에서 내려 걷게 되었다. 봉서사까지는 30리길을 걸어가야 했다. 넓은 평야에 맑은 시냇물이 흐르고 공기가 신선하여 기쁜 마음과 상쾌한 기분으로 법문을 들으며 가다가 나무 밑에서 잠시 쉬게 되었다. 이때 한 제자가 탄식하며 말하였다.

"우리는 어찌 이처럼 돈이 없는고? 돈이 없기 때문에 이처럼 먼 길을 걷느라고 욕을 보는구나. 돈만 있다면 대종사님을 자동차로 편안히 모실 터인데, 이 먼 길에 고생을 하시니 죄송스럽기 짝이 없구나."

대종사께서 이 말을 들으시고 곧 탄식하는 제자를 불러 말씀하시었다.

"너는 돈이 없어서 그렇게 탄식하느냐? 나는 오는 길에 많은 돈을 밟고 왔노라. 우리가 지나온 길에 돈 없는 곳이 없었는데 왜 돈이 없다고 하느냐?"

그 제자 깜짝 놀라며 말하였다.

"저는 돈을 한 푼도 보지 못하였는데요?"

"우리가 걸어온 길에 돈 없는 곳이 없었으니 잘 들어 보라. 우선 이 앞에 흐르는 맑은 물을 퍼다가 목마른 사람이 먹기도

하고, 집 짓는데 쓰기도 하며, 가물 때에는 밭에 주어 곡식을 잘 기르니 이것이 곧 돈이 아니고 무엇인가. 우리가 딛고 서있는 이 땅도 파서 논밭을 만들어 곡식을 심으면 곧 돈이요. 저기 깔려 있는 무수한 돌도 쓸 곳에 갖다가 잘 쓰면 되거늘 어찌 돈이 없다고 하느냐. 사방에 돈은 쌓였건만 돈을 사용할 줄 모를 뿐이다."

"지금 당장 쓸 돈이 없음을 한탄한 것 뿐입니다."

그 말을 들은 일동은 고개를 끄덕이며 낙도하였다.

위의 내용은 대종경 불지품 18장에 요약정리 되어 있다.

진묵대사의 장보기

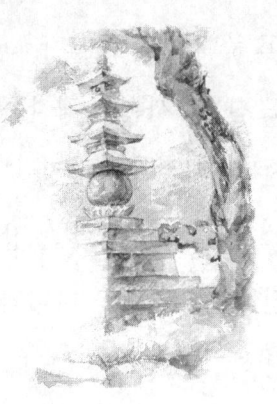

진묵대사가 어느 절에 있을 때 득남기원불공이 들어왔다. 절 스님이 대사에게 불공을 들여달라고 부탁했다.

진묵대사는 빗자루를 거꾸로 잡고 법당에 들어가 부처님의 머리를 탁탁 치면서 "애기 태워달라니 태워 줘."라는 말만 서너번 하고서 불공을 그만두었다.

그것을 본 절안의 스님들은 "노승이 노망 들었다."고 푸대접했다.

대종사께서는 진묵대사 일화를 말씀하시며
"진묵대사는 도통하신 대사인지라 그때 벌써 등상불은 쓸데없다는 것을 암시하셨지만 일반 승려들은 그걸 모르고 노망했다고 푸대접 한 것이다."고 하셨다.

또 진묵대사는 동정간 공부를 실천하셨다.

진묵대사는 항시 '장 보러 간다' 하고 전주시장에 나가니 대중스님들은 "중이 무슨 장에 가느냐."고 의아해 했다.

진묵대사는 장을 다녀와 어느 때는 '장을 잘 봤다' 고 희색이 만면하기도 하고, 어느 때는 '장에 가서 실패하였다' 고 불쾌한 심상(心像)이었다고 한다.

대종사는 진묵대사가 장에 다녀오신 것에 대하여 "그것은 장에 갔을 때 온갖 색상에 내마음이 끌리는가 안끌리는가 시험하러 간 것이니 이것이 곧 실질적 동정공부이니라."고 하셨다.

위 내용은 대종사 재세시에 불법연구회와 대종사를 감시하였던 황이천 순사가 '내가 내사한 불법연구회' 에서 회고한 것이다.

술을 곡차로 알고 마시다

대종사께서 말씀하셨다고 구전으로 전하는 진묵대사 일화를 초의선사의 《진묵대사 유적고》와 이일영의 《진묵대사 소전》에서 인용하여 소개한다.

진묵대사는 늘 술 마시기를 좋아하였다. 그러나 '곡차(穀茶)'라 하면 마시고 '술'이라고 하면 마시지 않았다. 하루는 대원사의 어떤 중이 잔치를 베풀려고 술을 거르는데 그 향기로운 술 냄새가 퍼지자 진묵대사는 구장(鳩杖)을 짚고 가서 그에게 물었다.

"스님이 거르는 것이 무엇인가?"

"술입니다."

대사는 잠자코 들어왔다가 다시 가서 물었다.

"그대가 거르는 그것이 무엇인가?"

중이 아까와 똑같이 대답하자 대사는 또 무료히 돌아왔다. 조금 있다가 대사는 또 가서 물었다. 그러나 중은 끝내 '곡차'라 하지 않고 "술 거른다"고 대답했다. 대사는 끝내 실망하고 돌아왔다. 얼마 뒤에 금강역사(金剛力士)가 철퇴로 술 거르던 중을 때려 죽게 했다.

진묵대사는 "앞으로 이 절은 300년간 빈천보를 면하지 못할 것이다."고 말했다 한다.

진묵대사와 십육나한

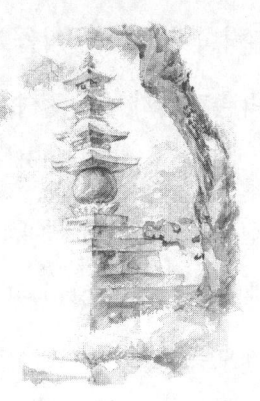

　진묵대사가 절에서 나와 마을로 내려가던 참이었다. 마침 그날 비가 많이 와 홍수가 졌다. 냇가에 이르니 물이 불어 어찌할꼬 하던 참에 갑자기 동자 16명이 나타나 물 속에 풍덩 풍덩 빠지며
　"스님 별로 깊지 않군요." 하는데 정말 애들 허리밖에 빠지지 않았다.
　동자들의 손짓에 따라 진묵대사가 물에 들어가니, 풍덩 빠져 물깊이가 키가 넘었다. 다시 물 밖으로 나온 뒤 그들이 16나한임을 알고
　'영산회상에 함께 하였던 옛 십육나한이여
　(기여영산십육우 寄與靈山十六遇)

촌락마다 제사 음식을 받아먹기 얼마나 하였는가.

(락촌제반기시휴 落村濟飯幾時休)

신통묘술은 비록 내가 미치지 못하지마는

(신통묘술수난급 神通妙術雖難及)

대도의 법은 마땅히 이 늙은 스님에게 묻거라

(대도응문노비구 大道應問老比丘)'고 하였다.

진묵대사와 봉곡

　진묵대사는 만년에 완주 봉서사에 계셨다. 그 절에서 멀지 않는 곳에 봉곡(鳳谷) 김동준 선생이 있었으니 유현(儒賢)이었다. 진묵대사는 일찍부터 그 선생과 사귀었다.
　하루는 봉곡이 진묵에게 "유학을 모른다."고 핀잔했다. 그러자 진묵대사는 그 선생에게 강목(綱目)을 빌려 바랑에 넣어 메고 갔다. 봉곡선생은 사람을 시켜 그 뒤를 따라 가보게 하였다. 대사는 절에 가는 동안 책 한권씩 빼어보고 땅에 버렸다. 절 문 앞에 이르자 빌린 책을 다 읽어버렸다.
　뒷날 봉곡선생이 물었다.
　"왜 빌려간 책을 다 땅에 던져 버렸는가?"
　"고기를 잡았으면 통발을 버리고, 책을 보았으면 책을 버리는 것이 당연치 않소."

　그 말을 들은 봉곡이 책을 들고 내용을 물어보았더니 대사는 하나도 틀림없이 다 알았다고 한다.

석가불의 참 모습

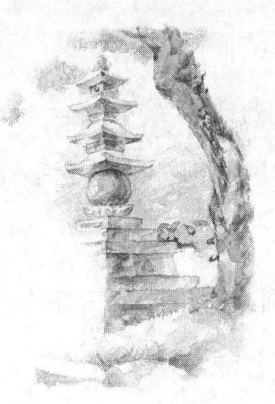

진묵대사가 봉서사에 있을 때의 일이다.

진묵대사가 하루는 목욕하고 깨끗한 옷을 갈아입은 후 지팡이를 집고 문 밖에 나갔다. 개울을 따라 거닐다가 물가에 지팡이를 세우고, 따라온 시자에게 물에 비친 사람 그림자를 가리키며 "저것이 바로 석가모니 부처님의 그림자이니라." 하니 시자가 "아니올시다. 화상의 그림자입니다."고 하였다. 진묵대사께서 "너는 어찌 화상의 가짜 그림자만 알았지 석가불의 참 모습은 모르느냐?"고 하였다.

진묵대사는 마침내 지팡이를 메고 방으로 들어가 발을 포개어 가부좌를 하고 앉아 제자들을 불러 "나는 이제 가겠으니 물을 것이 있으면 물으라."고 하였다.

한 제자가 "화상께서 돌아가신 백년 뒤에는 종승은 누구에게 있겠습니까?" 하니

진묵대사께서 한참 동안 묵묵히 있다가 "무슨 종승이 있겠느냐?" 고 하였다.

제자들이 거듭 말해주기를 청하자 대사는 마지못하여 "명리승(名利僧)이나 그래도 휴정노장(西山大師)에게 붙여두어라." 하고는 편안히 입적하니 나이가 72세였다.

간수를 마신 진묵대사

처서도 지난 늦은 여름 진묵대사는 익산 춘포에 사는 누님댁을 찾았다.

누님은 일꾼들을 데리고 밭에 나가 가을걷이를 하는 중이어서 집은 텅 비어 있었다.

진묵대사는 밭으로 나가 누님에게 인사드리고 시간가는 줄 모르게 궁금한 사연을 나누었다.

누님은 "참 대사가 곡차를 즐겨하지, 집에 가서 한잔 대접해야겠구만, 함께 집으로 가세."

"누님, 밭갈이도 바쁘신데 나에게 신경 쓰지 마시고 하던 일을 계속 하시구료."

진묵대사가 사양하였으나 누님은 오랜만에 향리를 찾아온

동생을 그렇게 보낼 수 없어 같이 집으로 가자고 했다.

"누님, 그럼 곡차를 어디 두셨는지 가르쳐만 주시구료, 제가 돌아가는 길에 들러 목이나 축이고 가지오."

"부엌 안 부뚜막 옆에 호리병을 놔두었는데 그 병 속에 곡차가 들어 있으니 갈증을 풀고 좀 쉬었다 가게나."

진묵대사는 누님댁으로 와 곡차 한 병으로 갈증을 푼 다음 곧 봉서사로 걸음을 옮겼다.

서산으로 해가 진 다음에야 집에 돌아온 누님은 대사가 곡차를 마시고 갔는지 알아보려고 부엌으로 가 호리병을 흔들어보다가 깜짝 놀랐다. 대사가 술을 마시지 않아 그대로 있는 것이 아닌가. 누님은 '참새가 방앗간을 그냥 지나가면 지나갔지 대사가 곡차를 그냥 두고 갈 리가 없는데' 하면서 이상한 예감이 들어 호리병과 나란히 있는 간수병을 보았다.

간수병을 흔들어보니 가득 있어야 할 간수가 하나도 없었다. 간수를 곡차인 줄 알고 마셔버린 것이 아닌가.

누님은 간수병을 땅에 떨어뜨리고 그 자리에 주저앉고 말았다. 누님은 대사가 어느 산 기슭에서 배를 움켜쥐고 뒹굴다 죽어가는 모습이 떠올라 몸서리치며 허둥댔다. 날은 이미 어두워 갈 수 없고 다음날 새벽에 완주 봉서사까지 백이십리길을 부리나케 달려갔다. 가는 길에 혹시 대사가 쓰러져 있지 않나

살피며 봉서사에 도착했다.

　봉서사에 도착하니 상좌 기춘이 나왔다.

"진묵대사가 무사히 도착했는지 알아보러 왔소."

"대사님은 지금 법당에 계십니다."

"대사가 오는 길에 아무 탈이 없었는지 모르겠소."

"대사님께선 아무 탈이 없으신 줄 압니다."

　율장에 '경내에는 일체 여인금(女人禁)'이라 한지라 누님은 동생인 진묵대사의 얼굴도 보지 못하고 돌아오고 말았다.

진묵대사와 홍시

　한 여인이 진묵대사가 큰 스님이라는 소문을 듣고 사모하게 되었다. 하루는 진묵대사를 정자에 초청하여 잘 익은 곡차와 가야금으로 대사와 덩실덩실 춤을 추기 시작하였다.
　때가 칠월인지라 한낮의 더위는 몸을 땀투성이로 만들었다. 여인은 덥다는 핑계로 겉옷을 벗고 대사에게도 벗으라고 권했다. 옷을 벗고 춤을 추니 여인은 대사에게 이성을 잃고 말았다. 대사는 여인을 힘껏 껴안아 주었다.
　그때 정자 앞 땅 위에 홍시(반시: 반절만 익은 감)가 떨어진 것을 본 대사는 벌떡 몸을 일으켰다.
　"어, 감이 탐스럽게 익었군."
　대사는 벌레 먹어 떨어진 홍시를 주워 입에 대고 맛있다고 빨며 아이처럼 좋아했다.

　여인이 대사를 불러도 대사는 덥다며 우물가로 가 두레박으로 물을 떠 몸에 끼얹었다.

　여인은 물끄러미 바라다 볼 뿐이었다.

　〈대종경〉 불지품 7장에 보면 한 제자가 대종사께 진묵대사에 대해 여쭈었다.

　한 제자 여쭙기를 "진묵대사도 주색에 끌린 바가 있는 듯하오니 그러하오니까."

　대종사 말씀하시기를 "내 들으니 진묵대사가 술을 좋아하시되 하루는 술을 마신다는 것이 간수를 한 그릇 마시고도 아무 일이 없었다 하며, 또 한 번은 감나무 아래에 계시는데 한 여자가 사심을 품고 와서 놀기를 청하는지라 그 원을 들어 주려 하시다가 홍시가 떨어지매 무심히 그것을 주우러 가시므로 여자가 무색하여 스스로 물러갔다는 말이 있나니, 어찌 그 마음에 술이 있었으며 여색이 있었겠는가. 그런 어른은 술 경계에 술이 없었고 색 경계에 색이 없으신 여래(如來)니라."고 하셨다.

Ⅱ 영원한 인연

영원한 인연

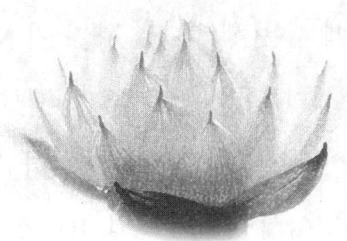

　대종사 영산에 머물 때 신입회원 한 사람이 많은 금전으로 음식과 폐백을 갖추어 올리는지라 말씀하셨다.
　"그대가 이와같이 성의를 표하는 것은 감사하나 금일의 이 정의가 변하여 후일에 성글어질 수도 있나니 그대는 이 정의가 변하고 변치않는 이치를 아는가?"
　"어찌 공연히 변해질 리가 있겠습니까?"
　"그것은 다 그대의 구하는 바에 따라 좌우되나니라. 어찌하여 그러한고 하면 그대가 지금 나를 상종하되 그 구하는 바가 나에게 있는 것이라면 영구한 인연이 되려니와 만일 나에게 없는 것이라면 우리의 사귐은 필경 갈리고 말리라.
　내 어느 때 이런 이야기를 들었노라. 한양 어느 대부호 집에 출입하는 문객이 많았는데 그중 갑과 을이란 사람이 있었다. 그때 갑은 생각하되 '내가 저 부호와 친근하여 돈을 빌려쓰고 그 세력을 빌려 권리도 부려보리라' 하였고, 을은 그와 반대로 금전과 권리를 탐하지 아니하고 다만 그 사람의 부자 된 원인만 알아서 자기도 그와 같은 살림을 이루어보려고 결심하였다고 한다.

  그리하여 갑은 권리와 금전을 빌릴 욕심에 그 부호와 여러 가지 음식과 폐백 등으로 교례하며 필경 금전도 차용을 하여 권리를 부리게 되었다. 그러나 한갓 우스운 일은 그 부호의 권력과 금전을 배경하여 다른 사람의 권리를 빼앗아 제 홀로 주장하려 하며, 다른 사람의 사랑을 끊어 제 홀로 받으려 하며, 다른 사람의 전답을 떼어 제 혼자 지으려고 하여 사방으로 원수를 지으며, 또는 부호에게 과다한 차금을 얻어서 제 딴은 활발한 생활을 마음껏 하던 중 몇 해를 지나고 보니 가세가 점점 탕패가 되어 본래에 약간 있던 재산까지도 여지없이 소모되는지라, 그제야 그 사람이 부호를 원망하되 '나는 오늘까지 자기에게 정성을 다하였거늘 자기는 나를 동정하지 아니하여 나의 신세가 이 모양이 되었다' 하여 결국 그 부호와 원수를 맺고 말았다.

  을은 '그 부호가 그와같은 치부(致富)를 이룬 것은 무슨 방법으로든지 다른 사람에게 우월한 점이 있으리니 내 마땅히 그 원인을 알아보리라' 하고 자기의 치산하는 데에 선생을 삼아서 그 부호의 지도대로 몇몇 해를 지내고 보니 가세가 점점 불어나서 곧 부유한 살림이 되었는지라. 그때에 그가 말하되 '오늘날 이런 가세를 이룬 것은 나의 힘만 아니라 방법을 가르쳐 주신 이의 공'이라 하고 그 부호와 영원히 한 인연이 되었다 한다."

위의 내용은 〈대종경〉인도품 15장에 간략하게 기록되어 있다.

통장수의 통 매기

어떤 사람이 금강산을 유람하고 돌아와 "까마귀, 뱀을 부르기도 하고 보내기도 하는 사람을 보고 그가 참 도인인가 합니다."고 대종사께 말씀드렸다. 이에 대해 대종사께서 하신 말씀이 〈대종경〉 인도품 59장에 기록되어 있다.

대종사께서는 그 사람에게 변산에서 제법(制法) 하실 때 보았던 통장사의 일화를 말씀하시었다.
이때의 대화 내용을 주산 송도성이 '그 사람이 아니면 그 사람을 모른다'는 제목으로 수필하여 원기13년 7월 〈월말통신〉 5호에 기록하였다.

내가 봉래산(변산) 실상이란 곳에 있을 때의 일이다. 하루는 통장수가 와서 동네 어느 집에서 통 매기를 시작하였다. 나도 구경하였으며 동네 사람들이 많이 모였다. 그러나 구경하는 동네 사람들은 다 통 매는 법을 모르는 사람이라 그 통장수가 통을 잘 매는지 못 매는지 아무 판단 없이 들여다보고 섰을 뿐이었다.

때에 마침 어떠한 사람이 와서 한참 동안 통 매는 것을 구경하다가 통장수를 물끄러미 쳐다보며 "여보 통장수, 통을 매려거든 통 꼭지나 옳게 박으오." 하였다. 통장수가 그 말을 듣고 낯빛이 붉으락푸르락 하며 정신을 차리지 못하고 손을 덜덜 떨면서 매어 놓았던 통까지 도로 와해되어 버리니 필경은 그 통을 매지 못하고 가게 되었다.

내가 그 두 사람의 뒤를 탐사하여 본즉 그 통장수는 과연 통을 맬 줄 모르는 사람이 처음 나온 자이고, 통 꼭지나 옳게 박으라고 말하였던 그 사람은 참으로 통매는 상수(上手)라 하더라.

그러면 그 사람은 자기가 통 매는 재주가 있었으므로 그 통장수가 통을 잘 매지 못하는 것을 알지 않았는가. 그와 같이 도인이 아니고 어찌 도인의 깊은 뜻을 알며 참 지식이 없고 어찌 참 선생을 만나겠는가. 그러므로 그 사람이 아니면 그 사람을 모른다 하노라."

다음은 〈대종경〉인도품 59장의 법문이다.

어떤 사람이 금강산(金剛山)을 유람하고 돌아와서, 대종사께 사뢰기를 "제가 유람하는 중에 가마귀나 뱀을 임의로 부르기도 하고 보내기도 하는 사람을 보고 왔사오니 그가 참 도인인가 하나이다."

대종사 말씀하시기를 "가마귀는 가마귀와 떼를 짓고 뱀은 뱀과 유를 하나니 도인이 어찌 가마귀와 뱀의 총중에 섞여 있으리요."

"그러하오면 어떠한 사람이 참 도인이오니까."

"참 도인은 사람의 총중에서 사람의 도를 행할 따름이니라."

"그러하오면 도인이라고 별다른 표적이 없나이까."

"없나니라."

"그러하오면 어떻게 도인을 알아보나이까."

"자기가 도인이 아니면 도인을 보아도 도인인 줄을 잘 알지 못하나니, 자기가 외국 말을 할 줄 알아야 다른 사람이 그 외국 말을 잘 하는지 못 하는지를 알 것이며, 자기가 음악을 잘 알아야 다른 사람의 음악이 맞고 안 맞는 것을 알 것이니라. 그러므로 그 사람이 아니면 그 사람을 잘 알지 못한다 하노라."

구봉과 사계

구봉 송익필과 사계 김장생에 대한 이야기는 《대종경 선외록》에 기록되어 있다.

정신이 갈래이면 큰 공부를 하기가 어려우니 그대들은 정전(正典) 한 권만 전 심력을 기울여서 큰 역량을 얻어 보라.

옛날 사계(沙溪)의 부친 한강공이 사계를 구봉(龜峰)에게 맡기면서 "앞으로 십 년 동안 자식을 만나보지도 않을 것이요, 일체 의식 용돈을 준비하여 보낼 터이니 잘 가르쳐 달라."고 부탁하였다.

구봉이 말하기를 "금방 한 약속을 그대로 지켜 준다면 내가 맡아서 한번 공을 들여 보겠다."고 하였다. 그 후 8년이 지나

자 사계의 부친은 독자(獨子)를 한번 만나볼 마음이 간절해졌다. '가만히 한 번 보고만 오리라' 마음 먹고 구봉 선생 처소가 바라보이는 고개마루 까지 가서 앉아 있었다.

때마침 사계가 그 산에서 나무를 해 가지고 내려오는데 그 몰골이 말이 아니었다. "그 동안 무슨 글을 배웠느냐."고 묻자, "8년 전 집에서 가지고 온 《사략(史略)》 한 권도 다 못 떼었다."고 대답했다.

사계의 부친은 어이가 없어서 곧 구봉에게 달려가 따졌다. 구봉이 말하기를 "애써서 배우지 아니하고 잘 알면 더 좋지 않느냐."면서 사계에게 "집에서 가져온 모든 책들을 낱낱이 가지고 와서 읽고 새겨 보라."고 하였다.

사계는 처음 보는 책이지만 서슴없이 가지고 온 책들을 샅샅이 읽고 새겨 내려갔다. 사계의 부친이 무안하여 구봉에게 사죄하며 "자식을 그대로 맡기고 갈 터이니 십 년을 채워 달라."고 사정하였다. 구봉이 말하기를 "그대로 데리고 가도 조선에 이름은 얻을 것이니 데리고 가라."고 하였다.

대종사께서는 "큰 도에 드는 데에는 글 많이 보고 앎 많은 것이 도리어 장애가 될 수도 있는 것이니 큰 공부하려거든 외길로 나아가 일심으로 적공하라."고 하셨다.

대산종사는 "대종사께서 매 선기마다 사계선생의 공부경로에 대하여 말씀 해주셨다."고 하시며 법문에 구봉과 사계에 대한 예화를 자주 인용했다.

구봉 송익필(1534~1599)은 신분이 미천하였으나 재능이 비상하고 문장이 뛰어나 이이·성혼 등과 함께 성리학의 깊은 이치를 논변하였다.

그는 또 정치적 감각이 뛰어나 서인 세력의 막후 실력자이기도 했다.

1586년 이전까지는 고양 귀봉산 아래에서 크게 문호를 열어 후진을 양성하였다. 그 문하에서 김장생·김집·정엽 등 많은 학자들이 배출되었다.

사계 김장생(1548~1631)은 1560년 구봉 송익필에게 《사서(四書)》와 《근사록》등을 배웠고 20세 무렵에 이이의 문하에 들어갔다.

1613년 계축옥사 때 동생이 그에 관련되어 연좌되었으나 무혐의로 풀려나자 관직을 버리고 연산에 은둔하여 학문에만 전념하였다. 송시열·송길준·최명길 등 당대의 비중 높은 명사를 다수 배출했다.

그는 학문적으로 송익필·이이·성혼 등의 영향을 함께 받고 있었지만 예학(禮學)분야는 송익필의 영향을 많이 받았다. 그는 조선 예학의 태두로 예학을 깊이 연구하여 아들 집에게 계승시켜 예학파의 한 주류를 형성하였다.

 그의 학문과 덕행을 추모하기 위해 1634년 지방 유림들이 충남 논산군 연산면 임리에 돈암서원을 창건하고 위패를 모셨다.

작은 악함이 대업을 그르치나니라

　이 법문은 대종사께서 '작은 악함이 대업을 그르치나니라'는 내용으로 대중에게 말씀하신 것을 주산 송도성이 수필했다.

　"나는 일찍이 한소열(漢紹烈)이 《칙후주서(勅後主書)》에 '물이악소이위지(勿以惡小而爲之)하고 물이선소이불위(勿以善小而不爲)하라'는 말을 읽고 마음 가운데 아름답게 여기었으며, 감찬(感讚)하기를 마지 아니하였노라. 공부하는 제군은 마땅히 일일시시 자기 행동을 항상 살펴서 조금이라도 부족함이 있고 보면 곧 끊어 없앨 것이니, 만약 세소(細小)한 과실이라 하여 고치지 아니하고 행하면 차차 습관이 되어 영영 악도에 빠지기 쉽나니라."하시고 이야기를 하시었다.

　중국 강남에 한 짐승이 있으니 이름은 '이리'라 하였다. 그 짐승의 머리털이 심히 길고 아름다워 귀족 부녀들의 머리 단장하는데 최상의 재료가 되었다. 자연 그것을 구하려면 대단히 힘이 들었다.
　이리는 그 힘이 강한데다 날래고 모질어서 도저히 인력으로는 잡지 못했다. 다만 그 성질이 술을 즐겨하므로 술을 먹여서 취한 후에 잡는 것이 유일의 묘계라 한다.
　술을 그릇에다 담아서 이리가 자주 내왕하는 길목에 놓아두고 사람이 근처에 은신하고 있으면, 이리가 지나가다가 술을 보고 처음에는 입을 들어 하늘을 향하고 웃으며 '오! 나를 잡으려고' 하는 표정을 나타내는 듯 하며 본 체도 아니하고 한 수십 보를 행하여 가다가 어떠한 사심(邪心)이 동하였던지 다시 돌아서서 술을 향하고 한참 바라보다가 부득이 '꼭 한잔만 먹고 가리라' 하는 결심을 가지는 듯이 와서 한잔을 먹고, 또 십여 보를 가다가 다시 돌아서서 '꼭 한잔만 더 먹고 가리라'는 듯이 와서 한잔을 먹고, 조금 가다 되돌아서고, 조금 가다가 되돌아서서 이와 같이 4, 5차를 내왕하다가 나중에는 그 자리에서 일어나지도 아니하고 '먹은 김에 먹어 두어라' 하고 정신 없이 그 술을 다 먹은 뒤에는 필경 취도(醉倒)한다고 한다. 수직(守直)하던 사람은 바삐 나와서 머리털을 벗겨 가면 이리는 실컷 자다가 취기가 깨면 일어나서 통곡한다 하더라.

그 이리로 말하면 처음에는 술 한 두 잔만 먹기로 하였으나, 그 한 두 잔 술이 변하여 한동이에 달하여서 필경 저의 머리털을 도적 맞았듯이, 사람이 처음에는 한두어가지 세소(細小)한 악함을 고치지 않다가 한두어가지의 악이 쌓여서 나중에 큰 죄업이 되어 전정을 막는 자가 많다.

위의 예화에는 '이리' 라는 짐승이라고 되어 있으나 〈대종경〉 인도품 30장에는 '남방의 성성이' 라는 내용으로 되어있다.

이리는 개 과의 포유동물로 개와 비슷한 동물로 늑대라고도 한다. 한국, 중국, 일본, 인도, 시베리아 등에 분포한다.

성성(猩猩)이라는 동물은 중국에 전하는 상상 속의 동물이다. 사람과 비슷한데 몸은 개와 같으며 주홍색의 긴 털이 나 있다. 사람의 말을 이해하고 술을 좋아한다고 한다.

대종사 말씀하시기를 "사람의 큰 죄악이 처음에는 작은 허물로부터 시작되는 수가 허다하나니, 그대들은 마땅히 때때로 자기의 행동을 살펴서 작은 허물이라도 발견되거든 미루지 말고 고치기에 힘쓰라. 남방의 성성이라는 짐승은 힘이 세고 날래어 사람이 힘으로는 잡지 못하나, 그가 술을 즐겨하므로 술을 큰 그릇에 가득 담아서 내왕하는 길목에 두어 두면 그가 지나면서 그것을 보고 처음에는 웃으며 그대로 가다가 다시 돌아와서 조금 마시고, 또 가다가 다시 돌아와서 더 마시고 하기를 여러 차례 한 뒤에는 그만 정신 없이 그 술을 다 마시고, 마침내 취하여 쓰러지면 사람이 나와서 잡아간다고 하니, 그가 처음에는 조금만 마시기로 한 술이 커져서 한 동이에 이르렀으며, 마침내 제 생명을 잃기도 하고 혹은 생포(生捕)도 당하게 되는 것이니라. 사람도 또한 그와 같아서 처음에는 한 두 가지의 작은 허물을 고치지 못하다가, 허물이 쌓이고 쌓이면 마침내 큰 죄업을 저질러서 전도를 크게 그르치나니 어찌 조심하지 아니 하리요."

강태공의 낚시

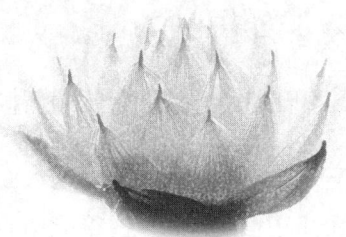

대산종사는 원기57년 3월 "대종사께서는 강태공이 모든 능력을 갖추었으나 선곤(先困 : 고생하며 기다린 것) 하면서 그 뜻을 지킨 일을 많이 칭찬하시었다."고 말했다.

BC 12세기경 중국 주(周)나라 초의 정치가 강태공(姜太公 : 본명은 여상)이 아직 벼슬을 하기 전이었다. 여상은 나이가 많았지만 가난하여 낚시질로 끼니를 이어갔다. 그가 위수(渭水)라는 곳에서 낚시질을 할 때였다.

그는 매일 낚시줄을 늘이고 있었지만 도무지 한 마리도 잡지 못하고 그냥 돌아오곤 했다. 그것은 곧은 낚시대를 드리우고 있었기 때문이었다.

그러나 그는 그러한 것에 크게 애를 태우지 않았다. 그리고 항상 말하기를 "두고 보라, 왕후(王候)를 낚을 것이니…"라고.

하지만 여상의 말에 정이 떨어진 아내 마씨(馬氏)는 급기야 이혼하고 친정으로 돌아갔다.

이런 일이 일어날 즈음, 주(周) 문왕(文王)은 어느 날 꿈을 꾸었다. 그 꿈을 해몽시켰더니,

"그 날 사냥을 나가면 새나 짐승은 못 잡겠지만 임금을 보좌할 어진 신하를 얻을 것입니다."라고 말했다.

문왕은 기뻐서 사냥을 나가 위수 근처에 이르렀다. 그곳에는 낚시질을 하고 있는 한 노인이 있었다. 문왕은 그 곁에 가 앉아 이런 저런 정치 이야기를 하여 보았다. 대단히 식견이 높은 노인이었다.

문왕은 곧 여상을 데리고 돌아와 '사부'라는 벼슬을 주고 나라 일에 참여시켰다. 문왕은 선정을 펼칠 수 있었고 더불어 태공망의 이름도 유명해졌다.

태공망은 훗날 문왕의 아들 무왕(武王)을 도와 은(殷)나라를 치는데 공을 세웠고, 그 공으로 제나라를 다스리게 되었다.

순 임금의 효

대종사는 순 임금의 효에 대하여 자주 말씀하셨다고 한다. 〈대종경〉 인도품 27장에서는
"순 임금은 밭 갈고 질그릇 굽는 천역을 하던 사람으로 천자의 위를 받았으나 거기에 조금도 넘치심이 없으셨다."고 했다.

〈회보〉 제25호에 이공주 선진이 '순임금의 효양부모(孝養父母)'란 제목으로 연재하였다. 대종사께서 감수하신후 발표하셨기 때문에 순 임금의 효에 대하여 아래 내용으로 대신한다.

순 임금은 일찍이 그 모친이 별세하시고 부친 되시는 고수가 후처를 취하여 상(象)이라는 아들을 낳으니 고수는 후처에게

혹하여 순은 미워하고 상만을 사랑하는지라.

근본적으로 불량한 상의 모자는 더욱 기승하여 고수에게 참소하였다. 고수는 순을 죽여 버리기로 작정하였으나 순의 효성이 지극하심에 차마 단행치 못하고 기회를 엿보던 중 하루는 상이 어머니와 상의하여 순을 죽이려 하였다.

"순에게 집 위에 올라가 집을 이으라" 하니 순이 생각하되 '새지도 않고 성성한 집을 이으라 하시니 필연 연고가 있도다' 하고 의심이 없지 않으나 아버지의 명을 거슬리지 못하여 흔연히 대답하고 집 위에 올라가기 전에 초립과 삿갓을 준비해 올라가 집을 이었다.

상의 모자와 고수는 무슨 수나 난 듯이 집의 세간 집물을 치운 후 지붕에 불을 질렀다. 순은 불기운이 강함을 보고 오른쪽에 초립, 왼쪽에 삿갓을 끼고 몸을 솟아 죽기를 면하였다.

상의 모자는 순을 죽이지 못함을 앙앙불락하여 또 다시 고수에게 백가지로 참소하니 고수 또한 노기등등하여 순을 불러 이르되 "곧 우물을 더 파라." 하는지라. 순의 마음에 이번에는 우물 속에다 죽이려 하는 줄을 알았으나 또한 부명을 순종하는 효자인지라 거역치 못하고 우물 속으로 들어가기를 작정하였다.

그런데 그전부터 순의 친한 벗이 있어 돈을 허리에 채워 주며 "우물 속에 가거든 이리 이리 하라."고 계교를 가르쳐 주는지라, 순이 그 돈을 감추어 가지고 들어가서 옆에 구멍을 파기 시작하였다.

고수가 그릇에 밥을 내려보내거늘 순이 흙을 담고 그 위에 돈을 얹어 올려 보내니 고수와 상의 모자는 욕심이 많은지라 그 돈을 보고 그 속에 또 돈이 있는가 하여 "흙을 자꾸 파 올리라."고 하였다.

번번이 돈을 몇 푼씩 얹어 올려 보내고 이어 곁 구멍을 판즉 문득 한편 구멍이 열리는지라 순은 그곳에 몸을 은신하고 있었다. 고수 등은 돈이 없음을 보고 우물을 돌과 흙으로 메우고 말하되 "이제는 순이 죽도다." 하며 희희낙락 하더라.

그때에 순은 그 구멍으로 기어나갔다. 나간 즉시 한빈이라는 촌에 가서 질그릇을 구어 팔러 다녔다. 하루는 장에 간즉 상의 모자가 두 눈이 어두워서 막대를 짚고 걸식하거늘 순이 보고 참혹히 여기사 그 앞으로 가서 물어 가로대 "눈 어두운 여인이 이와 같이 걸식을 하니 그 정경이 참혹하여이다. 가부(家夫)도 없나니까." 하자 그 여인은 먼 눈을 깜빡이며 대답하되 "운수 불길하여 두 눈이 어두어 일월을 보지 못하고 또한 집에는 적환(賊患)을 만나 먹을 것이 없으므로 내 홀로 다니며 벌어다가 가부를 공궤 하나이다." 하거늘 순이 그 말을 듣고 슬퍼하시며

"내 한 장 동안 먹을 양식을 팔아 드릴 것이니 가지고 가셨다가 다음 장날 또 다시 만나자."하는지라.

 상의 어머니는 머리를 조아리고 백배사례하고 가더니 다음 장날에 또 왔거늘 순이 찾으시고 안부를 물은 후에 양식을 팔아 주며 "다음 장에 또 오라."하였다. 이와 같이 하기를 여러 번 하니 상의 모는 감응하여 고수에게 칭송하기를 마지아니하였다.

 고수는 집에서 그 말을 듣고 이르되 "훗 장에 가거든 아무쪼록 그 사람을 청하여 꼭 데리고 오게 하라. 그러면 내 빈말로라도 사례를 하겠노라."하자 상의 모는 다음 장에 가서 순을 붙들고 말하되 "가부 역시 안맹하고 병충하여 장터에 나오지 못하옵기로 하해 같은 은혜를 입고도 사례치 못한다 하며 아무쪼록 그대를 모셔 오라 하오니 수고를 아끼지 마시고 한번 가심을 청하나이다." 하고 지성으로 간청했다. 순이 생각하시되 '이는 또한 부명이시니 내 아니 가지 못하리라."하고 슬픈 마음으로 그 여인을 따라 집에 당도한즉 상의 모는 "가부에게 은인을 모셔왔다."며 들어갔다.

 고수가 반겨들고 치사코자 나와 그 손을 잡고 낙루 하거늘 순이 마주 눈물을 흘리며 공경히 몇 말씀 고하였다. 고수가 그 음성을 듣고 더욱 반겨 붙들고 흐느껴 가로대 "그대의 음성이 과연 나의 아들 순이 분명하도다." 하며 어찌할 바를 모를 즈음에 고수와 상의 모 두 사람의 눈이 번개 같이 떠졌다 합니다.

　과연 일심이 지극한 머리에는 이적이 나타나는 것이며 효성이 지극한 머리에는 천지가 반드시 감동하나니 순 임금의 충천하신 대 효성으로 말하면 누구나 다 할 수 없는 희귀한 효요, 실행키 어려운 효라. 순 같은 어른이 아니고는 행하지 못할 줄 압니다.

　그러나 우리는 이러한 선한 말씀을 들을 때에 범연히 듣기만 할 것이 아닙니다. 순 임금은 고수 같은 포악무도한 부모에게도 그와 같은 대효를 행 하셨으니 우리는 그 효를 모방하여 작은 효라도 기필코 행할 것이며 한걸음 더 나아가 유아 종사님께서 제정하옵신 부모 보은 조목 4조를 빠짐없이 이행한다면 순 임금 이상의 효자도 될 수 있으리라고 생각합니다.

　이 출천대효(出天大孝) 순 임금의 말씀은 옛 글을 많이 읽으신 분은 누구나 다 잘 아실 줄 압니다. 그러나 혹 고경을 배우지 못하신 분은 물론 잘 모르실 줄 듯 하와 그러한 분을 위하여 이에 대강을 소개하오니 근본 효심이 계신 분은 더욱 효행을 갖추시고, 혹 불효를 하시는 분은 새로이 효행 있는 분이 되시기를 빌고 이만 둡니다.

단주와 순 임금

경오 5월 25일 밤 대종사는 제자들에게 "강선생(강증산)이 경술 합방하기 전에 모든 제자를 데리고 경성에 가시사 남대문에 뚜렷이 써 붙이시기를 천자부해상이라 하였다 하니 너희들은 그 말이 무슨 뜻인지 알겠느냐."고 물으셨다.
송도성, 이호춘이 "알지 못하겠습니다."고 하자 대종사는 "조선이 일본과 합방된다는 말이니라. 이 세상은 요의 아들 단주를 해원하는 때이니라. 요가 단주와 순의 자격을 보시고 자격을 따라 순에게는 치권(治權)을 전하시고, 단주에게는 신선의 바둑판을 주셨건마는 단주가 그 깊은 뜻을 모르고 원한을 품었나니라. 참으로 알고 보면 단주에게는 시방세계를 전체 다 주시고, 순에게는 일국(一國)에 제한하여 주셨으며, 일 많

음을 주셨건마는 단주가 그 진미를 모르고 그 부친에게 자기 아들을 두고 외인에게 위를 전하는가 하고 원한을 두었다 하나니라."

요임금의 맏아들 단주에 대한 이야기를 《설화 중국의 역사》, 《중국고대신화》에서 간추려 보면 다음과 같다.

요 임금이 제위에 오른지 70여년간 세상은 변함 없이 평화로웠지만 7년 동안이나 계속되는 홍수로 황하가 넘쳐흘러 골치를 앓아야 했다. 요 임금은 치수의 책임자로 곤을 등용하였으나 9년 동안의 노력에도 불구하고 성과가 없었고 아들인 단주(丹朱) 또한 불초하여 제위를 물려줄 수 없었다. 그는 천하를 맡아 다스릴만한 인재에게 천하를 맡기고자 하여 널리 그 적임자를 찾고 있었다.

여러 중신들에게 "천하를 맡길 훌륭한 인재를 골라 추천하시오."라고 말했으나 그런 인재는 쉽게 나타나지 않았다.

방제(放齊)라는 중신이 아뢰기를 "맏아드님 단주는 사리에 통달하고 총명하옵니다."며 "제위를 아들에게 넘겨주는 것이 어떻겠습니까."하고 요 임금의 의사를 타진하였다.

하지만 요 임금은 "아니되오. 단주는 사람이 완흉(頑凶)하여 천하를 맡길 수 없소."하고 일언지하에 거절하였다. '완(頑)'이란 덕과 의리가 없음을 말하고, '흉(凶)'이란 소송을 좋아함을 이른다.

　제순이라는 사람이 있었다. 제순의 생모가 죽자 아버지인 고수는 후처를 얻어 상(象)을 낳았다. 양친은 온화한 순보다는 마음이 나쁜 상만을 귀여워했다. 그러나 순은 부모에게 효도하고 성실하여 그의 덕을 흠모하는 사람들이 모여들었다. 순의 나이 30세가 되었을 때 효자인 순의 평판이 요 임금의 귀에까지 들어갔다. 요는 순을 불러 들여보니 소문보다 뛰어난 인재였다.

　요는 두 딸을 순에게 시집보내 관찰하였으나 원만한 그의 성품을 보고 장래를 맡길만하다고 판단, 천하를 자신의 맏아들 단주가 아닌 순에게 물려주었다.

　요는 혹시 맏아들 단주가 이에 불복하고 늘 어울리던 무리들을 선동하여 난을 일으킬까봐 단주를 남방의 단수(丹水)라는 곳으로 내쫓아 그곳의 제후 노릇을 하도록 명하였다. 이에 삼묘(三苗)라는 부족이 불만을 품고 반기를 들었지만 요의 군대에 토벌되었다. 삼묘족은 남은 잔당을 이끌고 단수 근처에 정착, 단주를 우두머리로 요의 통치를 종식시키고 천하를 다스릴 음모를 꾸몄다. 그 소문이 요에게까지 들어가 요와 단주가 이끄는 군대가 단수에서 맞붙어 일전을 벌였다.

처음에는 단주에게 큰 패배를 하였으나, 요는 먼저 육군을 치고 단주가 이끄는 수군을 쳐서 전쟁을 끝내고 평화를 되찾았다.

전쟁에 패한 단주는 소수잔당과 남해 바다로 달아나다 바다 속에 뛰어들어 자살하고 말았다.

그 후 요는 자신의 정치적 신념을 굽히지 않고 순에게 천하를 선양하였다.

요순과 걸주

원기13년 소태산 대종사는 금강원에서
"현대인의 소원과 행동을 고찰하면 너무나 미약하고 용렬하여 보인다. 사람이라면 그래도 만물중의 영장이라는 이름이 있지 않은가. 영장이라는 이름이 있을 때는 미물(微物)보다 영장스러운 소원과 사람을 가져야 할 것이다. 현대 보통 사람의 소원과 행동으로서 미물에 비하여 본다면 참으로 우월함이 있는지 의문이다."라는 등의 말씀을 하시고 또 "천록은 우리 인류 뿐만이 아니라 생명이 있는 동물에게까지 고루 다 있다. 사람이 단순한 의식주에 구속되어 평생에 사람다운 정신을 가져보지 못하며, 사람다운 지식을 가지지 못하며, 사람다운 행실을 가져보지 못하고 동분서주로 분분한 생활을 계속하는 것은

금수 곤충에 비하여 무엇이 우월하다 할 것이랴.

　더욱이 의식주를 구하기 위하여 인도정의를 벗어나 불의를 행하거나 다른 사람 수백 수천인을 해하여다가 자기 부모나 처자 몇 사람의 낙 생활을 하는 자는 금수의 동물로서 인도를 갉아먹는 중벌레라 아니할 수 없다. 마땅히 천벌을 당하리라.” 하시고, 중국의 요순과 걸주를 대비하여 말씀하셨다.

　“과거 요순(堯舜)의 사업과 걸주(傑紂)의 행을 보라. 걸주는 전국의 민중을 압도하여 제 일신의 부귀를 취하며 제 처자 몇 사람의 영화를 꾀한 자이다. 요순은 자기의 정신과 육신을 희생하여서라도 전국 민중을 위하여, 전국 민중에게 행복을 끼치고자 하였다. 그러면 우리 처지로서 요순과 걸주를 선생 삼아 볼 때에 어떠한 평판을 가지게 될까. 요순은 참으로 사람다운, 영장스러운 사업을 한 자요, 걸주는 인도를 벗어나 무식한 금수와 동일한 사업을 한 자라 아니할 수 없다. 우리 뿐만 아니라 현실적으로 이 요순은 모든 인중(人衆)의 진심에 타오르는 존모를 받고, 걸주는 그와 반면에 극도의 타기(唾棄)를 당하나니, 그것은 아무리 하우자라도 악한 자를 말할 때 걸주를 증거하고 선한 자를 말할 때 요순을 드러냄을 보아 능히 알 수 있다.”

요순과 걸주에 대하여 중국의 역사와 중국 고대신화 등에는 이렇게 전해진다.

요 임금은 성스럽고 어진 왕으로 정치를 잘하여 사람들에게 칭송을 받았다. 어느 날 요 임금은 혼자 생각했다.
'도대체 세상은 지금 정말로 잘 다스려지고 있는 것일까? 백성들은 나를 임금으로 받드는 걸 진정 원하는 것일까?'
요 임금은 직접 확인해 보고 싶어 평상복 차림을 하고 몰래 거리에 나섰다. 어느 네거리를 지나는데, 한 떼의 어린이들이 서로 손을 잡고 놀면서 이런 노래를 불렀다.

'임금님, 임금님
우리들이 이렇게
즐겁고 기운차게 지내는 것은
다 임금님의 덕택입니다.'

어린이들의 즐거운 노래는 요 임금의 마음을 기쁘게 하였다. 그러나 어른들은 어떻게 생각할까 궁금하여 거리 끝까지 갔다. 그 때 어느 백발 노인이 입안에 든 음식을 우물거리며 격양가를 부르고 있었다. 자기 배를 두드리며 말하기를

해 뜨면 부지런히 밭을 갈고 (日出而作)

해 지면 집에 들어 편히 쉬네 (日入而息)

목 마르면 우물 파서 물을 마시고 (鑿井而飮)

배고프면 논밭에서 곡식을 갈아 먹으니 (耕田而食)

임금님은 우리에게는 있거나 없거나 마찬가지이다.

(帝力於我何有哉)

요임금은 크게 만족하고 돌아왔다.

순 임금이 성인의 정치를 하니 천하가 잘 다스려졌다. 백성들은 평안하고 부유해지자 '남풍가'를 지어 불렀다.

남풍의 훈훈함이여, 가히 우리 백성의 한을 풀어 주도다.

(南風之薰兮 可以解吾民之恨兮)

남풍의 때맞춤이여, 가히 우리 백성의 살림을 넉넉하게 하도다.

(南風之時兮 可以富吾民之財兮)

하 왕조의 11대 천자 걸(桀)은 악역무도하고 탐욕스러울 뿐만 아니라 그에 어울리는 완력과 지력, 용기의 소유자였다.

굽어진 쇠몽둥이를 곧바로 펼 수 있었고, 물 속에선 교룡(蛟

龍)을 죽이고 뭍에서는 맨손으로 호랑이와 이리를 잡았다.

그런데 이 놀라운 용자(勇者)의 넋을 잃게 한 여성이 나타났으니 이름을 매희(妹喜)라 하였다. 걸이 산동의 유시씨를 토벌할 때의 일이다. 유시씨는 대항할 도리가 없어서 많은 진상품을 헌상하고 용서를 빌었는데, 그 진상품 중에 매희라는 여성이 끼어 있었다. 호랑이보다 강하고 기름진 걸에게 어울리지 않는 곱고 가련한 처녀였다.

매희를 본 걸은 평소의 씩씩함과 준수한 두뇌는 어디 가버리고 전후 분별도 못하는 우매한 사람이 됐다. 평소에도 여성에게 다정한 걸이었지만 이번엔 그야말로 넋까지 완전히 뺏기고 말았다.

우선 궁전을 다시 짓기 시작했다. 지금까지 쓰던 궁전도 천하를 호령하던 하 왕조의 궁전이었으므로 장엄하기 이를 데 없었지만, 걸왕은 이 궁전이 절세의 미녀를 살게 하기엔 한없이 빈약하고 부끄럽게 여겨졌다.

새로운 왕궁은 놀랄만큼 크게 지었다. 그래서 사람들은 왕궁을 경궁(傾宮)이라고 불렀다. 너무도 높아서 곧 쓰러질 것만 같았기 때문이다.

또 회랑(回廊)이나 난간을 온통 상아(象牙)로 장식하고, 방이란 방에는 벽옥(碧玉), 홍옥(紅玉)으로 번쩍거리는 장식을 했다.

왕궁이 완성되고 축하연이 벌어졌다. 궁녀들의 춤 속에서 술잔을 기울이며 황홀한 기분에 취해 있는 걸에게 매희가 속삭였다.

"더 아름답고 더 많은 무희들을 모으지 않으면 안되옵니다. 옷도 너무 빈약하잖아요? 3천명의 무희에게 오색 옷을 입혀서 한꺼번에 춤을 추게 해보시면 어떠하오리까? 조상님인 우(禹) 왕께서도 구경하신 것 같은 춤이 아니면 소비는 보고 싶지도 않나이다."

이미 넋을 뺏길 대로 뺏긴 걸은 부랴부랴 전국에서 소녀들을 붙잡아들이는 한편, 노예들에게 오색 실로 자수를 놓아 짠 옷을 입도록 명령했다. 한달 뒤 눈 부실만큼 아름다운 옷을 입은 3천명 소녀들의 큰 춤잔치가 경궁 앞 정원에서 벌어졌다. 걸은 곁에 붙어 앉아 있는 매희에게 말했다.

"그대의 착안은 이전에 있었던 어떤 천자 것보다도 멋있소. 이렇듯 즐거운 춤 놀이를 본 천자란 한 사람도 없을 것이요. 여인들아! 춤이 끝나면 너희들에게 술을 따라 주리로다."

걸은 만면에 희색이 가득했다. 춤이 끝나고 시녀가 무희들 한 사람 한 사람에게 술을 따르며 돌아갔는데 그것을 보고 있던 매희는

"저렇게 3천명의 여인들에게 일일이 따르며 돌다가는 시간이 너무 들고 또 보고 있는 소비도 지루하옵니다. 술로 연못을 만들고 연못 둘레에 고기의 산과 고기가 꽃피는 숲을 만드시오면 어떠하올런지요. 여인들은 연못 둘레를 춤추며 돌아가다가 못의 술을 마시고 나무에 핀 고기 꽃을 뜯어먹도록 하면 좋겠습니다."

"좋은 생각이로다. 좋은 생각이야." 걸은 입을 크게 벌리고 그 착상에 기뻐했다.

그러나 매희는 오래 전부터 사무친 한이 있었다. '나의 조국이 이 밉살스러운 자에게 짓밟혔고 다정한 사람들은 이 자의 칼에 죽었다. 그리고 나는 사랑하고 정다운 모든 사람들을 떠나 이 사나이의 노리개가 되어 이곳에 붙잡혀 있다. 또 나를 공물로 바치고 고향에서 유유히 살아가는 자들, 그들도 모두 밉살스럽다. 이 어리석고 창피한 나의 인생을 어떻게 하면 좋단 말인가?'

그녀는 속으로 굴욕과 증오에 몸부림치면서 복수를 꿈꾸고 있었던 것이다.

경궁의 건설공사도, 무희들에게 입힌 옷도, 주지육림의 생각도 보통 사람으로서는 이룰 수 없는 일이다. 결국 하 나라의 모든 재정을 파탄시킬 일인 것이다.

마침내 주지육림의 공사가 시작됐다. 배가 자유로이 뜰만큼 큰 못을 파고, 파낸 흙으로 주위에 산을 쌓고 나무를 심었다. 연못 밑에는 새하얀 자갈을 깔고 술을 철렁철렁 넘치도록 부었다. 나무에는 포육(脯肉)이 분홍과 녹색의 비단에 싸여 걸려 있고, 산에는 암석을 본 딴 고기 덩어리가 놓였다.

공사가 완료되자 걸은 매희와 둘이서 작은 배를 타고 주지 위에 떴다. 연못 둘레에서 춤추는 미녀들… 춤에 따라서 너울거리는 남빛, 흰빛, 분홍빛, 보라빛의 우아함….

춤추다가 북이 울리면 무희들은 연못가로 모여들어서 술을 마셨다. 마시고 싶어서 마시는 것이 아니라 북소리에 따라 춤추고, 북소리에 따라 술을 마시는 잔치… 매일같이 미친 난무는 계속되었다. 신호 북소리에 따라 기슭에 웅크리고 있다가 전신의 기력이 빠져 그냥 못 속에 떨어져 죽는 여자도 있었다.

매희는 또 걸에게 졸랐다.

"비단 찢는 소리가 어쩌면 그리 곱고 듣기 시원스럽나이까? 소비에게 많은 비단을 짜 주시옵소서."

걸은 비단을 입기 위해 얻으려고 하는 여자들을 많이 알고 있었지만 매희처럼 오직 찢기 위해 탐내는 여자는 처음이었다. 걸은 신하에게 명해서 매일 비단 백 필을 거두어들이도록 했다. 당시는 비단이 금보다도 귀해 제후가 왕에게 진상하는 물건 가운데 빼놓을 수 없는 귀한 물건이었다. 아무리 강대한 하국이라고 할지라도 매일 조달하는 백 필의 비단은 놀라운 양이 아닐 수 없었다. 그날부터 매일같이 비단 찢는 소리가 궁중 깊은 곳에서 들려오게 됐다.

현신 관용봉은 나날이 더해 가는 걸왕의 난맥상을 잠자코 보고만 있을 수 없었다. 관용봉은 걸에게 '아침에 일찍 일어나고 밤 늦게 자며 백성의 몸을 위해 절약하며 산 옛날 제왕들의 행위'를 눈물을 흘리며 간언했다. 그러나 걸은 들은 척도 하지 않고 관용봉의 목을 베고 말았다.

그 이후 이윤 등이 간언하였으나 듣지않다가 결국 하왕조는 멸망하고 말았다.

은나라 주왕(紂王)은 하의 걸왕과 함께 중국 역사상 악덕스런 천자의 표본으로 낙인찍혔다.

하지만 그는 범용하거나 어리석은 인물은 아니었다. 오히려 여러 가지 면에서 뛰어난 자질을 지니고 있었다.

그는 명석한 두뇌로 모든 일의 진상을 꿰뚫어 볼 수 있었다. 또한 완력은 보통사람보다 몇 배 강해 맹수를 주먹으로 때려잡을 정도였다. 지혜가 풍부하여 어떠한 가언이라도 튕겨버릴 수 있었고 말솜씨 또한 뛰어나 자기의 비행을 적당한 구실로 얼버무려 설득시킬 줄도 알았다.

 그러나 이렇듯 뛰어난 능력을 덕을 쌓는 데 쓰지 않고 거꾸로 파괴하는 방향으로 움직여 갔다. 신하들에게 자기의 재능을 자랑하고 자기가 세상에서 제일 잘났다는 오만함으로 천하에 자기의 명성이 떨치고 있다고 생각했다.

 또 주왕은 호탕한데다 특히 '달기'를 미친 듯이 사랑했다. 달기는 유소씨의 딸로 주왕이 유소씨의 나라를 쳤을 때 유소씨가 항복의 표시로 주왕에게 바친 미녀였다.

 주왕은 달기를 손에 넣은 후 완전히 그 요염한 자태에 포로가 되어 그녀의 환심을 사기 위한 일이라면 어떤 수단을 다했다. 이렇게 되자 지나치게 음탕하고, 지나치게 사치스러운 날들이 계속 되었다. 결국 주왕의 뛰어난 자질은 오로지 주색과 음락(淫樂)에만 집중되게 되었고, 정치는 달기의 뜻을 맞추기 위한 도구일 뿐이었다. 천하가 온통 요기(妖氣)에 휩싸이게 된 것이다.

 주왕은 본시부터 사치스러운 성격이었다. 주왕이 상아 젓가락을 애용하는 것을 보고 당대의 현인이며 숙부인 기자(箕子)는 하늘을 우러러보며 탄식했다.

 "왕은 지금 상아 젓가락에 만족하고 있는데 사치가 젓가락에만 그치지 않으리라. 머지않아 토기(土器)를 싫어하고 보옥(寶

玉)의 그릇을 탐낼 것이다. 상아 젓가락, 보옥 그릇이 일상의 식기가 된다면 식사도 지금같이 검소해서는 만족하지 않으리라. 의복도, 가옥도 그럴 것이다. 이윽고 비단옷에 금전옥루(金殿玉樓)를 짓지 않으면 배겨나지 못하리라. 이렇게 되면 천하의 부(富)를 다 쏟아 넣어도 부족하게 될 것이다."고 했다.

예언은 적중했다. 제왕과 미녀의 음탕한 생활을 지탱하기 위해서 잇달아 새로운 명목의 세금이 부과되기 시작했다. 또한 음탕한 생활을 더욱 장식하기 위해 '북리(北里)의 무(舞)' '미미(靡靡)의 악(樂)'이라는 괴이한 음악이 새로 만들어졌다.

주왕과 달기는 녹대의 생활에 싫증이 나자 사구의 이궁으로 떠나 다시 대대적인 주연을 베풀었다. 자극은 점점 격렬해져만 갔다.

이궁 뜰 커다란 못은 온통 술로 채워졌다. 못을 에워싼 수목의 가지마다 고기가 걸렸다. 음란한 가락에 따라 실오라기 하나 걸치지 않은 남녀가 나타나 쫓고 쫓기며 술로 찬 연못을 헤엄쳐 건너 고기의 숲을 꿰뚫고 달렸다. 이러한 잔치는 그칠 줄 모르고 되풀이 됐다.

주왕과 달기는 언제 끝날지 모를 이런 광란의 장소에서 문란하게 술잔을 기울이며 음락에 빠졌다.

이렇게 1년이 지나고 2년이 흘렀다. 어디선가 불평이 일어나지 않는다면 오히려 이상한 일이었다. 먼저 가중한 세금에 허덕이는 백성들에게서 원망의 소리가 터졌고 이어 제후들 중에서 반기를 드는 자가 생겼다.

하지만 주왕은 불평불만이 높아갈수록 그것을 억압하려고 형벌을 가중시켜 끝내는 '포락(炮烙)의 형(刑)'을 새로 제정했다. 깊이 판 긴 구덩이 속에 숯불을 벌겋게 피어놓고 그 구덩이 위에 기름을 바른 구리기둥(銅柱)을 질러놓고 음락을 비방하는 자들의 의복을 벗겨 차례차례 그 앞으로 끌어냈다.

"뭘 꾸물거리느냐? 빨리 건너지 못하겠느냐?"

형리의 성난 목소리가 싸늘하게 울리면 불쌍한 죄인들은 필사적으로 구리 기둥을 건너려고 한다. 그러나 기름 때문에 발이 미끄러져 전후 좌우로 비틀거리다가 마침내 "으악!"하는 비명을 남기고 불 속에 떨어져 무참하게 타죽었다. 달기는 포락의 형을 받아 산채로 타죽어 가며 몸부림치는 모습을 웃으면서 보고 있었다.

은왕조에는 천자의 정치를 보좌하는 최고 기관으로서 삼공(三公)이 있었다. 제후 중 유력한 3인이 천자를 도와 정사를 맡아보았다. 주왕 때의 삼공은 서백(후의 주문왕), 구후, 악후로서 모두 고결한 인격자였다.

아리따운 구후의 딸은 주왕의 부인이 되었는데 고결한 아버지를 닮아 음악을 좋아하지 않아 왕의 뜻을 어기는 일이 많았다. 화가 난 주왕은 그녀를 죽인 후 그런 딸을 길렀다 하여 구후도 죽이고 그 살로 장조림을 했다.

이 사실을 안 악후는 주왕에게 날카롭게 간언했다. 그러자 주왕은 악후까지 죽여 마른 고기를 만들었다. 생각이 깊은 서백은 이 얘기를 듣고 탄식만 했을 뿐인데, 탄식하는 것을 밀고한 자가 있어 옥사에 갇히고 말았다.

그러나 서백에게는 굉요와 산의생이라는 영리한 부하가 있었다. 그들은 미녀와 보물, 말 등을 주왕에게 잔뜩 바쳐 간신히 옥사에서 나올 수 있었다. 석방된 서백은
"제발 포락의 형만은 중지하여 주시옵소서. 만일 받아 들여 주옵신다면 신의 영토인 낙서(洛西)의 땅을 헌상하겠나이다."
고 주상했다. 주왕은 낙서 땅을 탐내 그것을 들어주었다. 이러한 일이 있은 뒤 서백은 주왕 곁을 떠나 서쪽인 고국으로 돌아갔다.

눈 위에 달린 혹과 같던 삼공이 없어지자 주왕은 비중과 오래를 등용하여 점점 가혹한 정치를 폈고, 기분 나는 대로 음악에 빠졌다. 비중은 아첨에 뛰어나고 사리사욕 밖에는 안중에 없는 사나이였고 오래는 남을 모함하는 참언의 명수였다.

이러한 인물들이 고결한 삼공을 대신했으므로 그 결과는 명

백한 일이었다. 백성들의 얼굴에는 어쩔 수 없는 체념의 빛이 깃들었고, 제후의 마음은 점점 은왕조로부터 멀어져만 갔다.

이렇게 하여 결국 은왕조는 주(周)나라에게 멸망되었다.

봉사와 문

대산종사는 원기61년 3월 선·학원생들에게 "문을 두들기다 끝까지 안 두들겨보고 돌아가면 자기만 손해다. 너희들도 그럴 수 있으니 십정기(十正氣)를 얻으러 들어갈 때 죽도록 두들겨 봐야 한다. 이리저리 돌아다보며 죽도록 두들겨 보라. 그래서 문만 열리면 그 자리를 얻을 수 있다"고 법문하면서 대종사님 법문을 인용했다.

"봉사가 좋은 데가 있다는 말을 듣고 구경을 떠났다. 겨우 그 근처에 도착해서 더듬더듬 사방을 두들겨 보고 만져 보고 무엇이 없다고 하며, 또 집 앞문까지 와서는 문 없는 집이라고 돌아가려고 하므로 옆 사람들이 문이 있다고 해도 없다고 하며 돌아서 가버렸다."고 하셨다.

　대종사께서 정법을 몰라보는 안타까움을 가르쳐 깨우쳐 주신 예화이다.

저수지로 뛰어간 사람

대종사께서 제자들에게 '공익심에 대하여'라는 주제로 말씀하시며 쓰신 예화이다.

"옛날에 소나기가 몹시도 퍼붓자 동네 사람들 모두 삽을 들고 자기 논으로 방천을 막으러 갔다. 그러나 그 중 한 사람은 자기 논은 제쳐두고 곧장 저수지로 뛰어갔다. 만약 자기 논을 막았다 하더라도 저수지가 무너지면 모두가 헛일이기 때문이다."

박 첨지 놀음

대산종사가 원기55년 3월 선·학원 졸업반 훈련생들에게 법문하면서 쓰신 예화이다.

대종사님께서 변산에 계실 때 인근 부락에서 '박 첨지 놀음'이 한창 유행했었다. 그 놀음은 홍, 청, 백, 황의 가면을 쓴 허깨비들이 나타나 서로 밀치고 달려들다가, 박 첨지가 나타나면 허깨비들이 숨어 버리거나 쓰러지게 된다. 박 첨지가 허깨비들을 평정한다는 뜻이 담겨있다.

대종사님께서는 "이것이 속된 놀음에 불과한 것 같지만 이 놀이가 유행하는 것은 반드시 곡절이 있는 것이다."고 하셨다. 이는 박 첨지가 나옴으로써 세상의 사기(邪氣)를 누르고 정기

(正氣)로 돌려놓는다는 뜻이다.

우리 회상이 나오기 전 여러 교회가 역시 전초 역할을 하였고, 우리가 반백년을 넘어 이제 세계 종교로 세계 무대에 진출하려는 이 때 그 조짐이 보인다.

꼭두각시 놀음은 한국 전래의 민속인형극으로 중요무형문화재 제3호이다. 현재까지 전래된 민속인형극 가운데 유일하다. 일명 '박 첨지 놀음' '홍 동지 놀음' 등으로 불리기도 하는데, 이는 주인공들의 이름에서 유래된 것이다.

과거 봉건시대부터 개화기까지 직업적 유랑 예인 집단인 남사당패에 의해 연희되었으며, 주로 경기, 충청, 전라, 경상 등 중남부 일대에서 공연되었다. 현재는 서산시 음암면 탑곡리 4구 마을에서 마을사람 12명이 펼치는 서산 '박 첨지 놀이'가 마을에 남은 마지막 순수 마당극이다.

박 첨지 놀음(꼭두각시 놀음)이 변산에서 어떤 형태로 이루어졌는지는 구전으로도 전해지지 않고 있다.

박 첨지 놀음의 내용은 채록본(採錄本)에 따라 다소 다르다. 이는 민속극의 구전성(口傳性)이라는 점에서 어쩔 수 없지만 내용은 대동소이하다.

보통 7~10막으로 나뉘는데, 최고(最古)의 채록본인 김재철

본(金在喆本)은 8막으로 이루어져 있다.

제 1막은 '곡예장'으로, 박 첨지가 팔도강산을 유람하다가 남사당패 놀이판에 끼어 든 이야기를 산받이(인형들과 대화하는 자)와 나누면서 자기 소개를 한다.

제 2막은 '뒷절'로, 뒷절의 상좌들이 박 첨지의 질녀와 놀아나는 것을 보고 박첨지가 노해서 자신의 조카 홍 동지를 불러 중을 내쫓는 내용으로, 파계승에 대한 풍자를 담고 있다.

제 3막은 '최영로(崔永老)의 집'이다. 박첨지가 사돈 최영로의 집에 새를 쫓으러 가는데 사람이 나오는 족족 잡아먹는 용강 이심이에게 막 잡아먹힐 뻔한 위기를 홍 동지가 구해준다.

제 4막은 '동방노인'으로, 노인이 눈을 감고 등장한 이유는 세상이 부정(不淨)하기 때문이라는 것이다. 어지러운 세상에 대한 풍자를 엿볼 수 있다.

제 5막은 '표 생원(表生員)'이다. 표 생원이 오랫동안 헤어져 있던 본처 꼭두각시를 만나는데, 첩인 돌머리집을 상면시키자 싸움이 벌어진다. 박 첨지가 첩에게만 살림을 후하게 나눠주자 꼭두각시는 금강산으로 가 중이 되겠다며 퇴장한다. 일부처첩제(一夫妻妾制)로 인한 가부장적 가족제도의 모순과 서민층의 생활상을 보여준다.

제 6막은 '매사냥'으로, 평안감사가 새로 부임하자마자 매사냥을 하겠다며 포수와 사냥하는 매를 대령하도록 한다. 지배계급의 횡포와 그에 대한 풍자를 보여준다.

　제 7막은 '평안감사 상여'로, 평안감사가 모친상을 당해 상여가 나가는데 상주는 오히려 좋아한다. 벌거벗은 홍동지가 상두꾼으로 불려와 상여를 메는 내용이다. 지배계급에 대한 신랄한 풍자와 조롱을 보여준다.

　제 8막은 '건사(建寺)'로서, 박 첨지가 장례 후 명당에 절을 짓겠다고 알리면 중 2명이 나와 조립식 법당을 짓고 다시 헐어버린다. 절을 짓는 것은 주인공이 종교에 귀의하는 것으로 해석할 수 있으며, 다시 절을 헐어버리는 것은 토속사상과 외래 종교인 불교가 상극이라는 해석으로, 또는 종교마저 뛰어넘는 주인공의 초월사상으로 볼 수도 있다.

　'박첨지 놀음'은 주인공인 박 첨지의 일대기적 성격을 지닌다. 박첨지 일가의 파탄과 구원이라는 줄거리를 일관성 있게 지닌다는 점이 특색이다.

영광 구수미 최일양대의
복 받은 이야기

'종두득두(種豆得豆)하고 종과득과(種瓜得瓜)'란 말씀과 같이 복을 지으면 복을 받고 죄를 지으면 꼭 죄를 받게되나니, 우리는 이 인과법을 진실히 믿어야 될 줄 압니다.

그러므로 인과 이치를 믿어 아는 사람은 어느 방면으로든지 남을 이롭게 하고 선을 베풀어 세세 생생 거래간에 복락을 수용하게 되고, 이 인과 이치를 모르고 믿지 않는 사람은 어느 방면으로든지 남을 해하여 죄를 많이 지어 미래 세상에 고해를 벗어날 길이 없이 헤매일 줄 압니다.

그러나 이 생에 지어서 이 생에 받는 것은 현실적으로 보이는 일이니까 알기가 쉽겠지만 그것이 밀려서 내생에 받게된다는 것은 좀 심오한 이치가 들어서, 그 이치를 알지 못하는 자로서는 좀 미혹하게 들릴 것이 사실입니다.

그러므로 이생에서 적선을 많이 하고 후생에 가서 복 받은 실화 하나를 소개코자 합니다. 그러나 여러분이 잘 아시는 바와 같이 사람이 많이 모인 처소에서는 혹 이와 같은 이야기를 합니다.

누가 생전에 어떻게 적선을 하고 죽어서 염라국에 갔는데 염라대왕에게 어떻게 복을 받아가지고 어디 가서 인도환생 하였다네. 또 어느 곳에 사는 아무개는 생전에 어떻게 적악을 하였는데 후생에 어떻게 죄를 받았다는등 부지중 인과의 이야기가 있는데 참 순진하고 좋은 이야기입니다.

그러나 우리는 이런 좋은 인과 말을 들을 때 허망한 옛이야기로만 듣고 실상다운 좋은 법으로 듣지 않았기 때문에 이 좋은 자료의 실화가 사랑방에서 담배 연기에 싸여서 사라지고 길삼 방에서 웃음소리 끊일 때 하고 말았으니 어찌 아까운 일이 아닙니까.

그런데 필자가 월전(月前)에 영광지방을 갔을 때 전생의 적선으로 후생에 복 받았다는 실화 하나를 얻은 바가 있어서 독자 여러분에게 알리게 됩니다.

영광 길용리 교당에서 법성포로 흐르는 선진강 물 구비를 따라 산간 협로로 북쪽 칠산 바다를 향하고 한 십리쯤 가면 조그마한 해변동리에 이르나니 여기가 곧 이야기의 발원지인 구수미라는 동리입니다.

이 동리는 오래된 옛 터로 뒷산 태산 준령이 병풍처럼 보기 좋게 둘러있고, 앞은 창파만경의 무변대해로서 경치가 매우 좋은 곳입니다.

한 이백년전 이 동리에 최일양대라는 여자가 있었습니다. 그는 남편도 없이 홀로 여관업을 경영하야 살림이 매우 풍족 하였더랍니다. 그런데 이 일양대는 항상 무슨 일을 힘써 하였느냐 하면 오고 가는 행인들의 감발과 버선을 빨아주고 기워주기와 때 묻은 의복을 씻어주며 떨어진 의족 기워주기와 발 벗은 행인에게 신 사주기와 집도 없고 처자도 없이 돌아다니는 못난 불쌍한 사람들을 보면 데려다가 목욕 시키고 의복 해 입히고 음식을 먹여 잘 쉬어가도록 하며, 무의무탁한 노인과 자력 없는 불쌍한 어린아이들에게 음식과 의복을 주어 보호하는 등의 일을 자기의 일생사업으로 알고 이 세상 떠날 때까지 게을리 하지 않고 하였다 합니다.

그 중에도 재미있는 이야기는 혹 산간 걸승이 동냥을 오면 공경히 대접하고 동냥도 후히 주며, 혹 노비도 주고 의복 음식 등도 공양하였더랍니다.

그런데 하루는 험하게 생긴 중 하나가 와서 동냥을 달라 하는데 일양대는 조금도 불쾌한 생각이 없이 그 중을 흔연히 맞아 목욕을 시키고 새 의복을 해 입히고 음식을 공양하고 새 신과 노비까지 주었더랍니다.

그런데 그 중은 떠나면서 노비를 받지 아니하고 사양하며 도리어 음식 값과 옷값을 내며 받기를 청하더랍니다. 일양대는 깜짝 놀라며 "내가 스님께 돈을 받자고 공양한 것이 아니어늘 이는 저의 정성이 부족하와 스님께서 그러시는 듯 하오니 마음에 불안합니다."라고 하였더랍니다.

그 말을 들은 중은 묵묵하더니 "무명색한 중에게 이렇게 후대 하니 대단 감사하다."하고 작별을 한 후 길을 떠나니, 일양대는 문 밖을 나서 전송을 하러 동리 모퉁이 산 밑 까지 갔다. 그 중은 일양대를 돌아보며 "너는 이생에 아무 상없는 보시로 적선을 많이 하였으니 그 공덕으로 다생을 통하여 선도에 환생하여 무한한 복락을 수용하리라"고 말한 후 인홀불견(人忽不見 갑자기 사라져 볼 수가 없다는 뜻-편집자주)이더랍니다.

이 일이 있은 후 몇 해를 지나 일양대의 늙은 몸이 이 세상을 마지막 떠나게 되었습니다.

그는 재산을 전부 촌중에 희사하면서 "자기의 생전 뜻과 같이 남을 이롭게 하는 공중 사업에 써달라"는 유언 한마디를 부탁하고 섭섭하게도 황천객이 되었습니다.

　동리 사람들은 주인 없는 일양대를 불쌍히 여겨 그 시체를 동리 산 모퉁이 따뜻한 곳에 묻어 성분하고 해마다 벌초를 하며 제사를 정성으로 지내왔더랍니다.

　그 후 어언간 사십여년의 세월이 흘러 일양대란 이름도 차차 세상 사람의 기억에 사라지고 다만 몇 짐의 흙무덤 하나만 고독하게 남아 있게 되었습니다.

　그런데 그때 이상하게도 이 허물어져 가는 무덤을 다시 찾는 사람이 있었으니 그는 다른 사람이 아니라 당시 영광군수의 정실 부인으로서 세력이 당당한 귀부인이더랍니다.

　그래 이 무덤을 찾게된 이유는 다름이 아니라 군수의 부인이 뱃속에서부터 왼손 주먹을 쥐고 나와 펴지 못하고 사십여세가 되도록 불구자 같이 쥐고 다녔었는데 남편이 영광군수로 임명되어 영광에 도임 해온 후 의외로 그 쥐었던 주먹이 펴졌더랍니다.

　그런데 참 이상하지요. 펴진 손바닥에는 '전세에 구수미 살던 최일양대' 라고 정자로 분명히 새겨졌더랍니다. 그래 그것을 본 군수 내외는 하도 괴이하여 곧바로 사람을 시켜 '구수미에 최일양대란 사람이 산 일이 있느냐' 고 조사하였던바 한 사십여년 전에 살다 죽은 사실이 분명하다 한지라, 군수 부인은 자기의 전신임을 확실히 깨닫고 바로 군수 내외가 동행하여 구수미를 찾아와서 묵어가는 일양대의 무덤을 파헤치고 보니 옛날의 자기 얼굴과 살은 어디 가고 백골만 말없이 대하는지라. 군수 부인은 시름없이 흐르는 눈물을 뿌리면서 자기 전신 백골을 마디마디 만져본 후 그 자리에 다시 분묘를 크게 짓고 돌아가서 묘답을 더 장만하야 영원히 제사를 지내도록 하였더랍니다.

그래 그 부탁을 받은 동리 사람들은 대대로 일양대의 이야기를 전하면서 벌초도 잘하고 제사도 지내왔는데 년구세심(年久歲深)하여 짐을 따라 자연히 묘답도 없어지고 근래에 와서는 제사도 지내지 않는다 합니다.

그러나 지금도 아이들이 일양대의 무덤이라면 다 알고 일년에 몇 번이든지 풀만 자라면 누구나 선후를 다투어 벌초를 한다 합니다.

이 실화를 듣고 나는 호기심에 구수미에 가서 동리 사람에게 물어 일양대의 무덤을 찾아가보았지요.

이백여년 풍상을 겪고 말없이 누워있는 일양대의 무덤은 오히려 옛 모양을 그대로 자랑하고 있었습니다. 이 전설이 널리 알려졌는지 무덤을 찾아 구경 오는 사람이 많다 합니다.

그 얼마나 확실한 실화입니까, 전생에 천(賤)하던 일양대가 남에게 적선을 많이 한 공덕으로 후생에 귀하게 되어 안락을 보지 아니 하였습니까, 이렇게 보면 전 후생이 분명히 있으며 빈부 귀천을 자기가 지어 자기가 받는 것이 분명하지 않습니까.

  나는 이번에 일양대의 사실로 인하야 더욱 인과의 묘한 이치를 한층 더 간절히 느끼었습니다

  위의 내용은 〈회보〉제 46호에 김형오 선진이 연재한 글이다. 대종사 당대제자들은 대종사께서 '최일양대의 복받은 이야기'를 자주 말씀하셨다고 전하고 있다.

5세 신동 김시습

김시습은 천부적으로 머리가 비상했다. 태어나서 8개월만에 글을 알 정도였다. 집안 어른 중의 한사람이 이를 기이하게 여겨 시습(時習)이란 이름을 지어 주었다.

《논어》학이편(學而篇)에 나오는 '학이시습지 불역열호' (學而時習之不亦悅乎 : 배우고 때로 익히면 또한 기쁘지 않은가라는 뜻) 라는 글에서 따온 것으로 평생 많은 공부를 해서 훌륭한 학자가 되라는 뜻에서 지어 준 이름이다.

그는 말하는 것은 늦었지만 정신의 발육 정도는 매우 높아서 글을 입으로 읽지 못할 시기에도 뜻은 헤아릴 줄 알았다. 두살 때에 외조부가 꽃이나 나무에 관한 시를 한문으로 읊으면 병풍의 꽃과 나무를 가리켰으니, 말은 못 해도 그 뜻은 알고있었다.

3세에는 능히 시를 지었고, 5세가 되자 이웃에 사는 수찬 이계전에게 《대학》《중용》을 배워 읽고 뜻을 통할 수 있는 수준에 이르렀다. 자연 '신동'(神童)이란 소문이 자자하게 퍼져나갔다.

이웃에 사는 성균관 사예 조수가 어린 시습에게 자를 열경(悅卿)이라 지어 주었다. 그를 보고자 호기심을 가지고 찾아온 많은 사람들 중에는 유명한 재상인 허조(許稠)도 있었다. 그는 어린 김시습을 대하여 이름 대신 처음부터 '자'를 사용해서 불렀다. 그러면서 이러한 말로 시험을 하였다.

"열경아, 나는 늙었으니 늙을 노(老) 자를 가지고 글을 지어 보지 않겠느냐?"

초롱초롱한 눈망울을 굴리며 노 재상을 바라보고 있던 아이는 즉석에서 답변을 하였다.

"늙은 나무에 꽃이 피었으니 마음은 늙지 않았네(老木開花心不老)."

그러자 허 재상은 믿기지 않는다는 표정으로 한참동안 김시습을 바라보다가 감탄하여 큰 소리로 말하는 것이었다.

"이야말로 신동이로다."

이후로 많은 유명 인사들이 그를 보고자 찾아오면서, 마침내 궁중에까지 알려지게 되었다.

당시의 임금 세종께서는 승정원 소속의 지신사 박이창으로 하여금 직접 아이를 면대하여 사실 여부를 확인해 보라고 지시하였다. 김시습이 부모 품에 안겨 승정원으로 들어가자 박이창은 그를 무릎에 앉힌 채 이름을 부르며 물었다.

"아가야, 네 이름을 가지고 능히 글을 지을 수 있겠느냐?"

그러자 곧 아이가 응대(應待)를 했다.

"올 때 포대기에 싸여 온 김시습일세(來時襁褓金時習)."

그러자 다시 박이창이 물었다. 벽에 걸려 있는 산수도(山水圖)를 가리키며,

"너 저걸 가지고 글을 지어 보아라."

"작은 정자와 배 집에는 어떤 사람이 있나(小亭舟宅何人在)"

이쯤 되니 박이창은 정말로 감탄하지 않을 수 없었다. 그래서 시를 지어 김시습을 칭찬한다.

"동자(童子)의 학문은 흰 학이 푸른 하늘 끝에서 춤추는 듯하구나(童子之學白鶴舞靑空之末)."

어린 김시습도 지지 않았다.

"성주(聖主 : 성스러운 임금)의 덕은 황룡이 푸른 바다 가운데서 번득이는 듯하네(聖主之德黃龍濕翻碧海之中)."

이 밖에도 여러 가지 시험은 계속 되었다. 그러나 무엇을 묻던 아이의 답변은 척척이었다.

박이창은 물론 주위에 모여 '해봐라, 해봐라' 하며 미더워하지 않는 태도를 보이던 환관(宦官)들도 감탄을 할 수 밖에 없었다. 박이창이 세종을 뵙고 사실대로 아뢰자 왕이 말했다.

"내가 직접 만나보고 싶다만 사람들이 듣고 해괴하게 여길까 두렵다. 마땅히 아이의 부모에게 돌려보내어 드러내지 말고 부지런히 잘 교육시키도록 하여라. 나이가 많아지고 학업이 성취되면 내가 장차 크게 쓰겠다."

그런 후 아이의 부모를 불러 간곡한 당부를 한 뒤 김시습에게 하사품으로 비단을 주면서 직접 가져가도록 하였다. 많은 비단을 어떻게 가져가는가 시험해 보기 위해서였다.

이 또한 어린애답지 않게 의견을 낼 줄 알았다. 비단을 여러 겹으로 접은 뒤 각 끄트머리를 한데 묶어 어렵지 않게 운반해 간 것이다. 어린 그가 비단을 끌며 궁궐문을 나서자 구경꾼들이 길게 늘어섰다. 어떤 노파는 두부를 입에 넣어 주며 머리를 쓰다듬기도 하였다.

궁중에서의 자초지종과 함께 이름이 온 나라에 알려지니 사람들마다 그를 '5세(五歲)' 혹은 '5세신동' 또는 '김5세'라고 부를 뿐 함부로 이름을 부르지 않았다.

대종사 당대 제자들은 대종사께서 "매월당 같은 사람은 전생에 많이 닦고 나온 사람."이라 했다고 전하고 있다.

이항복의 감나무 사건

소년 이항복의 집 마당가에는 감나무가 한 그루 서 있었다. 마침 가을이라 잘 익은 감이 가지마다 탐스럽게 주렁주렁 매달려 있었다.

그런데 감나무는 옆집과 경계를 이루는 담에 바짝 붙어 있는 데다 가지의 대부분이 담 너머로 넘어가 있었다. 소년은 감이 먹고 싶었지만 자신의 힘으로는 달리 어찌해 볼 도리가 없었다.

그래서 소년은 하인을 불렀다.

"부르셨습니까, 도련님."

"감이 먹고 싶어, 저 감 몇 개만 따 줘."

소년의 말에 하인은 기겁을 하며 손을 내저었다.

"안됩니다. 도련님."

"안 되다니, 그게 무슨 소리냐?"

"도련님께선 감나무 가지가 어디로 넘어가 있는지 몰라서 그러십니까?"

"그걸 왜 몰라, 나무 가지가 저쪽으로 넘어가 있으니까 너한테 부탁하는 게 아니냐?"

"그러니까 더 안 된다는 거지요. 저 감은 저 댁 사람들이나 딸 수 있지, 소인네들은 손도 댈 수 없습니다."

"손도 댈 수 없다니, 못 따게 한다는 말이냐?"

"담 너머로 넘어간 가지는 자기네 것이라고 따지 못하게 합니다."

"말도 안 되는 소리를 하는구나, 감나무는 분명히 우리 감나무가 아니냐?"

"예, 그건 그렇습니다만…."

"그렇다면 우리 감을 우리가 따는데 누가 못 따게 한다는 말이냐?"

"도련님은 저 댁에 누가 사시는지 몰라서 그러십니까?"

"나를 바보로 아느냐? 옆집에는 우찬성 권철 대감께서 살고 계시지 않느냐?"

"그렇습니다. 그래서 소인들은 그 댁 하인들에게 감히 따질

수가 없습니다."

하인의 설명으로는 옆집에 우찬성 대감께서 살고 계셔서 그보다 직급이 낮은 참찬 벼슬을 지낸 대감을 모시고 있는 자기들 처지로서는 그 댁 하인들이 아무리 부당하게 나와도 달리 대처할 길이 없다는 그런 얘기였다.

"그래서 소인들이 감에 손을 댔다가는 어김없이 몰매를 맞게 됩니다요."

"아니, 저런 못된 사람들이 있나…"

하인의 설명을 듣고 잠시 마당을 서성이던 소년은 급히 대문께로 향했다.

"아니, 도련님, 어쩌려고 그러십니까?"

"내가 가서 따져야겠다."

소년은 단걸음에 옆집으로 달려가 소리를 질렀다.

"이리 오너라!"

잠시 사이를 두고 청지기가 나와 문을 열어 주었다.

"도련님이 웬일이십니까?"

"대감마님을 뵈러 왔다. 나를 대감마님께 안내해라."

"아니, 무슨 일로 그러십니까?"

"대감마님께 여쭐 말이 있느니라."

청지기는 대감이 거처하고 있는 사랑방으로 소년을 안내했다.

"대감마님, 옆집 이 참찬 댁 도련님이 대감마님께 여쭐 말씀이 있다고 왔습니다."

"그래? 어서 들라 해라."

대감의 허락이 떨어지자 소년은 방문 앞으로 다가갔다. 소년의 두 손은 어느새 불끈 쥐어지고 완강하게 다문 입술은 초롱초롱한 눈을 더욱 빛나게 했다.

청지기가 저만치 물러나자 소년은 다짜고짜 불끈 쥔 한쪽 주먹을 장지문을 향해 힘껏 내뻗었다.

"아니?"

옆집 아이가 들어오기를 기다리던 대감은 갑자기 '퍽!' 하는 소리와 함께 장지문을 뚫고 팔 하나가 쑥 들어오자 적지않게 놀라며 주춤 뒤로 물러앉았다.

"무엄하구나. 이게 무슨 짓이냐?"

대감이 큰 소리로 꾸짖었다.

"용서하십시오. 여쭐 말씀이 있습니다."

"여쭐 말이 있으면 그냥 말을 할 일이지 이런 버릇없는 장난이 어디 있느냐?"

"대감마님, 그럼 여쭙겠습니다. 지금 방안으로 들어간 팔이 누구 팔입니까?"

"이 녀석아, 그거야 네 팔이지 누구 팔이란 말이냐?"

"이게 어째서 제 팔입니까? 대감마님의 방안으로 들어가 있으니 대감마님의 팔이 아니겠습니까?"

"아무리 방안으로 들어와 있기로서니 네 팔이 내 팔이 되겠느냐?"

"분명히 말씀해 주십시오. 제 팔이 틀림없습니까?"

"암, 틀림 없고 말고."

"그렇다면 저희 집에서 넘어온 감나무 가지는 누구의 것입니까?"

"그야 당연히 너희 집 감나무지."

대감은 그제서야 소년이 자기 집에 온 까닭을 알아차렸다. 버릇없이 장지문 안으로 팔을 들이민 까닭 또한 알게 된 대감은 내심 크게 감탄했다.

"그럼 한 말씀 더 여쭙겠습니다. 가지에 매달린 감은 누구의 것입니까?"

"그 감도 물론 너희 집 감이지."

"그렇다면 저희 집 감을 저희 집 마음대로 따는데 어찌하여 대감님 댁 하인들은 감을 못따게 하는지요."

"음. 알겠다. 내가 단속을 잘못해서 그리 되었으니 모두 내 잘못이다. 앞으로는 다시 그런 일이 없도록 하마."

대감은 소년이 돌아간 후 혼자 중얼거렸다.

"개구쟁이 기질이 있는 것은 사실이나 무릇 사내 대장부라면 어려서부터 저런 기백과 기상을 함께 지녀야 하느니… 정녕 장차 크게 쓰일 인물이로다."

그 소년이 바로 백사 이항복(李恒福)이었다. 그의 나이 여덟 살, 1563년 가을 어느 날의 일이었다.

이항복은 명종 11년(1556년) 오늘날 서울 필운동에서 태어났다. 그는 권율의 무남독녀 외동딸과 결혼했다. 권율은 항복이 어렸을 때 감나무사건으로 인연을 맺은 우찬성 권철의 아들이다.

대종사께서는 이항복의 감나무 일화를 말하며 "전생에 많이 닦고 나온 사람."이라고 하였다고 한다. 대종사 당대 제자들의 증언이다.

간사와 몽학선생

이 예화는 원기23년 총부 강당에서 거행된 동선 해제식에서 대종사께서 일반 선객들에게 설법하신 내용이다. 구타원 이공주의 수필로 〈회보〉 43호에 실려있다.

입선 중 90일간이나 많은 말을 하였고 오늘도 또 같은 말로써 훈사를 하게 되니 혹자는 싫증이 날런지도 모르겠으나 법을 들을 줄 알고 각성이 있는 자에 있어서는 들을 때마다 새로운 정신과 새로운 지식을 얻게 되리니 온전한 마음으로 잘 듣기를 바라노라.

내 항상 이와 같이 많은 말을 들려 주는 것은 비컨대 어린아이에게 글을 가르쳐 주는 것과 다름이 없나니, 과연 자행자지로 뛰어 다니던 어린아이를 잡아 앉히고 글을 가르칠 때에 한 두 번 가르쳐서 잘 알 것인가. 어쩌든지 처음에는 잘 모르는 것이 보통일 것이다.

그러나 선생이 성의를 다하여 열 번 스무 번 가르치고 또 가르치고, 일러주고 또 일러주면 점진적으로 알아져서 필경에는 잘 아는 사람이 되는 것과 마찬가지로 제군들에게도 이와 같이 싫증이 나도록 법문을 들려주는 것은 오직 도덕에 대한 지식을 알려주기 위함이니 사실 오욕심을 다 떼지 못한 제군들의 귀에 한 두번 하여서 그 법이 들어갈 것인가. 그러므로 이렇게 많은 말을 하여 머리에 박히도록 하여주면 모든 사리가 밝혀져서 실행까지 나타나게 되는 것이다. 또는 설사 배워 안 대로 다 행치 못하고 열 가지 중 한 두 가지만 행한다 하더라도 전혀 지행이 없을 때에 비하면 그 얼마나 좋은 일인가.

그러기에 과거 제불 제성도 그 모든 사람들을 교화 지도할 때에 첫째, 사리간 알리는 데에 노력하였고 실행은 그 다음에 가르쳤나니 혹 철없는 사람들은 가령 그 자녀를 이런 도학가에 보내서 공부를 얼마간 시키다가 만일 무엇을 조금만 잘못하면 도학공부 하면서도 이 모양이냐고 나무라고, 또는 무엇 아는 말을 하면 말을 잘한다 하며 말만 가르치나 보다고 야단을 친다 하니 그러면 실행도 못하는 자녀에게 말도 못하게 하는 수작이 아닌가. 만약 한 두 선(禪)나서 지행이 넉넉지 못하다고 야단치는 부모가 있다면 그런 부모는 진리를 모르는 사람이요, 요량 없는 사람이라 아니할 수 없나니, 내 그런 일에 대하여 실화 하나를 소개하겠노라."하시며 말씀하시었다.

　지금으로부터 한 십년전 영광교당(영산)에서는 어느 야회에 회원이 근 백명 모였다가 갈리었는데 그때에 고무신 한 켤레를 잃었다가 찾은 일이 있었다.
　이 소문을 들은 동리 사람들은 "도둑질 말라는 계문 지키는 사람들이 고무신은 왜 도적하였노."
　"그러기에 배워도 다 소용없어."하는 등 나쁜 평판이 많았다고 한다.
　그때 우리 교당에는 그 동리 서당에서 몽학 선생질하는 사람의 친족 되는 사람이 와서 간사로 있었던 바 그 선생도 그 말을 들었던지, 어느 날 소매장군을 지고 밭으로 나가는 우리 간사를 보고 물었다.
　"너는 무엇 때문에 그 교당에 입회하였느냐?"
　"나는 빈촌 무식한 가정에 태어나 사람이면서도 사람 노릇하는 법을 모르니까 그 법을 배워 보려고 입회하였지요."
　"그 교당에서 공부하는 사람들이 고무신을 집어갔다 하니 그러면 너도 도둑질을 배우지 않겠느냐?"

이 말을 들은 간사는 그만 소매장군을 내려놓고 정색을 하며 물었다.

"아저씨! 나는 아저씨가 지식 있는 양반인줄 알았더니 이제 말씀하는 것을 들으니까, 불학무식한 나만도 못하여 보이오. 아저씨는 글을 무엇까지나 배우셨소?"

선생은 우스웠지만 그의 하는 양을 보려고 말했다.

"사서삼경을 다 읽었다."

"시일은 얼마나 걸렸나요?"

"십여년 걸렸다."

"그러면 서당에는 1년 배운 사람이나 5년 배운 사람이나 10년 배운 사람이나 그 아는 것이 똑 같은가요?"

"그럴 리가 있느냐. 같은 서당에도 1년 다닌 사람은 겨우 천자문이나 읽게 되고, 사서나 삼경을 다 읽으려면 상당한 햇수와 노력이 들어야 되는 것이다."

"그렇습니까, 우리 교당도 그와 같소. 물론 그 사람의 지우청탁과 근성유무(智愚淸濁 勤誠有無 : 슬기롭고 어리석고 맑고 흐리고 부지런하고 정성스러움의 유무)에도 있고 또는 배운 시일에 따라서 각각 다르외다. 그날 야회에는 10년 전부터 공부한 이도 있었고, 4, 5년 된 이도 있었으며 요사이 입회한 이도 있었으니 요사이 입회한 이중에 고무신 도둑질하던 사람이 있었다면 그 습관을 단번에 어떻게 고치겠습니까?"

"그럼. 그런 나쁜 남녀는 조사해서 내어쫓는 것이 옳지."

"우리 교당에서는 그런 나쁜 사람이면 더욱 붙잡고 가르치지요. 얌전한 사람이야 안 가르쳐도 별일 없지마는 행실이 나쁜 자는 세상에 나가면 여러 사람에게 해독을 끼치게 되므로 그 나쁜 습관이 빠질 때까지 가르칩니다. 만일 아저씨 말씀대로 방금 입회시키면서 못된 습관을 다 떼라 하는 것은 마치 서당에 처음 입학한 천자 짜리 보고 편지 못쓴다고 야단하는 것과 같으며 사서삼경 못 읽는다고 퇴학시키라는 말과 조금도 다름이 없다고 생각되오."

그래 수염 긴 몽학 선생이 무식한 간사에게 이와 같이 당한 일이 있었다. 과연 이 세상 사람을 보면 대개가 그러하나니 자기는 행치 못하면서 남의 행치 못함은 흉보고 욕하며, 자기의 잘못은 용서하면서도 남의 잘못은 시비가 분분하나니 그 어찌 한심할 바 아니랴.

대종사께서는 해제식을 기념하기 위하여 "종이와 붓이 없이 쓴 경전 한 권씩을 각각 주노니 잘 간수하였다가 곳에 맞게 이용하기 바라는 바이다."고 하였다. 〈대종경〉 인도품 12장.

인연작복은 영생의 큰 일

원기 2년(1917) 어느날 대종사께서는 김광선을 데리고 영광 읍 시장 구경을 갔다. 어느 집에 들러 잠깐 쉬면서 주인에게 물었다.

"이 집에는 안주인이 없으신가요?"

"젊은 시절부터 결혼만 하면 몇 달 살지 못하고 집을 나가버리기 때문에 이렇게 혼자서 살고 있습니다."

"내가 좋은 여자 한 사람을 소개시켜 줄테니 한 번 잘 살아보겠소?"

"그렇게만 하여주시면 대단히 감사한 일입니다."

마침 그 집은 길가에 있어서 시장에 가는 많은 사람들이 그 집 마루에 앉아 쉬어가곤 했다. 한 여자가 그 집 마루에 앉았다.

"그대는 바깥 주인이 있습니까?"

"몇 년 전에 생이별하고 혼자서 살고 있습니다."

"이집 주인하고 부부의 인연을 맺어 살면 어떻겠소?"

"오늘날까지 혼자서 살아왔는데, 이제 와서 남자를 만나 살다니요, 천부당 만부당하신 말씀입니다."

"이 집 주인을 한 번 만나보고 결정해도 늦지 않습니다."

그 집 주인을 만나본 여자는 생각이 바뀌었다.

"좋습니다. 한 번 살아보겠습니다."

대종사는 두 남녀에게 말했다.

"내가 옛 이야기 하나 하겠습니다. 옛날 깊은 산골에 숫꿩과 암꿩이 단란하게 살았다가 몇 생을 윤회하는 동안 사람 몸을 받게 되었습니다. 그러나 둘 다 좋은 인연을 만나지 못하고 반평생을 이 곳 저 곳 떠돌다가 우연히 서로 만나 부부 인연을 맺어 행복하게 살았습니다. 사람이란 인연을 잘 지어야 합니다. 내 말 명심해야 합니다."

두 남녀가 이 이야기를 듣고 마음 속에 어떤 느낌이 있어 함께 흐느껴 울었다. 시장에서 돌아오는 길에 대종사께서 김광선에게 말했다.

"오늘 내가 이야기 한 뜻을 알겠는가? 그 두 남녀는 전생의 꿩 내외였네. 영생을 통해 보면 인연 작복이 제일 큰 일이지."

불보살 되는 접붙이기

대종사 제자들에게 말씀하셨다.

"저 고염나무를 싹 베어 이만한 장둑 감나무를 접붙이면 뿌리는 고염나무이지만 장둑 감이 열리고, 또 가시나무를 싹 베고 장미나무를 접붙이면 장미꽃이 되며, 탱자나무를 베고 밀감나무를 접붙이면 또 탱자나무에 밀감이 열리게 되니 이와 같이 너희들이 마음 접붙이는 공부를 하여, 삼독 오욕심으로 일어나는 마음을 싹 베어내고 불보살이 되는 접을 붙여 딴 바람이 들어가지 않도록 하면 얼마나 좋을까.

이는 마치 나비가 꽃향기를 맡는 것 같고, 굼벵이가 매미로 변해 밤이슬 마시며 노래 부르는 것과 같고, 똥 속에 구데기 일 때는 아무 것도 아닌데 파리가 되면 대통령과 같이 먹고,

자고, 대통령 밥상 차려 오면 진짜 단가 맛을 봐, 또한 대통령이 누우면 뺨에 붙어 같이 자니 이처럼 우리도 변화를 일으켜 봐, 변하는 공부를 해야 해."

　대종사께서는 '마음 접붙이는 말씀'을 다양하게 말씀하셨다.
　원기 15년에 한 사람이 "선생께서는 어떠한 방법으로 중인(衆人)을 지도하십니까"하는 물음에 "나는 별 재주없다. 다만 사람의 마음 접붙일줄 안다"는 내용으로도 말씀하셨다.

고양이 새끼 기르기

대종사는 원기27년 1월 어느 날 동선중인 선방에 나오시어 일반 선객들에게 말씀하셨다.

내가 얼마 전 영광에 있을 때에 고양이가 새끼 세 마리를 낳아서 기르는 것을 본 일이 있다. 날마다 유심히 본즉 그 새끼 기르는 법이 매우 슬기로워서 우리들 사람도 따라가기 어려운 점들이 있었다.

처음에는 새끼를 낳아서 어미가 전부 품속에 품고 젖도 자주 먹이고, 오줌똥을 싸면 곧 핥고 온몸도 자주 핥고 쓰다듬어 극진 간호할 뿐만 아니라, 혹 사람이 들여다보면 제 새끼에게 어떠한 피해가 있을까 두려워하여 두 눈에 독기를 품고 움츠렸다.

 그러더니 점차 크니까 어미가 밖으로 나가 쥐를 잡아다가 찢어서 먹이기도 하고 혹은 산채로 잡아다가 새끼들 앞에서 잡고 놀리는 법을 가르쳤다. 쥐가 달아나려고 기어간즉 앞발로 눌러 꼼짝 못하게 하고, 또 겁이 나서 엎드려 있으면 눌렀던 발을 떼고 자유를 주어 보는 등 갖가지로 눌러 쥐의 정신을 뺏어서 아주 죽게 되면 찢어서 어미와 새끼가 나눠먹기를 일과 삼아서 먹고 사는 법을 가르쳤다.

 그와 같이 대략 가르친 후에는 젖도 아니 주고 쥐도 어미만 나가서 잡아먹고 들어왔다. 그리고 새끼가 만일 젖을 먹으려 하거나 어미의 의뢰 요청을 하는 듯 싶으면 그만 인정사정 없이 냉대하여 새끼들이 부득이 자력생활을 하지 않을 수 없게 만들었다. 이는 어리석은 사람보다 더 낫다고 하지 않겠는가.

 또 지난번 내가 서울교당에 갔을 때에 창신동 집 창고에는 고양이가 새끼 두 마리를 낳아서 기르고 있었다.

 한 마리는 살이 포동포동하게 쪄서 기름이 잘잘 흐르고 한 마리는 바짝 야위어서 꺼칠하기에 그 까닭을 물었더니 김삼매화가 답하기를,

 "처음 갓 낳아서는 두 마리가 똑같이 충실하게 생겼더니 어미젖 떨어지고 부터 한 마리는 제 자력으로 쥐도 잡아먹고 어

디 가서 음식도 훔쳐먹으니까 저처럼 살이 찌고, 다른 한 마리는 어미가 갖다 주기만 바라고 제 자력으로는 쥐 한 마리도 못 잡아먹는데 어미가 보살피기는 고사하고 도리어 괄시를 하므로 저처럼 바짝 말라 갑니다. 그리고 사람 같으면 자력 없는 자식을 더 불쌍히 여겨 애호할 터이지만 고양이 어미는 젖을 뗀 후에 조금도 사정을 두지 않으니까 자력을 자연히 얻게되는 것 같습니다."고 하였다.

이 얼마나 슬기로운 일인가. 어리석은 사람은 그 자녀 사랑한다는 것이 맛있는 음식이나 많이 먹이고 고운 옷이나 입히려 하며, 일동 일정에 그 뜻만 받고 자행자지로 키워서 게으르고 불량한 사람을 만드는 수가 많을 것이다. 슬기로운 고양이를 스승으로 삼아야 할 일이 아니겠는가.

같은 어미 뱃속에서 나와서 같이 양육을 받았지만 제 자력을 얻어서 잘 자라는 새끼도 있고, 어미에게 의뢰하다가 냉대를 받아 그와 같이 잘 자라지 못하는 새끼도 있으니 그 까닭은 어디에 있는 것인가.

사람이나 짐승이나 자인자과(自因自果)의 엄연한 법칙 아래 자력 생활을 하는 것은 비하건대 천고(天庫)를 발견한 것이요, 의뢰생활로 구박을 받는 것은 타력생활의 죄벌이 분명하니 이 어찌 무심히 볼 일이겠는가."

정한 데로 주시오.

옛날 무명거사 한 분이 끊임없는 적공을 들이고 있는데 아들이 찾아와 말했다.

"내일이 할아버지 제사입니다"

"그러냐. 그러면 제물을 준비해야지"

무명거사는 돈 몇 냥을 가지고 고기점에 갔다.

"고기를 좀 주시오. 중요한 데 쓸 것이니 기왕이면 정(淨)한 데로 주시오"

고기 파는 사람이 칼을 고기에 꽂으며 말했다.

"어느 곳이 정하고 어느 곳이 추합니까"

무명거사는 그 말에 말문이 딱 막혔다. 한참을 생각하다가

'그렇지, 어디가 정한 곳이며 어디가 추한 곳인가? 본래 추

하고 정한 곳이 없는 자리, 밉고 곱고 가고 오는 것이 없는 자리인 것을.'

 무명거사는 한 생각이 열리어 그 자리서 깨쳤다.

 대종사 제자들에게 말씀하셨다.

 "큰 법문 듣고 도를 깨치는 것이 아니다. 자기가 적공을 들이다보면 어느 땐가는 깰 때가 있다."

 대종사께서는 원기26년 12월 8일 부처님 성도기념일 기념설법에서도 이와 유사한 내용의 말씀을 하셨다.

 대산종사는 대종사님의 십상 중 '장항대각상'에 대하여 설명하시면서 대종사님께서 제자들에게 말씀하신 무명거사 예화에 대해 말했다.

 "대종사님께서는 일원대도를 대각하사 불일을 중휘하시고 법륜을 부전하시어 천하인류가 다 다닐 수 있는 큰 길을 닦아 주셨고, 은혜(恩惠)의 핵폭탄을 터뜨리어 뜨거운 정의가 건네게 하셨다.

 그러면 무엇을 대각하셨느냐? 간단히 말하면 우리 마음자리, 심즉시불(心卽是佛) 마음이 곧 부처인 이 자리를 깨치셨다.

두 친구의 차이

대산종사는 "대종사께서 두 친구에 대한 예화를 말씀하셨다"면서 소개하시기를

옛적에 다정한 친구 두 사람이 있었다. 어느 날 한 친구가 음식을 많이 장만하여 다른 친구를 청하여 놀다가 부인을 불러내어 "이런 다정한 친구가 오셨으니 마누라는 어디 춤이나 한 번 추어 보시오."라고 말했다. 그러자 그 부인이 조금도 서슴지 않고 춤을 덩실덩실 추지 않는가.

또 자부(子婦)를 불러 춤을 추라 하니 자부 역시 춤을 추었다. 아들이 밭에서 소를 몰고 돌아오는지라 아들을 보고 "그 소를 용마름에 매어라."하니, 그 아들 역시 아무 말도 없이 역시 짚단을 태산같이 높이 쌓더니 소가 짚을 밟고 오르게 하여 용마름에 매는 것이 아닌가.

　다른 친구는 자기도 집에 돌아와서 그와 같이 해보기로 했다. 대접한 그 친구를 청하여 먼저와 같이 음식을 장만하고 서로 재미있게 먹다가 부인에게 "춤을 추라."하니 부인은 노발대발하여 "미쳐도 분수가 있지 친구 앞에서 춤을 추라 하시오." 하고 춤을 추지 않았다. 그 다음 자부 보고 "나와 춤을 추라." 하니 웃으며 나오지도 않았다. 그 다음 아들 보고 "소를 용마루에 매어라."하니 "아버님께서 정신에 고장이 났기에 저런 말을 하시지 그렇지 않고서야 어찌 이런 말씀을 하실 수 있습니까." 하고는 말을 듣지 않았나니라.

　이어 대종사는 "앞 가정은 각자의 주견을 세우지 않고 지도인의 명령에 복종하는지라 집안이 온순하고 화목하며, 뒷 가정은 각자의 주견을 세우며 지도인의 명령에 불복하는지라 집안이 불목이요 불평이라. 우리 회상에 동참한 공부인들도 지도인의 지도에 절대 복종하여야 바른 지도를 받게 되나니라." 고 덧붙이셨다.

　정산종사도 제자들에게 "지도 받는 자는 주견을 없애야 한다."고 말씀하시면서 위의 예화를 인용하셨다고 한다.

천인의 아들 공부시키기

원기63년 대산종사는 법문을 하면서 "대종사께서 사용하신 예화."라며 말씀하셨다.

어느 천인(賤人)이 돈을 좀 벌었다. 그는 사방에 다니려면 말도 하고 문자도 써야 되는데 글을 모르는 것에 철천지 한이 맺혔다. 그래서 자기 아들은 어떻게 하든지 공부를 시키려고 했다. 하지만 아들은 소보다 더 멍청했다. 아들이 둘도 아니고 겨우 하나 낳았는데 언제나 아들을 가르치는 것이 원이었다.

그래서 선생한테 가 "그저 어떻게 해서든 제 자식 글 좀 배워 문리(文理)를 얻게 해주십시오." 하고 맡겼다. 하지만 그 아들은 하늘 천(天)하고, 땅 지(地)하면 벌써 하늘 천은 잊어버렸다.

그 아버지는 자기 아들보고 "도련님, 도련님 덕분에 천인 신세 한 번 벗어 봅시다." 하고 아들에게 절을 했다.

그렇게 1년을 가르쳤어도 그 아들은 하늘 천(天)자 하나도 몰랐다. 선생도 그의 아버지만 오면 '쥐구멍으로 들어갈까, 도망갈까' 하고 걱정이 되었다. 그러나 정성이 지극해서 1년 더 정성들여 보았지만 여전히 그 정도였다.

선생은 결국 "여기서는 어쩔 수 없소. 내가 힘이 부족하니 데려가시오. 내가 그 동안 받은 술값, 세경 다 드릴테니 데려 가시오."라고 말했다.

그러자 그 아버지는 "그러지 말고 1년만 더 가르쳐 주십시오."하고 간청했다. 그래서 할 수 없이 3년을 더 가르쳤지만 아들은 여전히 멍청했다.

선생은 할 수 없이 세경 받은 것 다 물어 주고 "이제 데려 가시오."라고 했다. 이에 그 아버지도 어쩔 수 없어 "예, 그러지요. 천인은 천인대로 살아야지 별 수 있습니까." 하면서 데려왔다.

아버지는 아들을 방죽에 데려가서 "애야 사람 사는 것은 그래도 희망이 있고 내다보이는 것이 있어야 하는데 내가 이렇게 되었고 너도 그렇고 하니 너하고 나하고 죽을 수 밖에 없다."고 하니 아들은 "죽기는 싫다."고 버텼다. 그래서 둘이 붙

잡고 빠져 죽자커니 살자커니 하면서 그렇게 하루를 보냈다.

결국 아들이 '후유' 한숨을 쉬더니 "제가 한 번 더 배워 보고 싶습니다."하는 것이 아닌가.

아버지는 '이 놈이 죽자 살자 하다 보니 정신 통일이 되었나' 고 생각했지만 "아니다, 죽자. 3년을 했는데… 죽자."고 했다.

아들은 "아니오. 더 배울랍니다."하고 아버지는 "아니다. 이 놈 죽자."하며 저녁을 샜다.

그렇게 하고 나서 아버지가 가만히 생각해 보니 '제가 더 배운다 하니 세경 더 줄 셈치고 선생님께 맡겨 보자' 는 생각이 들어 그 선생에게 갔다.

그 선생은 부자를 보고 "아이쿠 저 좀 살려주십시오." 하고 사정했다. 아버지가 하루저녁 지새운 이야기를 쭉 하니, 선생은 '아버지의 정성이 지극하다' 고 생각했다.

"그러면 내가 또 죽을 셈 잡고 해보지요."하고 허락했다. 그 날부터 공부를 하는데 하늘 천하면 하늘 천하고, 땅 지하면 땅 지부터 마지막의 이끼 언(焉) 이끼 재(哉) 온 호(乎) 이끼 야(也)까지 가르치는 대로 죽죽 배우고 바로 터득하는 것이 아닌가.

천자문을 떼고 명심보감, 통감, 소학, 대학, 논어, 맹자 등을 가르치면 가르치는 대로 척척 터득하여 큰 문장가가 되었다.

배도의 관상

대종사께서 "너희들은 절대로 관상도 보러 가지 말며, 사주도 보러 가지 말라. 수도만 잘 해서 마음만 잘 쓰면 사주팔자를 고치게 되는 것이다. 내가 들은 이야기 하나 해주리라."하시며 해주신 이야기이다.

예전에 중국 당나라에 배도라는 사람이 있었다. 키가 오척인데다 어찌나 못생겼는지 법령 입구였다. 이는 곧 빌어먹을 팔자라는 것이다. 서당에 가도 친구들이 "너는 배워봤자 법령입구인데 무엇 하러 배우느냐."고 놀려댔다.

배도는 집에 와서 어머니에게 원망을 퍼부었다. 어머니가 보기에도 비록 자기가 낳은 자식이지만 워낙 못 생겼다고 생각했다.

어머니는 아들에게 "어디 저 마을에 사주 관상을 아주 잘 보는 사람이 있다는데 한번 보러가자."고 말했다.

그런데 그 사주 보는 사람이 어찌나 사주를 잘 보던지 사람이 관상을 보러 오면 말로 하지않고 몸으로 보여주었다.

재상이나 대신이 될 관상을 지닌 사람이 오면 뜰 밖에까지 나와 "어서 오시라."고 영접했고, 조금 작은 벼슬아치를 할 관상을 지닌 사람이 오면 마루까지 나왔고, 천하에 빌어먹을 관상을 가진 사람이 오면 내다보지도 않고 방에만 앉아 있었다.

그런데 배도가 들어오자 방에서 내다보지도 않았다. 화가 난 배도는 "에이, 빌어먹을! 내 어디 사주팔자 고쳐봐야지."하고 10년을 작정하고 공부를 열심히 했다.

마침 나라에 과거가 있어 과거를 보니 급제를 하였다. 급제하여 군수 벼슬을 얻어 좋은 옷 입고 살면서 '고향에 있는 요놈의 관상쟁이, 이처럼 훌륭하게 될 나를 내다 보지도 않아. 어디 혼 좀 나봐라'고 마음먹고 10년 전에 입었던 그 허름한 옷을 입고 찾아갔다. 그런데 관상쟁이가 방에서 뛰어나와 뜰 마당까지 나왔다.

"여보슈, 나를 알겠소? 내가 10년 전에 찾아왔던 사람인데,

10년 전에는 빌어먹을 상이라고 내다보지도 않더니 지금은 웬일이오. 자, 10년 전 나를 알겠소."

"체, 3일전에 다녀간 사람도 모르는데 10년 전 당신을 내 어이 안단 말이오. 그 동안에는 당신이 10년 동안 무슨 마음먹고 공부했는지 모르지만 그때는 빌어먹을 상이었지만 지금은 당신 얼굴에 화기애애한 기운이 돌고 상서로운 주름이 잡히오." 하는 것이 아닌가.

관상쟁이는 이어 "사주는 불여상(不如相)이요 상여불심(相如不心)이라. 사주보다는 상이 잘 생겨야 하고, 상보다는 마음이 잘 생겨야 한다"며 "사람은 하루에도 몇 번 변하는 것이요. 마음을 잘 쓰면 좋은 금도 생기요. 당신은 10년 동안 마음 닦는 공부를 했지요?" 했다고 한다.

소태산 대종사는 이어서 말씀하시었다.

"그러므로 너희들도 내 시키는 대로 공부만 잘 하면 사주를 보러 가지 않아도 된다."고 하였다.

배도에 대한 이야기는 그의 동생인 배탁과 함께 다른 내용으로도 전해진다.

중국 당나라 때 배휴(裵休)라는 유명한 정승이 있었다. 그는 쌍둥이로 태어났다. 그것도 등이 맞붙은 기형아로 태어났다.

  부모는 칼로 등을 갈라 살이 많이 붙은 아이를 형으로, 살이 적게 붙은 아이를 동생으로 삼았다. 부모는 형과 동생의 이름을 '도(度)'자로 짓되, 형의 이름은 '법도 도(度)'로 하고 동생은 '헤아릴 탁(度)'이라고 불렀다. 배휴는 어릴 때의 형인 배도가 장성한 다음 지은 이름이다.

  어려서 부모를 여읜 배도와 배탁은 외삼촌에게 몸을 의탁하고 있었다. 어느 날 일행선사(一行禪師)라는 밀교의 고승이 집으로 찾아와서 그들 형제를 유심히 바라보더니, 외삼촌과 이야기를 나누었다.

"저 아이들은 누구입니까?"

"저의 생질들인데 부모가 일찍 죽어 제가 키우고 있습니다."

"저 아이들을 내보내십시오."

"왜요?"

"저 아이들의 관상을 보아하니 앞은 거지상이요 뒤는 거적대 기상입니다. 워낙 복이 없어 거지가 되지 않을 수 없고, 그냥 놓아두면 저 아이들로 말미암아 이웃이 가난해집니다. 그리고 저 아이들이 얻어먹는 신세가 되려면 이 집부터 망해야 하니, 애당초 그렇게 되기 전에 내보내십시오."

"그렇지만 부모가 없는 아이들을 어떻게 내보냅니까?"

"사람은 자기의 복대로 살아야 하는 법! 마침내 이 집안이 망한다면 저 애들의 업은 더욱 깊어질 것이오."

방문 밖에서 외삼촌과 일행선사의 대화를 엿들은 배도는 선사가 돌아간 뒤 외삼촌께 말하였다.

"외삼촌, 저희 형제는 이 집을 떠나려고 합니다. 허락하여 주십시오."

"가다니? 도대체 어디로 가겠다는 말이냐?"

"아까 일행선사님과 나누는 말씀을 들었습니다. 우리 형제가 빌어먹을 팔자라면 일찍 빌어먹을 일이지, 외삼촌 집안까지 망하게 할 수는 없는 일 아닙니까? 떠나겠습니다. 허락하여 주십시오."

자꾸만 만류하는 외삼촌을 뿌리치고 배탁과 함께 집을 나온 배도는 거지가 되어 하루하루를 구걸하며 살았다. 어느 날 형제는 머리를 맞대고 상의하였다.

"우리가 이렇게 산다면, 일찍 돌아가신 부모님의 혼령도 편안하지 못할 것이다. 산으로 들어가 숯이나 구워 팔면서 공부도 하고 무술도 익히자."

둘은 산 속에 들어가 숯을 구면서 틈틈이 글읽기도 하고 검술도 익혔다. 그리고 넉넉하게 구워 남은 숯들은 다발 다발 묶어 단정한 글씨로 쓴 편지와 함께 집집마다 나누어주었다.

"이 숯은 저희들이 정성 들여 구운 것입니다. 부담 갖지 마시고 마음 편히 쓰십시오."

하루 이틀, 한 달 두 달……. 이렇게 꾸준히 숯을 보시하자 처음에는 의아하게 생각하던 마을 사람들도 감사하게 생각하였고, 마침내 숯이 도착할 시간이면 '양식에 보태라'며 쌀을 대문 밖에 내어놓기까지 하였다. 그러나 그들 형제는 먹을 만큼 이상의 양식은 절대로 가져가지 않았다.

"이만하면 충분합니다. 감사합니다."

마침내 두 형제에 대한 소문은 온 고을로 퍼져 나갔다. 그 소문을 듣고 외삼촌이 찾아와

"잠깐만이라도 좋으니 집으로 들어가자."고 간청하였다. 그들이 집에 이르자 때마침 일행선사도 오셨는데, 배도를 보더니 깜짝 놀라는 것이었다.

"애야, 너 정승이 되겠구나."

"스님, 언제는 저희 형제더러 빌어먹겠다고 하시더니, 오늘은 어찌 정승이 되겠다고 하십니까? 거짓말 마시오."

"전날에는 너의 얼굴에 거지 팔자가 가득 붙었는데, 오늘은 정승의 심상(心相)이 보이는 구나. 그동안 무슨 일을 하였느냐?"

배도와 배탁이 그 동안의 일을 자세히 말씀드리자 일행선사

는 무릎을 치면서 기뻐하셨다.

"그러면 그렇지! 너희들의 마음가짐이 거지 팔자를 정승 팔자로 바꾸어 놓았구나."

그 뒤 참으로 배도는 정승이 되었고, 동생 배탁은 대장군의 벼슬을 마다하고 황하의 뱃사공이 되어 오가는 사람을 건네주며 고매하게 살았다고 한다.

승리는 최후의 5분

대종사 말씀하셨다.

"일본의 어떤 지휘관이 말하기를 '황국흥폐(皇國興廢)는 차일전(此一戰)에 있다' 하고서 '그 승리는 최후 5분에 있다' 하니 무슨 말인가 말하여 보라." 하시자 형섭(亨燮)이 "팔년 풍진(八年風塵)에 소진장의 옥 퉁소 올시다." 하고 대답했고, 한 남자는 "마음을 긴장시키기 위함입니다."라고 대답했다.

대종사 그 말씀을 들으시고 말씀하시기를 "무슨 일이든지, 또 말이든지 아홉 번을 잘 하다가도 한 번을 잘못하면 다 소용이 없나니라."

이 예화는 대종사께서 일반대중에게 물으신 내용을 제자들이 대답한 내용으로, 정산종사가 제자들에게 법문하시면서 인용하셨다.

아내의 지혜

"돈이 좀 있다고 해서 막 먹고 막 입고 쓰지 말라. 하루 100원 벌면 80원 쓰고 20원은 저금하라. 내가 혹시 몸이 아파 일을 못한다든지, 병이 들어 일을 못할 때 무엇을 갖고 애들을 가르치고 먹고 살겠는가. 그러므로 절대 남용하지 말고 미리 저축하는 정신을 가지도록 해야한다. 밥이 없으면 죽이라도 끓이고, 쌀만으로 양이 차지않거든 쪼갱이를 섞어 끓여 먹더라도 저축해야 네 애들을 가르칠 것이 아니냐.

어떤 사람 남편이 돈을 잘 벌어다 주니 날마다 고기를 사서 상에다가 항상 전골을 차려오는지라, 남편은 고기가 날마다 들어오니 고기를 한번만 빨아먹고 질근질근 씹었다가 뱉아 버렸다. 부인이 지견이 있는 사람이라 아무리 자기 남편이지만 너무 한다 싶어 먼 훗날 직업도 떨어지고 돈이 없을 때를 생각하여 그 한번 씹고 뱉은 고기를 깨끗이 씻어 말려 가지고 궁할 때 쓰려고 모아 두었다.

과연 얼마 못가 남편이 직업을 잃고 병이 났는데 고기가 얼마나 먹고 싶은지 속에서 고기 못 먹어 병이 났다. 그러자 부인은 전에 말려서 모아 두었던 고기를 조금씩 꺼내 맛있게 끓여 상에 올렸다.

남편이 놀라서 "아니 여보! 내가 돈도 안 벌어 주는데 고기가 어디서 생겼소."

"여보, 당신이 돈벌이가 잘 될 때 한번 씹고 버렸던 그 고기를 다 씻어 말려 두었다가 그것을 끓인 것이오."고 말하자 그제서야 남편이 참회하였다고 한다.

이 말씀은 대종사께서 제자들에게 '근검저축으로 미래를 준비하라' 는 뜻으로 자주 해주셨다고 한다. 조전권 선진께서 설법을 하시면서 해주신 예화이다.

눈을 파먹은 과보

"옛적에 한 사람은 개나 돼지를 잡으면 제일 먼저 눈 파먹기를 즐겼다. 어느 날 개 대가리를 삶아 역시 눈을 먼저 파먹고 있는데 마침 어느 보살이 인간의 선악을 살피러 왔다가 그 광경을 보고 '허허, 너는 이제부터 7년 후면 죽어서 모처모가(某處某家)의 장남으로 환생하여 1, 2세에 눈이 패이고 봉사로 한 세상을 산 후에, 죽어서 또 그와 같이 되기를 열 세상이나 하리라'고 예언하였더란다.

과연 그런지 7년 후에 그 사람은 보살의 예언과 같이 되었다. 그 집에는 부엉이 새끼 한 마리를 주워다가 키웠다. 하루는 그 부모가 밖으로 볼 일 보러 나간 사이에 두 살 먹은 장남의 눈을 부엉이가 파먹어 버려 봉사가 되었다. 그러기를 열 세상 하였다.

 그와 같이 죽은 짐승의 눈을 파먹어도 산 사람의 눈이 열 세상이나 패이였거든 하물며 자리행자로서 중인의 보시 받은 것을 먹을 것이랴."

 이 예화는 원기24년 7월 대종사께서 일반대중에게 지정선사의 예화를 들며 "자리행자(自利行者)는 남의 보시를 받지 말라"고 법문하시며 예화 한편을 더 들어 말씀하신 것이다. 이공주의 수필로 〈회보〉 56호에 기록되어 있다.

몽바우 장에 가기

대종사께서는 제자들에게 몽바우 이야기를 자주 말씀 하셨다고 한다.

영광에 몽바우라는 머슴이 살았었다. 하루는 그 주인이 몽바우에게 말했다.

"야, 너 오늘 장성 장에 갔다 와야겠다."

"예, 가죠" 하고 몽바우는 장성 장에 갔다.

나중에 주인이 장에 보내려고 몽바우를 찾으니 없었다.

한나절이 지나서야 몽바우가 나타났다. 그래서 주인이 물었다.

"야, 너 어디 갔다 왔냐."

"네, 장성 장에 갔다 왔습니다."

"무엇하러."

"아침에 장성 장에 가라 안 했소." 하더란다.

종일 통곡에 부지하부인상사

"아무 까닭 없이 남이 하니까 그저 남 하는대로 하면서 사는 사람을 '종일통곡에 부지하마노라(부인)상사' (終日痛哭 不知何婦人喪事)라고 한다. 하루 종일 통곡을 하고서도 어느 부인이 상을 당했는지 모른다면 하루 종일 통곡 한 것이 무슨 의미가 있겠느냐.

어느 재상이 여러 부인을 두고 사는데, 부인이 여럿이고 보니 초상도 자주 있게 됐다. 그러니 아무 까닭 없이 사는 하인들은 남들이 통곡하니까 따라서 종일 통곡을 하였지만, 정작 누가 돌아가셨기에 그렇게 통곡을 하느냐고 물으면 알지 못했다. 그러니 이처럼 허망한 일이 어디 있겠느냐.

대중들의 피땀으로 이뤄진 이 밥과 이 옷을 입고 이곳에서 살면서 이렇게 까닭 없이 허송 세월 한다면 저 세상에서 사는 것만도 못하니, 성과는 없고 오히려 죄악만 짓는 결과를 가져올 것이다. 그런 사람들은 여기에 와서 살아야 할 하등의 이유가 없다. 그러니 정신을 차려서 뭔가 표준을 세워두고 조석으로 대조하고 반조하는 생활을 해야지 그렇게 까닭 없이 살아서는 안 된다."

문산 김정용은 "종일통곡에 부지하마노라상사다 하신 이 말씀은 옛 글귀를 대종사님께서 재미있게 변용하신 내용."이라고 했다.

까마귀와 왕비의 전생

대종사는 최수인화에게 "인과의 이치란 소소영영하고 명명백백한 것이다."라며 예화를 들어 말씀하시었다.

옛날에 젊은 부부가 아들 하나를 두고 단란하게 살았다. 하루는 남편이 "산중에 들어가 수행하겠다"고 말하니 아들은 가지 못하게 붙잡았고, 아내는 "걱정말고 출가하여 큰 도인이 되라"고 빌어 주었다.

출가한 남편은 오랜 세월이 흘러 큰 도인이 되었다. 어느 날 도인이 제자들과 함께 길을 가는데 까마귀가 까악 까악 울어댔다. 도인이 까마귀 소리를 듣고 슬픈 기색을 했다. 제자들이 그 까닭을 물으니 말했다.

"저 까마귀의 전생은 내 아들이었다. 나의 출가를 방해한 과보로 까마귀 몸을 받은 것이다."

다시 길을 가다가 꽃가마를 탄 왕비의 행렬을 보더니 기쁘게 웃었다. 제자들이 궁금해서 또 그 까닭을 물었다. 도인은 대답했다.

"저 왕비는 전생에 나의 아내였다. 나의 출가를 즐겁게 찬성하고 후원해 준 공덕으로 왕비의 몸을 받은 것이다."

이처럼 선인선과 악인악과의 이치가 소소영영한 것이다. 수인화도 인과의 이치를 무섭게 알아서 언제나 모든 사람들의 발심 수행을 권장하고 후원하면 큰 공덕을 쌓게 될 것이다.

어머니 뼈와 아버지 뼈

원기59년 대산종사는 "대종사께서 선을 나실 때 책(부모은중경) 한 권을 탁자 위에 놓으시고 '누가 뼈만 보고 남녀를 구분할 수 있겠느냐'며 대중에게 물은 후 부모은중경을 읽으시고 말씀하셨다."고 말했다.

"어머니 뼈는 검고 가벼우며 아버지 뼈는 무겁고 누렇다. 어머니 뼈는 자식 낳으며 정수를 다 주고 피를 많이 흘려서 그렇다. 독신생활하며 수양을 많이 한 사람은 그 뼈가 무겁고 희다. 그러므로 수양정도를 알려면 백방(百方)으로 검사하여 알 수 있는 것이다. 아무리 숨기려고 해도 알 수 있다.

영혼은 백색과 자색으로 밝혔는데 푸른 것이 제일 좋다. 그리고 대각 도인은 색을 일체 감춘다. 나타난 사리는 큰 그릇이 못된다. 그저 그런 정도이다. 자공이 말하기를 '내 담은 낮아서 다 내다 보이나 공자님은 담이 높아 볼 수 없다'고 했다."

《부모은중경》에 실린 내용은 이러하다.
나는 이와 같이 들었다.
어느 때 부처님께서는 사위국 왕사성의 '기수급고독원'에서 삼만팔천인의 대비구와 여러 보살, 마하살 들과 함께 계셨다.
그때 부처님께서는 대중들과 함께 남쪽으로 가시다가 마른 뼈 한 무더기를 보시자 오체를 땅에 기울여 예배하셨다. 이에 아난과 대중들이 여쭈었다.
"세존이시여, 여래께서는 삼계(三界)의 거룩한 스승이시며 사생(四生)의 자비하신 어버이십니다. 많은 사람들이 부처님께 귀의하고 공경하옵거늘 어찌하여 이 마른 뼈에 예배하시옵니까?"
부처님께서 아난에게 말씀하셨다.
"그대가 비록 나의 훌륭한 제자이며 출가하여 오래 수행하였건만 그 앎은 넓지 못하구나.
여기 이 마른 뼈 한 무더기는 어쩌면 내 전생의 조상이거나 여러 생을 거치는 동안 어버이였을 것이므로 내 이제 예배하는 것이다."

부처님께서 아난에게 다시 말씀하셨다.

"그대가 이 한 무더기 마른 뼈를 둘로 나누어 보아라. 만일 남자의 뼈라면 희고 무거울 것이며 여자의 뼈라면 검고 가벼울 것이다."

아난이 부처님께 말씀 드렸다.

"세존이시여, 남자는 세상에 있을 때 큰 옷을 입고 띠를 매고 신을 신고 모자를 쓰기 때문에 남자인 줄 알며, 여인은 붉은 주사와 연지를 곱게 바르고 향수로 치장하기 때문에 여인이라는 것을 알 수가 있습니다. 그러나 죽은 후의 백골은 남녀가 마찬가지이거늘 제가 어떻게 그것을 알아볼 수 있겠습니까?"

부처님께서 아난에게 말씀하셨다.

"만약 남자라면 세상에 있을 때 가람(절)에 나가 법문도 듣고 경전을 독송하며 삼보께 예배도 하며 부처님의 명호도 염송하였을 것이다. 그러므로 그 사람의 뼈는 희고 무거우니라. 그러나 여인은 감정을 함부로 나타내고 정욕에만 뜻을 두며, 아들을 낳고 딸을 기르되 한 번 아이를 낳을 때마다 엉긴 피를 서 말 서 되나 흘리며 아기에게 여덟 섬 너 말이나 되는 흰 젖을 먹여야 한다. 그러므로 여인의 뼈는 검고 가벼우니라."

융희 황제의 전생

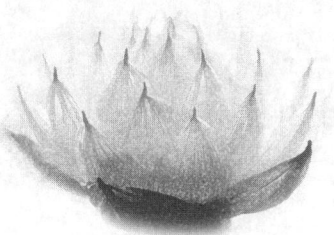

융희 황제는 전생에 나병 환자였다.

소년 시절 병으로 몹시 앓는 소리를 내는 가운데 한 절의 주지가 일러준 '나무아미타불'을 벗 삼아 소리 높여 염불하며 살았다.

그가 열반하는 날 주지스님 꿈에 나타났다. '궁궐로 모셔간 그는 바로 융희황제로 태어났다'고 한다.

대종사께서는 "융희 황제가 전생에 염불한 공덕으로 황제로 태어났다"고 자주 말씀하셨다고 한다. 대산종사를 비롯한 당대제자들의 증언이다.

석가와 조달이

　석가세존께서는 조달이와 같은 사람도 크게 써주었지만 조달이는 부처님의 흉을 팔만사천가지로 보며 온갖 험담을 다 하였다고 한다. 그러나 부처님은,
"조달이는 나와 조금도 다름없는 자비로운 부처이다. 아니 나보다 더 많은 일을 하는 부처라 할 것이다. 나는 극락에 편안히 앉아서 중생들에게 고해를 버리고 극락으로 오라고 지도하지마는, 조달이는 지옥에 들어가 온갖 고초를 직접 받으며 모든 중생들에게 자기처럼 죄를 지어 지옥에 떨어지지 말라고 가르치고 있다. 모든 중생들은 조달이의 지옥고를 보고 겁을 내어 죄를 적게 지으니, 나 이상으로 중생제도를 더 많이 한다."고 하시었다.

만일 부처님 보고 조달이가 하는 일을 하라고 한다면 잘 못할 것이다. 이와같이 부처님은 조달이를 버리지 않고 잘 활용하였지만 조달이는 끝끝내 배척하였으므로 길이 지옥고를 면치 못하였다.

위의 내용은 대종사께서 '부처님은 중생을 버리지 않는다'는 내용으로 원기13년 6월 7일 말씀하신 것이다. 이때 '부처님과 조달이'에 대해 인용하셨다.

오늘 아침에 삼매화가 이발을 하는데 기계가 말을 잘 듣지 않고 머리카락이 찝히니까 "종사님, 이 기계의 성능이 별로 좋지 못한가 봅니다."고 하였다. 그 기계로 말할 것 같으면 얼마 전에 내가 공주와 같이 경성 이발기계상점에 가서 제일 좋은 것으로 산 물건이다.

총부로 가져와 박대완에게 이발을 시켰더니 잠깐 사이에 다 깎고, "참. 좋은 기계입니다."고 하였다. 또 전음광에게 이발을 시켰더니, "기계가 아주 좋아서 힘 안들이고도 잘 깎여집니다."고 말하였다. 그 다음에는 송도성에게 깎아 보라고 했다. 그러나 도성은 머리를 잘 못 깎았다. 그래서 나는 도성은 머리

깎는 기술이 부족하다고 생각했다.

　오늘 삼매화는 자기가 머리 깎는 기술이 모자라는 것은 생각하지 않고 도리어 기계의 성능이 나쁘다고 말하니, 이는 참으로 기막힌 일이다.

　이발기계도 많이 사용해 봐서 기술이 능한 사람은 그 기계의 좋은 것을 알아보고 칭찬을 하지마는, 기술이 서투른 사람은 기계가 아무리 좋아도 잘못 깎을 뿐만 아니라 도리어 기계가 나쁘다고 까지 말한다.

　우리가 사람을 쓰는 것도 기계 사용하는 것과 같다. 사람을 많이 써보고 잘 쓸 줄 아는 사람은 그 사람의 장점과 단점을 알아서 적절히 부려쓰는 것이다. 그러나 만일 장점은 못 보고 단점만 발견하여 나무라기만 한다면 잘 이용할 수도 없을 뿐만 아니라 서로 화합할 수도 없는 것이다.

석가, 예수, 에디슨

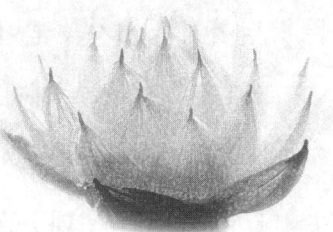

대종사께서는 원기22년 7월 익산교당에서 일반 대중에게 "우리 인생이 이 세상에서 살아가기로 하면 별별 고난과 파란곡절이 있나니 그러므로 옛날 부처님 말씀에도 '인생은 고해'라고 말씀하셨나니라. 과연 고금을 통하여 제불제성 이나 위인달사 치고 고생하지 않은 분이 누구인가." 라는 말씀을 하시면서 석가모니불과 예수, 에디슨에 대하여 말씀하셨다.

"과거에 석가모니불도 그 몸은 비록 왕궁가에 탄생하여 일국의 태자라는 존위를 받았지만 그 마음에는 생사 진리를 알지 못하여 우려 중에 지내다가, 29세시에는 모든 영화를 초개시하고 유성 출가하사 6년 동안이나 난행 고행을 겪으시고 대원정각(大圓正覺)을 이루신 후 49년 설법시에도 사촌이요, 제자 되는 조달이에게 시기를 받아 8만4천 가지로 흉을 잡히셨으며, 타교도의 음해로 그 제자가 악살까지 당하지 아니하였는가?

그러나 부처님의 원만대도(圓滿大道)는 1,255명의 제자로 말미암아 천추(千秋)에 영전(永傳)하여 만인의 존모함을 받게 되었다.

또한 예수씨도 우리가 공지하는 바와 같이 십자가에 못을 박혀 형륙까지 당하시지 아니하였는가? 그러나 그 법이 옳은지라 12사도라는 고군약졸(孤軍弱卒)로도 오늘날에는 전세계 인류에게 그의 덕음(德音)을 끼치게 되었다.

뿐만 아니라 근대 미국의 발명왕이라는 에디슨의 역사를 본다하더라도 그는 어려서 집이 가난하여 기차 내에서 고용살이를 하였고, 차 안(전기 실험실)에서 잠깐 실수로 불을 내 차장에게 뺨을 어찌나 몹시 맞았던지 일생에 귀머거리가 되었다고 한다. 또한 여러 가지로 기계를 연구할 때에도 미친놈이라는 욕설을 수도 없이 들었다고 하지 않는가? 그러나 실제로 편리하고 좋은 기구를 발명하여 세인에게 유익을 주게 되니 점차 에디슨의 명망과 위가 오르게 되어 세계의 은인(恩人), 발명의 신이라는 칭송까지 듣게 된 것이다.

대종사는 이어서 "제군들은 본회의 창립인이 되려거든 무엇보다도 국법에 위반되는 일은 절대로 말고 장려하는 일은 반드시 행하며, 본회에서 금지하는 계문은 절대로 범하지 말고 권장하는 정의 도덕은 죽기로써 밟으라.

그리고 누가 본회의 말을 신문이나 잡지 상에 나쁘게 내어 공격한다 하더라도 그런데 경동치 말라. 원래 신문 잡지라 하는 것은 꼭 사실 있는 것만 기재되는 것이 아니라, 혹 잘못 전해 듣고 허위기사도 내는 수가 없지 않나니 각자의 양심에 대조하여 가책 받은 일만 아니하였거든 안심할 것이며, 또 사실 있는 낮은 일로써 기사가 되었다 할지라도 거기에 끌리거나 낙심하지 말고 오직 그것을 보검으로 삼으라. 나는 그런 사람을 신심 있고 진리 있는 사람이라고 생각하노라."하시며 "앞으로 별스런 역경 난경을 만난다 하더라도 더욱 분투하고 정진하여 제생의세 하는데 꿋꿋한 일꾼이 되어 주기를 부탁하노라."고 하시었다.

위의 내용은 〈대종경〉 교단품 27장에 요약 정리되어 있다.

에디슨에 대한 이야기는 〈회보〉제 33호에 이공주 선진이 '대발명가 에디슨씨의 사적을 보고' 라는 제목으로 연재하였다.

최대 발명가 에디슨이라 하면 전 세계 인류에게 막대한 편의와 은혜를 끼쳐준 유일무이의 공로자이다. 씨는 미국 오하이오주 엘리현이라는 지방에서 출생 하였다.

어려서부터 두뇌가 명석하고 성의가 있어서 무엇이나 한번 시작한 일은 기어이 끝을 내고야 마는 성질이므로 소학시대에도 학교에서 공부 시간이 되면 묻기를 좋아하고 또한 문제의 근본을 파고들어 가므로 선생에게 꾸지람도 많이 들었다.

그런데 불행하게도 씨는 가세가 빈한하야 학비를 댈 수가 없으므로 소학교도 중도에 퇴학하고 12세 되던 해에는 정거장에서 신문을 팔아 근근히 지내었고 다음은 기차 뽀이(사환) 노릇을 하면서 주간으로 잡지를 발행하던 중 찻간 한 구석에 자체 실험실을 꾸며 놓고 틈틈이 시간을 도적하야 연구를 계속하였다.

하루는 전기를 실험 하다가 조그마한 실수로 그 연구실에 불을 내니 기차 차장은 그것을 보고 어떻게 화가 났던지 불문곡직하고 달려들어서 에디슨의 뺨과 귀바퀴를 때리고 타다 남은 연구기를 다 집어 내버리린 후 그만 내쫓아 버렸다.

씨는 그때에 얼마나 몹시 맞았던지 고막이 상하야 일 평생 반 귀머거리 노릇을 하게 되었으나 조금도 낙망하지 않고 더욱 더욱 연구에 열중할 뿐이었다.

하루는 정거장 근처를 돌아다니다가 모 역장의 아들이 기차에 치어 죽을 뻔한 것을 발견하고 자기의 목숨을 희생하야 구출한 일이 있었다. 후일 그것이 인연되어 씨는 그 역장의 주선으로 전신술을 배우게 되었고 급기야 전기 기사까지 되어서 67불이나 되는 월급을 받게 되었다.

하지만 그 돈은 전부 서책, 기계, 약품 등속을 사는 데에 쓰고 의복이나 음식은 가히 걸인같이 지냈다. 그때 전기 기사로 있던 동료 가운데에는 대학생들도 많이 있어서 에디슨을 무식하다고 무시하고 혹은 놀려먹으므로 씨는 그것을 분하게 여겨서 조그마한 여가만 있으면 고책점(古冊店)에 가서 여러 가지 책을 참고한 후 이상하고 어려운 문제를 끄집어내 그 사람들에게 질문을 하여 여러 번 혼을 내준 일도 있었다고 한다.

씨가 20세 되던 해에는 처음으로 표결산기라는 기계를 발명하여 뉴욕에 갔었다. 그때 그의 주머니에는 푼전도 없어서 종일 굶고 돌아다니다가 할 수 없이 어느 회사 전지실 한 귀퉁이를 빌려 잠은 잤으나 고픈 배를 움켜쥐고 지내던 중, 3일째 되던 날 그 회사 표식기에 고장이 생겨서 기계가 돌지 않는다 하므로 씨가 곧 달려들어서 아주 훌륭하게 고쳐주었다.

이것이 또한 인연이 되어 씨는 그 익일부터 월급 삼백불씩 받고 그 회사에서 근무하게 되었다. 그러나 씨는 거기에도 만족하지 않고 그 받는 돈의 대부분을 연구비로 써서 주식 표시기를 개량하여 4만불이라는 거액을 받고 팔게 되었다.

그래서 그 돈은 연구소와 부속공장을 짓고 차차 발명가로 활동을 개시하게 되었던바 점점 발명 열이 고조에 달하여 어느 때에는 2, 3일씩 연구실 밖에 나오지 않고 일을 하다가 피곤하면 책으로 베개를 삼고 잠깐 코를 골고 자다가 한 30분만 지내면 또 일어나서 다시 연구에 몰두하였는데 실상 잠자는 시간은 하루에 3시간 밖에 안되었다 한다.

이와 같이 연구에 연구를 거듭하여 씨가 발명한 기계 수효는 놀랄 만하게 많아서 실로 수백 가지나 된다. 그 중에도 유명한 것은 전등 축음기, 활동사진기, 발성영화기, 주식표시기, 자동전신기 등이요 최후로 82세 시에는 잡초에서 고무 채취하는 기계를 발명하고 84세를 일기로 별세하게 되엇다.

이에 전 세계 인류는 그의 은혜를 감사히 생각하고 충심으로써 애도하였다. 만일 씨가 더 살았다면 또 어떠한 문명 기구가 이 세상에 발명되었을지 모를 것이다.

상술한 바와 같이 에디슨은 어려서부터 80여 평생을 오직 기계발명 하는 데에 희생하여 세계인류에게 그만한 유익과 편리를 끼쳐준 대 은인이다.

그러나 실제에 들어가서 씨의 발명품으로 말하면 문명제국 또는 도회지 또는 돈 있는 사람이나 그 은혜를 입었지 산촌이나 농촌의 빈한한 사람들에게는 전기도, 전신도, 축음기도 하등의 관계가 없을 것이다.

그러나 과거 제불제성께서 발명하신 인도정의의 그 모든 법으로 말하면 준동함령이 고루 그 은혜를 입고 있나니 그 어찌 장하지 않으랴.

나는 에디슨씨의 사적을 보고 감사를 느끼다가 과거 제불제성의 은혜를 새로이 느끼게 되었고 동시에 전무후무한 공부의 요도 3강령 8조목과 인생의 요도 4은 4요를 천명 하옵신 유아 종사님의 홍은을 가일층 느끼게 되어 이에 몇 마디를 써 보게 된 것이다.

제2부
대종사님 감수 아래
〈회보〉에 발표한 예화

Ⅰ. 화목의 비결

Ⅱ. 무자비의 자비

I 화목의 비결

화목(和睦)의 비결

어느 산촌에 인가가 두 채 있었다.

한 집은 가족이 일곱 명 사는데 서로 화목하여 말다툼 한번 하는 일도 없이 항상 웃는 얼굴로 즐거운 생활을 하고 있었다.

또 한 집은 그 반대로 단 세 식구 살면서도 하루도 다투지 않는 때가 없이 서로 불화하여 항상 낯을 피지 못하고 괴로운 생활을 하고 있었다.

그런데 하루는 세 식구 사는 집주인이 일곱 식구 사는 집주인을 찾아와서 말하되 "당신 댁에는 여러 권속이 살면서도 늘 평화해 보이며 말다툼 한번 하는 것도 듣지 못하겠는데, 우리 집은 권속 셋이 살면서도 날마다 싸움질이오 서로 원성과 질시로 날을 보내게 되니 참 한 이웃에서 살기가 부끄럽습니다.

그래 오늘은 어떻게 하면 그와 같이 화목하게 지내는가 그 방법을 알러 왔으니 수고스러워도 조금 가르쳐달라."고 하였다.

그러자 그 사람이 대답하되 "네, 그것은 별것이 아닙니다. 우리집에는 나쁜 일 하는 사람들만 모여서 살기 때문에 서로 싸울 일이 없는 것이고 당신 댁에는 무엇이나 잘하는 사람들만 모여서 살기 때문에 서로 싸움이 잦게 되는 것이겠지요."라고 말했다.

이 말의 의미를 알아듣지 못한 세 식구 사는 집주인은 민망한 듯이 또 말하기를 "그거 참 알 수 없는 말씀입니다. 당신 말대로 일곱 명이 다 나쁜 일만 한다면 더욱 싸움이 잦을 듯한 일인데 도리어 화목하다 함은 어떠한 의미인지요."

"네, 그 말이 그렇게 어려운 말은 아닙니다. 예를 들면 우리 집에서는 물그릇 하나가 엎질러진다든지 무슨 그릇 하나만 깨어졌다 하더라도 여러 권속이 다 각각 '그것은 내가 그랬다' '아니 내 부주의로 그랬다' '아니, 아니 내가 건져오랬기 때문이다' 라며 서로 서로 잘못된 일, 나쁜 일은 자기가 하였다고 자담을 하니 그것을 보면 마치 나쁜 일 하는 사람들만 모인 것 같습니다.

그래서 아무리 잘못된 일이라도 서로 원망하는 법이 없으니 따라서 싸움할 일도 없게 되는 것입니다. 그런데 당신 댁에서는 그와 반대로 잘 하는 사람만 모여 무엇이나 잘못된 것은 다른 사람에게 미루고 탓하기 때문에 서로 다투게 되는 것이니 비컨대 화로를 거꾸러뜨렸다고 합시다.

 그런다면 한 사람은 '왜 주의 없이 화로를 꺼꾸러뜨렸느냐' 할 것이오, 또 한 사람은 '왜 화로를 사람 다니는 길거리에 놓아두었느냐' 고 할 것이며, 또 한 사람은 '그러면 화로를 쓰지도 말고 방에다 모셔 두란 말이냐' 고 하는 등 하여간 서로 잘못한 것은 저 사람이오 각자는 잘 하는 사람이 되려 할 것이니 무슨 일에나 그런다면 자연 불평과 싸움을 하지 않을 수 없게 될 것입니다.

 다시 말하면 우리 집에서는 서로 다투어가며 나쁜 일은 내가 하였다고 하여 버리니까 싸움 일어날 일이 없습니다. 그런데 당신 댁에서는 서로 다투어 가며 잘된 일은 내가 하였다 하고 잘못된 것은 남에게 미루니까 서로 싸우게 될 것은 사실입니다."라고 하였다.

 이 말은 들은 삼인편 주인은 그믐 칠야(漆夜)에 등불을 얻은 듯 새 정신이 들며 감탄함을 마지않았다. 그리고 자기 집에 가서 권속들에게 그런 말을 전한 후 자신이 솔선 실행하였다.

 즉 무슨 일에나 잘못된 것은 항상 자기가 담당하고 잘된 일은 다른 사람에게 양도함에 전 가족이 점차로 선화되었나니, 한 예를 들어 어느 날 남편이 우물 옆에 있는 나무 가지를 치다가 그만 큰 가지를 떨어뜨려서 화독 위에 있는 대접을 깨뜨렸다.

그런즉 남편은 나무 위에서 "아, 저런 나의 부주의로 일을 저질렀구나." 한즉 그 말은 들은 아내는 쫓아오더니 "아니예요, 얼른 치웠으면 그런 일이 없을 것을 그 대접은 제가 깨뜨린 것이외다."하고 부부가 서로 잘못을 자기에게 지우고 있다. 이 말을 들은 시어머니는 안방에서 나오면서 "아니다. 그것은 너의 잘못이 아니라 나의 잘못이다. 너희는 여러 가지 일로 바쁜데 그런 것까지 치울 새가 있느냐. 힘드는 일도 아니니까 이 일 없는 늙은이가 할 것인데 내가 주밀치 못한 탓이니 이 대접은 내가 깨뜨린 것이다."고 하였다.

그 후로는 무슨 일에나 그와 같이 하여 드디어 화락하고 원만한 가정을 이루었다고 한다.

과연 우리도 서로 그러한 마음만 갖는다면 한 가정의 풍파만 재울 것이 아니라 사회, 국가 나아가 전 세계의 풍파까지라도 멈추게 할 수 있을 것이 사실이니 우리는 다 같이 실행에 노력할진저.

원기23년 〈회보〉 제 41호 이공주.

독심(毒心)이 변하여 양심으로

　자고로 우리 동양에는 고부간에 서로 의가 좋지 못하여 불화한 가정에서 괴로운 생활을 하는 사람이 많이 있는 것은 누구나 잘 아는 일이다.

　그런데 저 일본 어느 곳에도 역시 고부간에 그 사이가 극히 좋지 못하여 항상 질시와 반목으로 날을 보내고 있는 집안이 있었다.

　그래 그 며느리는 견디다 못하여 친정으로 가 있어 보았으나 그에게는 어린 자식이 둘이나 있는 고로 차마 있지 못하여 3일만에 다시 돌아와 본즉 두 어린 것은 그 어미를 찾고 울고 있었다. 하도 기가 막혀서 '이제는 어떠한 일이라도 참고 견디어 보리라' 작정하고 사는데 그 시어머니는 더욱 더욱 심하여 혹

독을 가할 뿐 죽을래야 죽을 수도 없고 살래야 살 수도 없는 형편이었다.

그래서 며느리는 생각하되 '나가 죽어 버리자니 어린 것들이 불쌍하고 그대로 살자하니 도저히 살 수 없다. 차라리 저 시어머니 한 분을 죽여버리면 우리네 사람의 생명은 편히 살 수 있지 않은가. 그렇다. 아무도 모르게 감쪽같이 그래보리라' 결심한 후 여러 가지로 연구한 끝에 하루는 친히 아는 의사를 찾아가서 "독약 한 봉만 달라."고 간청하였다.

의사는 깜짝 놀라며 "독약은 무엇에 쓰려느냐."고 반문했다. 그 여자는 한참 주저하다가 자기 가정 고부간의 경과한 일을 낱낱이 말한 후 "이런 마음을 먹는 것이 잘못인 줄은 알면서도 사세 부득이오니 아무쪼록 불쌍히 여기사 한 봉 주시면 그런 은혜는 없겠습니다."고 하였다.

그런즉 의사는 대단히 동정을 표하며 한참 무엇을 생각하더니 "과연 당신의 심정은 잘 알겠습니다. 그리고 독약 한 봉 드리기도 어려운 일은 아니외다.

그러나 나의 말을 잘 들어보십시오. 인명이란 재천인 것인데 사사의 원심으로써 산 부모를 독살한다는 것은 차마 못할 일일뿐더러 당신에게도 반드시 죄벌이 돌아올 것이외다. 만일 당신의 자식이 죽는다든지 당신이 미친다든지 한다면 그 때에는 어떻게 할 참입니까. 불시라 발각이 되는 날에는 약을 준 나까지 봉변당할 것 또한 사실입니다.

그러나 당신 정경을 생각하여 내가 한 꾀를 일러 줄 것이니 꼭 나 하라는 대로만 한다면 30일내로 병사한 것 같이 당신 시어머니를 죽게 하여 줄 것이요. 만일 나의 이르는 말대로 못한다면 지금 독약은 못 주겠으니 알아서 하시오.

즉 다름이 아니라 첫째 당신이 집에 가거든 그 시어머니에게 절대 복종하여야 할 것이니 예를 들면 무슨 일을 시키든지, 야단을 치든지, 미워하든지, 무리한 요구를 하든지 거기에 항의를 한다거나 불평을 갖지 말고 그저 공손히 '네 네' 하여 일생의 효성을 30일 동안만 꾹 참고 행하여 보시오. 그런다면 그동안에 나는 독약을 제조하여 서서히 먹이도록 할 것이니."하였다.

그런즉 그 여자는 말하되 "선생님 말씀대로만 된다면 30일은 고사하고 50일이나 100일이라도 꼭 그대로 하겠습니다."고 하였다.

의사는 "그러면 되었습니다. 지금이라도 어서 가서 당신 시어머니의 환심을 사도록 노력하여 보시오. 그리고 오늘은 우선 당신 시모님이 제일 좋아하는 과자를 사 가지고 가서 어린 아이도 주지말고 살짝 가져다 드리고, 어떠한 역경을 준다 하더라도 그저 네 네를 잊어서는 안됩니다." 고 하였다.

여자는 "네, 잘 알았습니다."하고 나와서 과연 과자를 사 가지고 총총히 집으로 돌아간즉, 시어머니는 노기가 등등하여 벼르고 앉은 판이었다. 그래 이 여자는 조심스럽게 들어가서 사 가지고 간 과자를 내어 놓으며 "어머님이 즐겨하시는 과자가 있기에 조금 사 가지고 왔으니 잡수어 보시라."고 하였다.

그런즉 시어머니는 "이 불경기한 때에 계집년이 나가서 과자는 무엇하러 이렇게 많이 사 가지고 왔어. 그 돈으로 반찬거리를 샀으면 몇 때 반찬이 될 터인데."라고 야단을 친다.

그러나 들은 체도 아니하고 곧 방에 들어가 옷을 갈아입고 나와 밥을 짓는다, 반찬을 장만한다 하여 가지고 "어머님 시장하신데 어서 진지 잡수십시요."라고 권하며 어린 자식들도 먹이고 부지런히 치운 후 "어머님 오늘 종일 어린 것들 보아 주시느라 얼마나 괴로우셨겠습니까. 안마나 좀 하여 드리겠습니다."하고 어깨를 친다, 담배를 부쳐올리는 등 갖은 정성을 다 드려 보았다.

그러나 시어머니는 "그만두어, 언제적 무슨 호강에 안마야." 하며 비위를 튼다. 이전 같으면 곧 성이 나서 제 방으로 가버렸겠지마는 그만 꿀떡 꿀떡 참고 말대답 한마디도 없이 시어머니의 자리를 펴고, 어린 것들을 재우는 등, 그의 행동은 돌

변하여 아주 딴사람이 되고 말았다.

그런즉 악독하던 그 시모도 다소 이상히 생각은 하였으나 여전히 얼굴은 피지 않고 미운 소리만 했다.

며느리는 내심 '오냐, 나의 고생은 30일 동안이다. 악마 같은 늙은이, 어서 죽기 전에 싫도록 극성을 떠시오. 그동안 나는 죽은 폭 잡고 당할 참이요' 하여 표면으로는 의사가 부탁한 대로 흔연히 무조건 네 네로 대하며, 부지런히 일하고, 친절히 공경할 뿐이었다.

그 다음날도 일찌감치 일어나서 구석구석 소제를 한다, 밥을 차린다, 시어머니의 세수물을 떠다 놓는 등 어떻게 모든 일을 잘하든지 트집을 잡을래야 잡을 것이 없게 되었다.

그와 같이 2, 3일을 지난 후에 며느리는 동생의 집에서 청한다고 핑계를 대고 곧 의사 집으로 쫓아가서 시어머니와의 경과를 보고하였다.

그 말을 들은 의사는 "잘 되었습니다. 그러면 오늘부터 약을 착수하옵시다. 이 속에는 적은 양의 독약이 들었으니 이 떡을 가져다가 그 시어머니께 드리시오."하며 좋은 찬합에 떡을 담아서 주었다.

그리고 또 말하되 "일전에도 말씀하였거니와 30일간이란 것은 최후로 그 시어머니에게 정성을 다하여 만족을 느끼도록 하여야 합니다. 무엇이라고 하든지 그저 당신은 네 네라고 공순히 복종하여야 됩니다."고 거듭 당부한다.

"네, 잘 알았습니다. 참 감사합니다."라고 인사를 한 후 자기 집으로 돌아가 본즉 시어머니는 역시 성이 나서 눈을 바로 안 뜬다. 그러나 못 본 체 하고 그저 웃는 낯으로 그 앞에 가서 "이것은 동생 집에서 어머님께 드리라고 주어서 가져왔으니 잡숴 보십시요."라고 병원에서 가져온 떡을 시어머니에게 드렸다. 그런즉 조금 기색이 풀리며 집어 먹는다.

그것을 본 며느리는 내심 '그저 한 달만 참고 견디어 보자. 아무리 극성을 떨어도 한 달 안에 끝이 날 터이니까.' 하며 더욱 주의를 가하여 먹는 것, 입는 것, 거처 혹은 간식까지라도 시어머니 마음에 맞도록 주밀히 살피고 거두었다.

그리고 무엇이나 잘못된 일은 제가 하였다고 용서를 청하며 모든 일에 네 네 하여 순종할 뿐이므로 그 혹독하던 시어머니도 야단 칠 꺼리가 없어지는 동시에 양심이 돌아오지 않을 수 없었다.

시어머니는 '참, 기괴한 일이다. 도무지 무엇에나 나무랄 데가 없는 저런 선한 며느리를 어째서 나는 미워하였던가. 더욱이 귀여운 손자를 키워주는 귀중한 며느리, 아! 실은 내가 극히 불량하였던 것이로구나.' 등 후회하는 생각이 들고 무서운 꿈을 꾸다가 깨인 듯 전신에 땀이 흐르며 본 양심이 회복되고 말았다.

　그래 그 양심의 광명은 며느리에게 비치게 되었으니 이제부터는 도리어 며느리의 환심을 사려고 애를 쓰게 되었다. 며느리가 밖에서 일을 하면 "날이 추운데 그만 방으로 들어와 불을 쪼여라, 맛있는 음식도 주며 먹으라, 또는 자기의 비단 의복도 내어주며 맞게 고쳐서 입으라." 하는 등 보통 친절이 아니었다.

　그러는 동안에 며느리는 병원에서 독약 든 떡을 여러 번 갖다가 시어머니에게 먹였다. 며느리는 불량한 마음을 먹고 거짓으로 시어머니에게 친절하였건마는 시어머니는 거기에 감사하는 마음이 되어 그 악마성을 고쳐 불성으로 돌이키게 된 것이다.

　시어머니의 양심회복 됨을 보매 또한 며느리의 양심도 자연히 부지간에 돌아와서 생각하되 '아 저와 같이 선량하여지신 시어머니를 나는 왜 죽이려고 드는가. 만일 당신 명으로 돌아가신다 하더라도 기가 막히겠거든 독약으로 죽인다는 것이 그 얼마나 불량한 짓이냐. 아 과연 잘못하였다. 어찌 죄벌이 없을까' 하고 깜짝 깨치게 된 것이다.

　흑운이 걷힌 뒤에는 광명이 나타나나니 허공에는 원래 명랑한 일월이 있는 때문이오, 인심에는 원래 선량한 도심이 있는 때문이다. 그래서 악마 같은 시어머니와 그 시어머니를 죽이려던 불량한 며느리는 차례로 양심이 돌아오고야 만 것이다.

며느리는 곧 급히 의사에게 쫓아가 황황한 어조로 "선생님, 죽을 때라 금수같은 마음을 먹었습니다. 이제는 깨쳤사오니 저의 시어머니를 살려 주십시요. 해독제를 지어주셔야 하겠습니다."고 한다.

의사는 깜짝 놀라며 "그것은 알 수 없는 일이외다. 20일이나 공들이던 일을 어째서 그럽니까."하고 물었다.

여자는 "다름이 아니올시다. 전에는 시어머님이 너무나 혹독하여 살수가 없어서 저도 그와 같이 불량한 마음이 나오더니 이제는 부처같이 선하여짐에 돌아가시면 못살 것 같으오니 아무쪼록 먼저 자신 약의 독기 풀 약을 지어주십시요."라고 간청하는 것이 아닌가.

의사는 여자의 양심이 확실히 돌아왔음을 보고 눈물을 흘리며 "아 참 천행 만행한 일이외다. 걱정 마십시오. 내가 그동안 드린 떡에 결코 독약은 들지 않았습니다. 내가 처음 당신 말씀을 듣고 어떻게 해서 고부간에 화목하게 할꼬 생각하던 끝에 그와 같은 꾀를 한번 써 본 것인데 나의 생각한 일이 순조로 되었으니 다만 고마울 뿐이외다. 그러면 앞으로도 더욱 일심

정력을 다하여 모범적 효부가 되시기를 바랍니다."고 했다.

그 여자는 너무도 감격하여 눈물을 흘리며 무수히 치하를 하고 생전 은인으로 대접하였다. 그리고 고부간에는 더욱 화목하여 재미있고 원만한 가정을 이루게 되었다고 한다.

과연 상술한 바와 같이 우리 인간이란 당시 처지와 환경에 따라 악심도 나고 혹은 선심도 나나니 곳을 찾아 선도로 인도하는 사람이 있으면 선인이 될 수 있는 반면에 악인이 들어 악심을 조장하면 악인 되기가 쉬운 것은 우리가 공지하는 바이다. 그러면 우리는 다같이 선한 일이어든 빼놓지 말고 그 본을 받아 볼진저.

원기23년 〈회보〉 제 42호 이공주.

자신의 추천장(推薦狀)

나는 어느 날 병석에 누었다가 오래된 잡지 몇 권을 갖다 놓고 이것 저것 뒤적여 보았다.

그중에는 여러 가지 좋은 말도 있었지만 '몸에 있는 추천장'이란 변변치 않은 제목에 간단한 몇 마디 말은 나에게 특별히 감명을 주었으니 그 원문은 이러하다.

어느 회사에서 심부름 시킬 어린아이 한 명을 뽑기로 하였다. 그 말을 들은 이곳 저곳에서 10여명의 소년이 각각 유명한 신사의 추천장을 한 장씩 맡아가지고 왔다.

그 내용을 본즉 '이 소년은 공부도 잘 하여 우등으로 졸업하였고 품행이 단정하야 그르침 없이 일 잘 볼 것을 내가 보증하오니 꼭 뽑아 주시기를 바랍니다' 라는, 대개 이와 비슷한 말이 쓰여 있었다.

그런데 그 회사의 지배인은 어떤 일인지 그 유명한 사람들의 추천장을 가지고 온 소년들은 모조리 돌려보내고 추천장도 없이 빈손으로 왔던 소년을 뽑게 되었다.

옆에서 이 광경을 본 한 사원은 이상히 여기어 묻되 "어찌하여 훌륭한 명사들이 보증하는 아이들은 아니 뽑고 보증도 추천장도 없는 근본 모를 소년을 뽑은 이유는 무엇입니까." 하였다.

그런즉 지배인은 껄껄껄 호기스럽게 웃으면서 대답하되 "당신 보기에는 그 소년이 보증도 없고 추천장도 없는 것 같지만 내가 보기에는 그 소년이 함께 왔던 소년들 중에서 제일 유효한 보증과 추천장을 가지고 왔었기 때문이오.

첫째 그 소년은 회사 문에 들어서기 전, 신발에 묻은 흙을 털고 들어 왔고, 들어와서는 돌아서서 문을 고요히 꼭 닫으니 그것은 그 아이가 주의심이 있고 차근차근한 성질을 가진 증명이오. 또 들어와서 기다리고 있을 때에 절름발이 소년이 들어오는 것을 보고 즉시 저 앉았던 자리를 비켜 주었으니 그의 성질이 선량하고 친절한 증명이며, 말을 물을 때에 모자를 벗고 대답을 속히 하면서도 똑똑히 알아듣기 쉽게 하였으니 그것은 민첩하고 머리가 똑똑한 증명이며, 그 아이들의 마음을 시험 보기 위해 내가 미리 방바닥에 책을 한 권 떨어뜨려 두었는데 다른 아이들은 그것을 본둥 만둥 하였으나 그 소년은 보자마자 얼른 집어서 조심스럽게 책상 위에 올려놓았으니 그 성질이 주도하고 빈틈이 없으며, 분별이 있고 의젓한 증명이며, 그의 의복을 보니 먼지가 묻지 않고 손톱이 길지 않았으니 그가 정결하고 부지런한 증명이며, 나갈 때에도 복잡한데 섞였어도 앞 사람을 밀지 않고 뒤에 물러섰다가 서서히 나갔으니 그것은 그가 항상 털털대지 않고 침착하며 여유가 있는 증명이니 그만하면 더 좋은 증명이 어디 있으며 더 훌륭한 추천장이 어디 있겠소.

나의 생각에는 다른 명사의 추천장 기십 기백 장보다도 더 나은 추천장을 직접 가졌기에 그 소년을 뽑게 된 것이오."라고 하였다 한다.

과연 그 소년도 얌전하려니와 그 소년을 알아보는 지배인은 더욱 명철하였다.

우리도 이 세상에서 활동하기로 말하면 그 소년과 같은 추천장을 언제든지 준비하여야 할 것이오, 남을 쓰기로 말하면 그 지배인과 같은 인선법을 알아야만 될 줄로 생각하는 바이다.

원기22년 〈회보〉 제 38호 이공주.

사랑의 여함장(女艦長)

저 서양 이태리라는 나라에서는 노래 부르기를 좋아하여 누구나 노래를 아주 잘 불렀다. 배에서 노를 젓는 사공도, 해변에서 고기를 잡는 어부도 틈만 있으면 입에서 노래가 나온다.

어느 날 한 어옹(魚翁)이 낚시질을 하다가 쉴 참에 노인의 목소리라면 거짓말이라고 할만큼 아름다운 소리를 내어 노래를 부르고 있었다.

그때에 마침 저편 동리에서 해안을 향하여 오는 사람의 발자취 소리가 들리므로 깜짝 놀란 어옹은 하던 노래를 멈추고 돌아보았다. 그는 그 근처 주재소의 순사로, 걸인 아이 하나를 데리고 오는 것이었다.

어옹이 순사에게 "오늘도 또 신입생이 들어갑니다그려."한

즉 그 순사는 고개를 끄덕 하며 "응 또 하나 들어가는 모양이오. 그러나 이번 놈은 하도 못된 놈이라 어찌될지 모르겠소." 하며 지내간다. 그 순사 오른편 손에 덜미를 잡힌 걸인 아이는 어른의 떨어진 양복 저고리에, 하복(下服)은 갈갈이 찢어지고, 발은 벗었으며, 오래 깍지 못한 머리털은 길어서 이마를 뒤덮어 아귀같이 생겼는데 사람의 마음을 찌를 듯한 날카로운 눈동자는 해가 져 어둑어둑 해져도 광채가 번쩍번쩍 하였다.

그 걸인 아이는 움켜잡힌 몸을 좌우로 흔들며 어떻게 해서라도 순사 손에서 빠져 나가려고 서두는 모양이다. 그러나 교묘한 순사의 손은 점점 더 그의 등덜미를 꼭 잡아서 숨쉬기도 곤란한 듯 이를 악문다.

이제 겨우 십여세밖에 안되어 보이는 소년이지만 어찌나 불량한지 겁내는 기색도 없고 눈물 내는 일도 없이 다만 독기만이 전신을 싸고 돈다. 순사는 말하되 "너 이제는 얌전해야 한다. 배에 들어가거든 여 함장의 가르침을 잘 받아서 공부도 잘 하고 일도 부지런히 하여 참 인간이 되어 보라."하며 불손한 그 걸인 아이를 억지로 끌어 작은 배에 올렸다.

노 선두가 주의해서 잡아매었던 닻줄을 끄르고 노를 저으니 배는 미끄럼치듯 언덕을 떠나 바다 가운데로 들어간다.

5,6분쯤 지난즉 눈앞에 등대가 보이는데 그 아래에는 6천톤

이나 되는 3본장의 순양함이 고요히 정박하고 있다.

걸인 아이 탄 배가 그 군함 좌편 사다리 밑에 다다르니 선두에 선 순사는 그 아이를 일으키며 올라가자 하였다. 그런즉 올라가기 싫다고 또 한바탕 난리를 치는 것을 억지로 갑판 위까지 끌고 올라갔다.

순사는 "조용해라 여기는 함장실이다." 하고 선실 문을 똑똑 치니 그 안에서는 여자의 양순한 목소리로 "들어오시요." 하는 대답 소리가 들린다.

문을 열고 들어간즉 그 안에는 아무 장식도 없이 수수한 테이블과 의자, 벽상에는 십자가가 엄연히 걸려 있는데 그 밑에서 기도를 드리고 있는 여 함장 노부인은 고결해 보이는 얼굴에 미소를 띄우고 일어나 맞는다.

순사는 걸인 아이에게 "이 어른이 함장이시니 인사 드려라." 한다. 그런즉 소년은 그 말은 들은 체도 않고 망연히 그 노부인의 얼굴만 이상스럽게 쳐다보고 있다.

그러면 이 이상한 함장이라는 노부인은 대체 어떠한 사람인가. 그는 지비다 부인이라는 분으로 나포리 라는 동리에서 살다가 일찍이 상부를 하고 다만 한 명의 여아와 쓸쓸한 생활을 하던 중 항상 생각하되 '내 비록 여자이나 이 세상을 위하여 자선 사업을 한 번 하여보리라' 고 결심하고 거기에 대한 연구에 고심하였다.

　그런데 마침 그 부인의 눈에 보이는 것은 그 동리에서 유리걸식하는 거지 소년들이니, 그들은 조실부모하고 불행히도 가로(街路)나 남의 집 처마 밑에 그 몸을 붙였다. 먹을래야 먹을 것이 없고 잘래야 잘 곳이 없으며 옷이래야 남이 버린 것을 주어 입고 쓰레기통이나 뒤치며 묘지 틈을 집 삼아서 궁글러 다니니 금수와 다를 것이 무엇이랴.

　처음은 집집마다 가서 구걸을 하다가 심하여지면 상점에 가서 물품을 훔친다, 혹은 내왕인의 주머니를 나꾼다 등의 불측 불량한 짓을 하나니 이것을 본 지비다 부인은 '어떻게 하여야 그 불량 소년들을 감화 시켜 참 인간을 만들어 볼꼬' 하는 생각이었다.

　그리하여 자기의 전 정력과 전 재산을 다 들여서 그 사업에 착수하였던바 이 헌신적 노력은 헛되지 아니하여 사방에서 동정과 원조가 있는 동시에 정부에서도 그 부인의 공적을 인증하고 특별히 육천톤의 순양함(가라죠로)과 제실어료(帝室御料)의 어업장까지 빌려 주게 되었다.

　그래서 부인은 가라죠로함을 불량 소년들의 수용소로 정하고, 어업장은 동 훈련소로 정한 후 드디어 감화사업에 노력하게 된바 자신은 가라죠로의 함장이 되고 불량 소년들은 수군을 삼아 군함 내에서 그들과 침식을 같이하며 자모와 같이 가르치고 인도하게 된 것이다.

그래서 지비다 부인은 순사에게 끌려온 아이가 너무도 이상하게 자기의 얼굴을 노려봄을 보고 곧 온순한 어조로 묻되 "아아 착한 아이다. 너 이름은 무엇이라 하며 나이는 몇 살이냐."고 하였다.

그런즉 그 아이는 깜짝 놀라는 기색으로 한 걸음 뒤로 물러서며 다만 입술을 깨물고 흰 눈동자로 다시 부인을 쳐다볼 뿐이다. 이 아이는 어려서부터 세상을 떠돌아 다니면서 괴로움만을 맛보았으니 어디를 가든지 야견(野犬)과 같이 쫓김을 받고 구박을 받았으며 매를 맞았다. 그래서 이 세상 사람이란 다 무섭고 악독한 줄만 알았으므로 그 부인의 온화한 태도와 다정한 말에도 별로 감동이 되지 않는 모양이다.

그 광경을 보고있던 순사는 민망한 듯이 "이 자식아 대답하지 못하겠느냐."하고 때릴 듯이 노려보다가 "아아 원 자식이 완만하여서 그 모양입니다. 이름은 무엇 네리라고 한다는데 그도 참 이름인지 모르지요. 나이는 어린 것이 도적질 잘하고 거짓말 잘하고 숨어 잘 다니고 하여 우리도 골치 아플 때가 많습니다."고 한다.

그런즉 부인은 "그런 말씀 마십시오. 아무리 도적질을 하였다하나 이 아이의 마음이 나빴는지, 살래야 살 수 없게 만든 세상 인심이 나빴는지 모르지요. 그러나 저러나 부모는 어떠한 사람입니까.”

순사는 “아비는 누구인지 모르겠고 어미라는 것은 온당치 못한 영업을 하는 삼십여세의 여자로 역시 우리의 두통거리 노릇을 한답니다.”라고 대답한다.

여함장은 “아이들이란 미워하면 미워할수록 나빠질 뿐입니다. 불량한 아이일수록 참으로 따뜻히 사랑하여 주지 않으면 안됩니다. 그러면 이 아이는 내가 맡겠사오니 그만 안심하시고 돌아가 주시오. 수고 많이 하셨습니다.”라고 한즉 순사는 “예.”하고 나가 버렸다.

여함장은 한참동안 그 아이의 거동을 보다가 손을 이끌어 자기 무릎 위에 올려 놓으며 말했다. “네리야, 참 고생 많이 하였구나. 그러나 오늘부터는 내가 너의 어머니가 되어 줄 것이니 안심하라. 그동안에는 먹을 것도 없고 입을 것도 없으니까 부득이 도적질을 하였으리라. 그러면 이 세상이 나쁘지, 네가 나쁜 것은 아니다. 이것은 너의 집이요 동무도 많이 있다. 내일은 내가 모두 소개하여 줄 것이니 그리 알고 오늘은 나하고 같이 이 방에서 자자.”고 하였다.

다음날 아침이 된즉 가라죠로 아이들은 갑판 위로 모였다.

12,3세부터 17,8세의 소년들이 두 줄로 늘어서더니 지비다 부인의 지휘를 받아 아침 기도를 올리는데 아주 규율이 정숙하여 보인다. 그들이 과거 불량 소년이었던 것을 그 누가 알리요.

네리도 이날은 함장이 주신 수병복을 입고 머리에는 가라죠로라고 금자로 수놓은 해군모를 썼다. 함장이 여러 아이들에게 네리를 소개하니 일동은 박수로써 신입생 네리를 환영하였다. 그러나 네리는 아래 입술만 깨물고 묵묵히 서있을 뿐이다.

가라죠로 소년들의 일과로 말하면 바다에 그물을 쳐서 고기도 잡고 수영도 연습하며, 작은 배를 노 젓는 법도 배우고, 혹은 선구 사용법이며 목공, 금공 등의 수공(手工)도 배우고, 비 오는 날은 함장실에서 이야기도 들으며, 그물과 낙수도 고치고 또는 교대하여 요리도 만들어 먹으며 매일 매일을 하루같이 즐거운 생활을 하게되니 일동은 조그마한 불평도 없이 언제든지 벙글벙글 희색만면하여 다람쥐같이 배 안을 쫓아 다녔다. 그러나 네리 만큼은 불쾌하고 침울한 얼굴로 동무들과 놀기도 싫어하며 어느 때는 간질병자 모양으로 동무를 물고 뜯고 덤벼들어서 누구나 싫어하게 되었다.

그러나 지비다 부인만은 네리를 지극히 사랑하여 실로 친어머니 이상이었다. 어느 날은 네리가 요리 당번이 되어서 설겆

이를 하다가 그만 잘못하여 접시 한 개를 내리쳐 깨뜨리고 걱정을 하는 판에 어느 동무에게 들키매 그만 무안하야 곧 갑판 위로 올라가 숨을 곳을 찾았으나 마땅한 곳이 없으니까 몸을 날리어 해중으로 풍하고 뛰어 들어갔다.

이 급보를 들은 지비다 부인은 곧 쫓아 나와 미친 듯이 "작은 배를 내리라."고 고함을 치는 중 마침 네리의 몸이 해상으로 불끈 솟자 곧 건져다가 갑판 위에 갖다 논즉 처음에는 에푸 에푸 하고 물을 토하더니 차차 죽은 듯이 늘어져 버렸다.

지비다 부인은 침식을 같이 하며 간호에 전력하던바 삼일 되는 날에야 겨우 의식이 돌아온 듯 눈을 떠서 부인을 쳐다본다.

부인은 반가운 빛으로 "네리야 정신이 났느냐, 너는 바보이다. 그까짓 접시 한 개 깨뜨리고 귀한 생명을 물 속에 넣었느냐. 접시와 인명 어느 것이 귀중하냐."하며 눈물 맺힌 소리로 말을 하였다.

그런즉 의외에도 네리의 눈에 눈물이 고이며 입술은 실룩실룩 경련을 일으키더니 "선생님 고맙습니다."고 한다. 그렇게 완만하던 네리도 지비다 부인의 성심에 감화되어 고마움을 느낀 모양이다.

이 일이 있은 후부터 네리의 마음이 아주 변해서 양심이 회복되었으니 아마도 해수의 세례가 네리의 불량심을 깨끗이 씻겨 준 듯하다.

다음 해에 지비다 부인은 볼일이 있어 라마(羅馬)까지 가게 되었는데 그때에 동행은 네리가 하게 되었다. 라마에서 볼 일을 다 본 부인은 일부러 하루를 쉬며 네리에게 시중(市中) 구경을 시키고 다음은 천주교 대 본산 성 베드로 사원을 참배하였다.

사원 광장에는 무수한 전등이 켜있고 그 불 밑에는 한 노인이 앉아서 그림엽서를 팔고 있었다. 영국 독일 불란서 등의 각국 사람들이 답지하야 큰 은화를 주며 잔돈을 거슬러 내라하는 통에 그 노인은 어찌할 바를 모르다가 나중에는 잔돈을 두 손에 잔뜩 들고 각각 거슬러가라고 객 앞에다 손을 내민다.

마침 그 찰나에 어디서인지 12, 3세 가량 되어 보이는 소년 하나가 사람을 헤치고 벼락같이 나오더니 노인의 두 손에 있는 돈을 덮쳐서 움켜쥐고 그만 도망을 한다.

이것을 본 네리는 "이 도적놈아. 거기 섰거라."하고 부르짖으며 해군모를 벗어 사정없이 던졌다. 네리의 계략은 틀리지 않아서 그 아이는 그만 모자에 발이 걸리며 넘어져 은화 동화는 산산히 흩어져 버리고 몸만 일어나 도망하여 버렸다.

네리는 곧 흩어진 돈을 주어 가지고 웃으면서 엽서 파는 노인에게로 와 각국 사람들에게 잔돈도 거슬러 주고 또 새로 2,

3조 팔아준 후 지비다 부인에게로 와서 곧 바로 기차를 타고 가라조로 군함으로 귀래하였다.

　그리하여 그날 밤 부인과 네리는 갑판 위에 서서 해상의 야경을 바라보던 중 부인은 네리에게 다정한 어조로 "너는 오늘 두 가지 선행을 하였으니, 용감히 도적의 돈을 찾은 것과 약한 노인의 일을 친절히 보아준 것이다. 또 너는 이곳 온 후 두 번이나 갱생의 길을 밟았나니 접시 깨뜨리고 바다 가운데에 투신하였을 때와 양심이 회복되어 남의 은혜를 느끼며 눈물을 흘린 때이다. 그것으로써 너는 참 인간이 되었다는 증거가 충분하다고 생각하노라."고 하니 네리는 그만 방성통곡을 하며 그칠 줄을 모른다.

　그와 같이 변화 기질이 다 된 네리는 가라조로 함내에서 보통 교육의 과정을 다 마치고 육군사관학교에 입학하여 그 학교 개교이래 처음이라는 발군의 성적으로 영예스러운 졸업을 하게 되었다.

　계속하여 이태리 황태자의 무관으로 추천이 되니 자애의 화신인 지비다 부인은 기뻐함을 마지 않는다. 그러나 그의 생모는 아직도 나포리 동리에서 순사의 눈을 속여가며 나쁜 영업을 하고 있었다.

　이것을 안 네리는 어느 날 찬란스런 군복을 차려 입고 생모에게 가서 "이전 걸식 고아이든 네리가 인자하신 지비다 부인의 후은을 입어 오늘날에는 이러한 인물이 되었다."는 일장 설화를 하니 불량하던 그도 감동된바 있던지 눈물이 비오듯 내린다. 아마 후회의 눈물, 감사의 눈물, 기쁨의 눈물일 것이다.

그리하여 그는 그날부터 현모 양인이 되었다. 네리는 처음 받은 봉급의 전부를 그 모친에게 주어서 빵점을 내어줌에 그는 매일 부지런히 장사를 하는 한편 조석으로 사원의 종소리가 들리면 과거 자기 지은 죄를 참회하고 후생의 행복을 빌며, 돈 없는 고아들에게는 빵을 무료로 주는 등 아주 훌륭한 자선가가 되었다 한다.

이상에 말한 지비다 부인의 일평생 활동으로 말하면 실로 거룩하였다. 과연 그 악도 고해에서 방황하던 불량 소년들로 하여금 인도 정의를 밟게 하였고, 부정 비열하던 음녀로 하여금 선량 온순한 자선가가 되게 하였으니 얼마나 장한 일인가.

우리는 부처의 대 선행을 배워 행하려는 공부자이니 선행이 어든 버리지 말고 본받을진저.

원기23년 〈회보〉 제 40호 이공주.

천진한 생활

우리는 무엇보다 천진을 공부하자. 또는 천진을 사랑하자. 그리하여 생각으로부터, 말로부터, 행동에 이르기까지 모든 것을 오로지 천진화 시키기에 노력하자.

천진 그 글자만도 얼마나 깨끗하고 아름다운 표현이냐! 일호의 사위와 가식이 없고 흔연 천심 그대로 나타난 그 천진, 얼마나 활발하고 자유로운 경상이냐!

내가 스스로 나를 반성해 볼 때에도 천진을 여의지 아니한 그때의 상태처럼 가장 신성하고 거룩함은 없을 것이며, 사람을 응하고 물건을 대할 때에도 천진의 장면을 접촉하는 그때처럼 사랑스럽고 유쾌함은 다시없을 것이다.

우리는 매양 어린이들의 놀고 생활하는 것을 본다. 그들은 예의도 염치도, 자타도 시비도 아무 것도 모른다. 오직 좋은 것이 있으면 빼앗고, 먹을 것을 보면 청한다.

저의 자유를 제재하면 울음의 무기로써 대항하고, 저의 목적하는 바가 이루어지면 우쭐거리며 좋아한다.

이것이 만약 예의를 알만한 어른의 하는 짓이라 할 것 같으면 사사건건이 시비의 재료가 될 것이며 일동일정이 미움의 표적이 될 것이다. 그러나 그들은 모든 동작이 오로지 천진이다. 빼앗는 것도 천진이요 떼 쓰는 것도 천진이다. 우는 것도 천진이요 웃는 것도 천진이다. 그런고로 천진은 사람마다 사랑한다.

누가 어린애의 노는 것을 보고 무례하다 하여 노하며, 염치없다 하여 미워하랴. 여기에 또 옛 사람의 이야기 하나를 소개하려 한다.

중국의 송나라 때 유명한 제상 사마온공(司馬溫公)이라고 하는 분이 있었다. 하루는 당대에 문장으로 유명하던 소동파가 온공을 찾게 되었다.

문간에 서서 청지기를 불러 가지고 "대감 오늘 댁에 계시느냐."고 물었다. 청지기는 아주 의외라는 듯이 눈만 뚜렷뚜렷하면서 "대감이 누구냐."고 반문한다.

동파는 하도 어이가 없어서 "이 집 주인대감이지 누구냐."하고 소리를 좀 높여 그 청지기의 너무나 무책임한 말에 질책하는 태도를 보였다. 그러자 그 청지기는 비로소 깨달았다는 듯이 고개를 끄덕이며 "오 우리 군실이, 그러면 진즉 그렇게 말씀 하시지 대감이라 하시니 누가 알 수 있어야지요. 그런데 군실이는 방금 어디 출타 했습니다."고 답했다. 군실이는 온공의 자(字-편하게 부르는 이름)였다.

동파는 더욱 기가 막혀서 그 청지기에게 '주인대감은 일국의 유명한 재상이요, 명망이 높은 어른이라는 것과 그러한 높은 어른에게 말을 그렇게 함부로 하는 법이 아니라는 것'을 일일이 타이른 후에 돌아갔다.

그러자 온공이 돌아오매 그 청지기는 난데없는 대감의 존호를 바치게 되었다. 온공은 빙그레 웃으며 그 이유를 물은 후에 "동파가 공연히 나의 천진스러운 하인 하나를 버려주고 갔다."고 탄식한 일이 있었다 한다.

과연 이 얼마나 천진을 사랑한 일 장면이냐. 그렇다. 천진은 누구나 사랑한다. 그를 대항할 마음이 없고 그를 배척할 생각이 없다. 무의식한 어린이의 동작도 천진이매 그와같이 귀엽고, 명청한 온공의 집 청지기도 천진이매 그와 같이 사랑하거든 하물며 유의식한 어른의 모든 지혜를 갖춘 천진이야 오죽

하랴.

　천진은 참으로 아름다운 것이다. 무엇을 별스럽게 꾸미고 다듬질 하는 것보다 순명 정직한 천진의 미 그것이 오죽이나 고상하고 귀여운가. 의복을 입는 데에도 그러하고 거처를 꾸미는 데에도 그러하고 기타 만반 생활을 영위함에 있어서 하나도 그렇지 아니함이 있는가.

　또 천진은 힘이 있는 것이다. 대중을 움직이고 모든 사업을 이룰만한 힘이 있다. 소장(蘇張)의 구변보다도, 이두(李杜)의 문장보다도 오직 천진의 발로 그것이 상대방의 마음을 움직이는데 큰 힘이 있는 것이다. 억지로 교태를 부리고 부자연한 웃음을 지어 저 사람의 마음을 얻으려 하기보다 오직 천진 실심 그것으로써 대하라. 그러면 반드시 성공하고 말 것이다.

　또 천진은 즐거운 것이다. 이 세상 모든 낙이 수업이 많이 있다 하지마는 모두가 다 일시적이요 외면적 이여서 참으로 이 천진락 같이 즐거운 것은 하나도 없을 것이다. 명경지수와 같은 자아의 천진 면목을 수시로 반조하고 있을 때 그 평화하고 정결하고 깊숙하고 높은 풍미를 그 무엇에다 비하면 좋을까. 아마도 천상 천하에 다시 이러한 낙은 없을 것이라 한다.

　돌아가자. 우리는 천진한 생활로 돌아가자. 모든 사위의 탈과 가식의 껍데기를 벗고 안과 밖이 다름이 없는 천진한 생활로 돌아가자. 그리하여 천지의 무한한 미와 힘과 낙을 마음껏 누려 보기로 하자.

〈원기22년 〈회보〉 제 33호 송도성.

관인대도(寬仁大度)

서서(瑞西)의 유명한 철학박사 '아포레'라는 분은 그 마음이 너그럽고 인자하며 또한 용서심이 많아서 아무리 마음에 거슬리는 일을 보아도 성내는 일이 없고 항상 평화한 안색을 가지므로 몇 십년간 한 집에서 사는 사람들도 그 박사의 성낸 얼굴은 한 번도 본 적이 없다고 하였습니다.

그래서 하루는 장난하기 좋아하는 박사의 친구 한 분이 어떻게 해서라도 박사를 성내게 하여 보겠다고 생각하고 비밀히 그 집 하녀를 불러서 "네가 만약 너의 주인 박사를 성내게 할 것 같으면 나는 너에게 많은 상을 주려 하노니 꼭 한 번 그 일에 노력하여 보라."고 약속하였습니다.

그 하녀는 상을 준다는 데에 마음이 동해서 쾌히 승낙한 후

'어떻게 하여야 박사를 성나시게 할꼬?' 하고 여러 가지로 생각하여 본 결과 한 묘책을 얻게 되었습니다.

박사는 언제든지 침상 정돈이 잘 된 것을 좋아하는 성질이 있는데 만일 정돈을 아니하고 침상을 어질러 놓으면 물론 그 마음에 맞지 않아서 성을 내게 되리라고 추측하였던 것입니다.

그래 어느 날은 일부러 박사의 자고 난 침상을 소제하지 않고 그대로 두어 버렸습니다. 물론 밤에 잠자려 할 때에 그것을 보면 야단이 나리라 생각하고 있은 즉, 밤에는 아무 소리도 없고 그 다음 날 박사는 하녀를 보더니 "어제 저녁에는 침상 정돈을 아니하였더라."고 순한 어조로 이를 뿐이었습니다.

그러나 박사의 마음을 거스려 보려는 하녀는 그날에도 또 침상 정돈을 하지 않고 내버려두었습니다. 그 이튿날은 큰 질책을 당하리라고 기다리고 있은 즉, 박사는 또한 하녀를 보더니 "어제도 침상 소제를 아니한 모양이더구나. 무슨 일이 그와 같이 바빠서 그러느냐? 오늘밤에는 반드시 정돈하여 두라."고 단단히 주의를 시켰을 뿐이었습니다.

그러나 하녀는 기어이 저의 소원을 이루어 보려고 또한 정돈치 않고 그대로 두어 버렸습니다. 그러더니 3일 되는 날 아침에는 박사가 하녀를 부르더랍니다. 하녀는 '오늘은 꼭 죽었구나' 하고 가슴이 두근두근하여 박사 앞으로 간즉, 박사는 역시 평화한 어조로 "너는 어제도 침상 정돈을 아니 하였더구나. 그와 같이 3일간이나 소제를 아니하는 것은 물론 어떠한 이유가 있으리라고 생각한다. 부득이한 일로 그런다면 어찌할 수 있느냐. 나는 3일 동안이나 침상 정돈을 하여 버릇하였더니 이제는 익어져서 이후부터는 내가 그 일을 할 터이다. 너는 걱정 말라."고 하였습니다.

야단을 당할 줄 알던 하녀는 그 관인대도의 박사 말씀에는 견딜 수 없어서 그 앞에 그만 엎드려 울면서 침상을 3일이나 정돈치 않은 내역을 말하고 "이 못된 것이 그저 상 준다는 데에 정신이 팔려서 그와 같은 죄를 박사에게 짓게 되었으니 벌을 내려 주시라."고 빌었습니다.

그런즉 박사는 그런 말을 듣고도 역시 미소를 띠면서 심상하게 지냈다 합니다. 그 얼마나 너그럽고 또한 용서심이 풍부한 일입니까?

또 불란서의 유명한 저술가 '가라이루'라는 분은 자기의 전 정력을 다하여 여러 해 만에 《불국혁명사(주: 프랑스혁명사)》를 초(抄) 잡아 놓았었습니다. 그런데 우인(友人) '미루'라는 이도 같은 뜻을 가지고 있다가 가라이루가 먼저 그 책을 저술한 것을 알고 한 번 보여 달라고 한즉 가라이루는 곧 원고를 미루에게 내어 주었습니다.

　미루는 그 원고를 대절히 취급하던 바 어느 날은 서재에서 보다가 책상 위에 놓은 채 외출을 하였더랍니다. 그래서 볼일을 다 보고 돌아온즉 서재에 있던 원고는 간 곳이 없었습니다.

　미루는 깜짝 놀라 하녀를 불러서 "이 책상 위에 원고지를 못 보았느냐?"고 물었습니다. 그런즉 하녀는 "예. 책상 위에 있던 휴지 뭉치는 소제하기 위하여 난로 불 피우는데 불쏘시개 하여 버렸습니다."고 대답 하였습니다.

　미루가 깜짝 놀라 "이게 무슨 소리냐?"며 곧 난로 문을 열고 본 즉 원고지는 그 속에서 아직도 훌훌 타고 있었습니다. 미루는 하도 기가 막혀서 하늘을 우러러 탄식을 하며 곧 가라이루 집으로 달려가서 미안한 말씀을 다 하고 사죄를 청하였습니다.

　그런즉 가라이루는 말하되 "기왕 그르친 일을 어찌 할 수가 있소. 미루군 너무 염려 마시오. 그 원고는 다시 내가 써 보겠소."하고 도리어 위로하였습니다.

　그후 가라이루가 두 번째 붓을 들어서 저술한 것이 오늘날 전 세계에 전파된《불국혁명사》입니다.

　미루 생전에 가라이루는 그 일에 대해서 조금도 섭섭한 눈치 한 번을 보여 본 적이 없었다 하며 그후 미루가 죽은 다음에야 비로소 "재집필에 허비한 시간과 노력을 다른 데에 썼더라면 나는 좀더 유익한 저술을 이 세상에 남겨 놓았을 것을…." 했더랍니다.

미루 생전에 일언의 불평도 하지 않은 것은 누구나 행하기 어려운 일일 것입니다. 과연 먼저 말한 서서 철학자의 그 너그러운 용서심이나 나중에 말한 가라이루의 넉넉한 도량은 실로 감탄치 않을 수 없으며 칭찬하지 않을 수 없으니 그는 보통 사람의 마음으로는 누구나 그렇게 할 수 없는 까닭입니다.

그래 저도 어떤 때에는 '다른 사람의 잘못한 것을 용서 할 것 같고 설사 나를 해치는 사람이 있다할지라도 결코 화를 내거나 미워하는 마음은 먹지 말리라' 는 생각을 합니다.

그러나 실제 경계에 다다라서는 그렇지 아니하여 누가 내 일을 조금만 그르치면 그 사람의 세정은 생각할 여유도 없이 곧 그 사람을 질책하게 되고 또 만일 나의 물건을 누가 가져다가 더럽혔다든지 실수하였다면 번연히 말해보았자 소용없을 줄 알면서도 화를 내며 혹은 그 아까움을 자꾸 말하게 됩니다.

그는 곧 수양력이 부족한 소치라고 할 수 있으니 삼대력을 공부하는 우리로서는 동서양을 물론하고 그와 같이 수양력 있는 분들의 넉넉한 처사를 듣든지 보든지 하여 각자 전정의 보감을 삼아야 될 줄 압니다.

그래서 이 이야기도 번역하여 본 것이니 이런 말도 우리는 범연히 듣지 말고 잘 참고하여 우리의 육근을 동작할 때마다 그 관인대도의 용심법을 본 받아서 쓸데없는 진심을 조장하거나 혹은 누구에게든지 원수를 맺지 말며 자신의 잘못은 고치기에 주력하고 남의 잘못한 것은 너그러이 용서하여야 하겠다는 생각이 났습니다.

원기22년 〈회보〉 제 35호 이공주.

인자은애(仁慈恩愛)

라마(羅馬)에 '오가쓰징'이라는 사람은 술 잘먹고 게으른데다가 그 성질이 난폭하고 또한 방탕하여 불량청년으로 유명하였다.

어느 날 역시 술이 대취하여 한 밤중에 비틀거리며 집으로 돌아왔다. 그 때까지 초조한 마음으로 문만 내다보고 앉아있던 어머니 '모니가'는 그 아들의 취한 모양을 보더니 그만 눈에서는 눈물이 돌며 떨리는 음성으로 그 아들을 향하여 "너는 그만 개심하라. 날마다 이런 짓만 되풀이한다면 과연 한없는 장래를 어찌 하려느냐?"하고 울며 하소연하였다.

그러나 그런 말에 개심할 오가쓰징이 아닌지라 "나도 귀찮소. 그런 설교는 듣기 싫어요. 물러나시오, 물러나시오."하면서 그만 술김에 무례하게도 흙 묻은 신발로 그 어머니를 걷어 차버리니 그 어머니는 저 편으로 나뒹굴며 너무나 기가 막히던가 아무 말도 못하고 손으로 그 얼굴을 가린 채 자기 침실로 들어가 버렸다.

그것을 본 오가쓰징은 그 불량한 중에도 양심이 남아 있었던지 자기의 지금 난폭 과도한 행동에 후회심도 나고 또 한편으로는 그 어머니가 불쌍한 생각도 나서 가만 가만 그 뒤를 따라서 어머니 방 문밖까지 쫓아간 후 문틈으로 그 어머니의 거동을 엿보게 되었다.

그런즉 그 어머니는 방으로 들어가더니 그 아픈 무릎을 꿇고 단정히 앉아서 눈물 섞인 목소리로 "천지신명은 굽어 살피사 저 불민한 자식 오가쓰징의 마음을 고치게 하여 주옵소서. 그 저 그 자식 하나만 불량한 마음을 선량한 마음으로 고쳐서 훌륭한 청년이 된다면 저 같은 인생은 어떠한 고생이라도 감수하겠습니다. 가령 이 몸을 대신 잡아 가시고라도 저 자식의 난행만 고쳐 주옵소서."하고 일심으로 그칠 줄 모르고 간절히 빌고 있었다.

그 광경을 문틈으로 엿보고 있던 오가쓰징의 눈에서는 저도 모르게 눈물이 흘러 내렸다. "아, 우리 어머니는 나와 같이 불효한 자식을 조금도 미워하거나 원망하지 않고 도리어 잘 되게 하여 달라고 저와 같이 축복을 하시는구나." 그런 생각을 한즉 그만 그 어머니의 무한정한 자비가 더욱 느껴졌다. 드디어 견딜 수가 없어서 오가쓰징은 그만 방문을 열고 뛰어 들어갔다.

그리고 그 어머니 무릎에 그만 엎드려서 "어머니! 제가 못된 놈이올시다. 어머님의 정성으로 오늘부터는 반드시 마음을 고치고 사람 노릇을 하겠습니다. 아무쪼록 그 동안 잘못한 일은 용서하여 주옵소서."하며 진정으로 후회의 눈물을 흘렸다.

그 후부터 점차로 얌전한 사람이 되어 나중에는 대종교가이요, 대학자를 겸비한 유명한 라마법왕이라는 존위에 오르게 되었다.

이 법왕으로 말하면 그 어머님의 인자와 은애에 감동되어 갱생의 길을 밟게된 불량청년 오가쓰징이었던 것은 틀림이 없다. 이 얼마나 감탄할 일인가?

또 독일의 철혈 재상 '비스마르크'는 비상한 애연가이었다. 한 번은 어느 전쟁에 대장으로 나갔는데 준비하여 가지고 나갔던 담배는 다 먹어버리고 겨우 엽궐연 한개밖에 아니 남았으므로 자기 조끼 포켓 속에 넣어 두고 '언제든지 금번 싸움에 승전 하는 날, 그 기념으로 서서히 한 번 맛나게 먹어 보리라' 생각하고 그 때만 돌아오기를 유일의 낙으로 알고 기대하였다.

 그런데 어느 날 그가 그 전장 근방을 순시하던 중 한 병사가 적군에게 총을 맞고 쓰러져 있는 데에 도착하게 되었다. 가련한 그 병사는 사경에 이르러 최후로 입을 내두르며 무엇을 요청하는 모양이었다.

 그래서 비스마르크가 "무엇을 찾느냐?"고 물은 즉, 그 병사는 "담배, 담배가 먹고 싶다."고 하는지라, 이 말을 들은 비스마르크는 다만 한 개 남은 호자엽권에 불을 당겨서 그 병사 입에 물려주었다. 그는 미소를 띠며 그 연초를 맛나게 빨다가 죽었다.

 그 후 비스마르크는 말하되 "나는 내가 먹지 않고 아꼈던 한 개의 담배처럼 맛남을 느껴 본 담배는 없었다."고 하였다.

 그러면 비스마르크는 그 부하 병사가 죽기 전 자기가 준 담배에 만족하는 것을 자기가 먹은 것 보다 훨씬 맛나게 안 것이 아닌가? 예로부터 현재에 이르기까지 부모 치고 자식을 사랑하지 않는 자 없고, 상관 치고 그 부하를 생각하지 않는 자 적다고 하지만 그 반면에 자녀를 사랑한다는 것이 동물적 사랑으로 장래사는 고사하고 우선 호의호식이나 시키려는 부모와, 자신의 만족을 먼저 채운 후에 외면적으로 그 부하를 생각하여 주는 상관도 없지 않나니 그런 사람들은 이상에 말한 라마

법왕 오가쓰징의 모친인 모니가씨의 인자은애와 독일 재상 비스마르크씨의 부하에 대한 인자은애를 보아 그 본을 받지 않으면 아니 될 줄 안다.

그러므로 이 말도 써 보게 된 것이니 우리는 다 같이 선한 말이거든 참고의 재료를 삼아 전정의 보감을 삼을진저!

원기22년 〈회보〉 제 36호 이공주.

무저항의 성력(成力)

옛적 중국에 한 재상이 있었는데 그는 천성이 관유하여 자기를 해하는 사람에게 결코 대항하거나 미워하는 일이 없는 순진한 무저항주의자였다.

그런데 그의 동생도 역시 어진 사람으로서 벼슬이 자사 즉 지금으로 치면 도지사와 같은 영직에 취임하게 되었다.

형님은 동생을 향하야 말하되 "우리 형제로 말하면 지중한 국운을 입어 과분한 출세를 하고 보니 대단 명예스러운 일이나 사람이 너무 영귀하게 된즉 반드시 다른 사람들이 부러워하는 끝에 시기하기도 쉽고 또는 미워하여 해하려는 마음이 나기도 쉬운 것이다. 그런데 만약 네 앞에도 그러한 일이 당한다면 어찌하려느냐."고 물었다.

그런즉 동생은 "네, 저도 그 점에 대하여는 십분 각오를 가지고 있습니다. 이제부터는 형님과 같이 무저항주의를 쓰려 하오니 설령 누가 와서 제 얼굴에 침을 뱉고 욕을 한다 하더라도 성내지 않고 얼른 그 침을 제 손으로 닦고 참겠습니다."라고 대답한다.

이 말을 들은 형님은 "과연 선한 말이로다. 네가 언제든지 그 마음을 잊지 않고 모든 일에 그대로 실행한다면 너의 전정에는 반드시 행복만이 돌아오리라. 이 세상 보통 사람이란 지위가 오르고 명망이 높을수록 남을 멸시하고 천대하는 것으로써 유일의 위엄을 삼지만 자고로 덕이 있는 사람이란 어떠한 사람을 대하든지 관유로써 오직 무저항주의를 쓰게 되나니 무저항 끝에는 근심과 괴로움이 없나니라."고 하였다.

과연 그 후 그 분들에게는 무저항주의를 쓰므로 말미암아 낮은 일은 하나도 없고 오직 덕인이라는 명망이 더욱 높아졌을 뿐이라고 한다.

또 희랍의 유명한 철인 '쏘크라테스'의 부인 '산지쓰베'라는 이는 무지한 위에 예의가 없어서 누구에게나 나쁜 평판을 받았으며 그 당시 악처의 표본이라는 욕까지 듣게 되었다.

그런데 어느 날 자기 마음에 맞지 않는 일이 있어 화가 난 판에 남편인 쏘크라테스가 들어오매 곧 달려들어서 소리를 버럭 버럭 지르며 나쁜 말로써 싸우려 하였다.

그러나 수양력이 충분한 쏘크라테스는 조금도 흔들리지 않고 엄연부동 하였다. 그런즉 화가 잔뜩 난 산지쓰베는 더욱 노기등등하여 그만 급히 우물 앞으로 쫓아가더니 물 한 그릇을 떠다가 쏘크라테스 머리 위에다 확 끼얹었다.

불의에 물벼락을 맞은 쏘크라테스는 눈을 뜨고 머리의 물을 털며 푸푸하고 그 곳을 피하려 했다. 이 광경을 목도한 동리 사람은 말하기를 "점잖은 남편에게 물을 함부로 끼얹어도 화 내거나 꾸짖지 않고 그대로 당하는 것은 너무 어리석지 않습니까?"라고 하였다.

이 질문을 당한 쏘크라테스는 "뇌성 끝에는 반드시 서늘한 소낙비가 내리는 격이외다."라고 예사로 대답하였다고 한다. (그 부인이 소리를 지르다가 물을 끼얹었으므로 그를 비유한 말이다.)

이 말을 얼른 들으면 중도는 아닌 것 같다. 그러나 쏘크라테스에 있어서는 부득 사세였으니 점잖은 가정에서 성정 나쁘다고 출처까지 할 수는 없고 잘못할 적마다 꾸짖고 야단을 하자 하니 하루도 조용한 날이 없겠으니까 그와 같이 인욕 정진으로써 무저항주의를 썼던 것이다.

과연 나의 마음을 거슬리고 나를 해치는 자에게 무저항주의를 쓰는 것은 수양의 적공이 많은 성현이나 불보살이 아니고는 능히 행할 수 없는 일이니 그러므로 과거 3천년 전 영산회상에서도 부루나 존자가 서방 수로나국으로 포교하려 갈 때에 석가세존이 물으시기를 "만일 네 목숨을 죽이는 자 있으면 어찌 하려느냐."하시니까 대답하되 "이 몸둥이를 속박에서 해방하여 주니 감사하다고 하겠습니다."하여 세존께서 크게 칭찬하신 일도 있었고 또 유태의 야소(예수) 씨는 "누가 너의 오른편 뺨을 치거든 너는 왼쪽 편 뺨까지 대어주라."고 하신 말씀도 있으며, 또 어느 학자는 "패즉승리, 지는 것이 곧 이기는 것이다."는 말도 하였다.

그러면 이상에 말한 여러가지를 한마디로 말하면 즉, '남이 나에게 잘못하는 것은 너그러이 용서하여 원심(怨心)을 두지 말고 자심(慈心)이나 무저항주의를 써 보라는 말이다' 하고 오(悟)하면 누구나 진리를 알고 무저항주의를 쓴 즉 그 앞에는 반드시 평탄이 전개되고, 눈 앞의 분함을 못 참아서 대항을 위주한 즉 그 앞에는 반드시 험악이 닥쳐오기 때문이니 진세오욕을 초탈하고 대도수행을 하는 자여, 이 무저항의 위력을 알을진저.

이것은 3대력중 취사력을 익후는데 참고가 될 듯하여 어느 수양 독본에서 본 말을 번역하였다.

원기23년 〈회보〉 제 45호. 이공주

담 효자의 이야기

'담'(담睒은 음으로는 섬이나 속칭 담이라 함)효자의 이야기는 우리 불자로서 한번 들어 둘만한 일이요 또는 독자 여러분에게 잠시라도 더위를 식힐 수 있지 않을까 하여 여기에 적어보려 한다.

옛날 '가이국'이라는 나라에 한 장자가 있었으니, 남녀간 일점 혈육이 없고 겸하여 부처(夫妻)가 다 안맹(眼盲)이라. 마음에 산중으로 들어가서 수도나 하기를 축원하였다.
　때에 이 나라에 한 보살이 있었으니 이름이 '일체묘견'이라. 이 보살이 생각하되 저 부처가 생각은 실로 좋은 생각이나 천지만물을 보지 못하는 맹인들인 만큼 만일 입산을 하고 보면 반드시 큰 해가 많으리라는 노파심이 동하여 명을 마치고 이 장자가에 환생하니 그 이름이 바로 이야기의 주인공인 '담'이 었다.

담의 위인이 지극히 효성스럽고 또 인자하여 열 가지 선을 받들어 행하고 주야로 정진하며 일심으로써 부모를 공경하더니 담의 나이 10세에 이르러 부모에게 고하되 "부모님의 근본 생각은 산중으로 들어가서 수도하기를 원하셨거늘 어찌 자식이 있다하여 본원을 끊으오리까. 사람이 세상에 살자면 비록 얼마 안 되는 일생이라 할지라도 몇 번을 변하는지 알 수 없는 일이요 또한 사람의 목숨은 금이나 돌같이 단단한 것이 아니어서 오늘 어찌될지 내일 어찌될지 실로 기약이 없는 것이오니 하루 속히 본의를 쫓아 입산수도를 하옵소서. 부모님의 일체 시봉은 소자가 하겠습니다."고 하였다.

두 부처는 담의 말을 가상히 여겨 즉시 입산을 하기로 하였다. 담은 가중(家中) 재물로써 국중(國中) 무의무탁한 빈궁자에게 전부 보시하고 부모를 모시고 산중으로 들어가서 백방으로 부모의 심신을 편안케 하기에 진력하였다.

담이 하루는 사슴가죽으로 만든 옷을 입고 부모를 봉양하기 위하여 물을 뜨러 밖을 나서니 '해(害)를 멀리 하면 아침에 사슴 노는 것을 본다'는 고인의 시구 그대로 여러 사슴과 뭇 새들이 담을 따라 왔다 갔다 하되 조금도 두려워 하는바가 없었다.

　때에 가이국왕이 산에 들어와 사렵을 하다가 물가에 뭇새와 사슴이 있는 것을 보고 활로 쏘아 잡으려다가 담 효자의 가슴에 그릇 명중되니 담이 화살을 맞은 그대로 "누가 화살로 도인을 쏘느냐."고 크게 소리를 질렀다.

　왕이 사람의 소리를 듣고 깜짝 놀라 거마에서 내려 담의 앞에 이르니 담이 왕에게 말하되 "코끼리는 어금니 때문에 죽고, 물소는 뿔 때문에 죽고, 비취는 털 때문에 죽고, 사슴은 가죽 때문에 죽거니와 나는 무엇 때문에 죽나니까?" 하니 왕이 담에게 말하되 "경은 과연 어떠한 사람으로 사슴 가죽의 옷을 입고 금수와 다름이 없나뇨?"

　"나는 대왕국의 국민이온바 안맹한 부모와 더불어 이 산중에 들어서 이십여년을 수도 하였으되 일찍이 호랑이나 독충의 왕해를 입은 바가 없었거늘 오늘 왕의 사살하는 바가 되었습니다." 하니 이때에 산중에 폭풍이 일어나서 나무가 툭탁 부러지고 일백 새가 슬피 울며 뭇 짐승 등도 크게 소리를 지르고, 해가 빛이 없어지며 백화가 다 이지러지고, 우뢰 소리가 천지를 진동하였다.

　안맹한 두 부처(夫妻)는 담이 물을 뜨러 가서 오래도록 오지 아니하고 천지가 이렇게 뒤숭숭해지니 담의 신상에 무슨 일이 생기지나 않았나 하여 심사가 편안치 않았으며, 왕도 또한 천지가 이렇게 되는 것을 보고 더욱 공포심이 나서 스스로 꾸짖고 스스로 참회하여 가로대 "나의 지은 죄가 지극 무상(無狀)이로다. 나는 본래 사슴을 쏘았거늘 그릇 도인을 죽였으니 이 죄를 어찌할꼬. 앉아서 얼마 안 되는 고기를 좀 먹으려다가 이렇게 중죄를 지었도다. 내 이제 일국의 보배와 힘을 다 들여서 담의 목숨을 살리리라." 하고 손으로 가슴에 박힌 화살을 빼려하니 화살이 깊이 들어가서 도저히 뺄 수가 없었다.

이때에 담이 왕에게 말하되 "이것은 대왕의 죄가 아니요 저의 숙죄로소이다. 내가 죽는 것은 비록 아깝지 아니하나 부모가 다 노쇠하시고 겸하여 두 눈이 어두우시니 만일 내가 없고 보면 누구 하나 시봉 드릴 사람도 없이 앉아서 세상을 뜨시게 될 것이 분명합니다. 내 지금에 괴로운 바는 이 일 때문이요, 화살박힌 가슴은 조금도 아프지 않습니다." 하니 이때에 왕의 생각에 '내 차라리 지옥에 들어가 백겁의 죄를 받을지언정 담을 기어이 살리리라."하고 담을 향하여 참회 서원하되, "담이 만일 명종(命終)하면 내 마땅히 나라로 돌아가지 아니하고 바로 산중으로 가서 경이 있을 때와 같이 경의 부모를 봉양하리니 조금도 염려 마라. 모든 천신이 다 증명하는 바라, 절대로 이 서원을 저버리지 아니하리라." 하니 담이 왕의 말을 듣고 비록 화살은 맞았으나 마음은 오히려 즐거워서 "왕이 만약 그렇게만 해 주신다면 죽어도 한이 없습니다. 그러면 저의 부모를 대왕에게 우러러 부탁하노니 여생을 안보해 주옵소서. 도인을 공양하면 현세에 지은 죄업은 물론 숙겁의 죄업도 다 소멸될 것입니다."하니 왕이 말하되 "그러면 경의 부모 주처와 경의 죽기 전 할 말이 있거든 다 나에게 말하라."고 했다.

　담이 말하되 "이곳에서 조금 걸어가시면 한 초막집이 보이리니 거기가 바로 제 부모의 주처올씨다. 대왕은 서서히 가시어 저의 부모로 하여금 너무 놀라게 마시고 방편으로써 이 사실을 잘 해오시켜 주옵소서. 그리고 저를 대신하여 저의 부모님에게 이 말씀을 올려주시기 바랍니다. 때가 다되어서 부모님을 더 뫼시지 못하게 되었습니다. 다만 부모님이 연로하시고 두 눈이 어두우시니 일조(一朝)에 제가 없으면 의탁할 곳이 없는 것을 도탄할 뿐입니다. 죽음이란 누구나 면할 수 없는 일이요 다 인업(因業)의 소치이오니 과히 상심치 마옵소서. 저는 비록 인연이 다 되어 오늘에 부모님을 이별케 되오나 세세생생 부모님과 서로 만나 멀리 떨어지지 않기를 원하옵니다. 복원 부모님께서는 여생을 편안히 안보 하옵소서. 이제부터는 부모님 앞에 좋은 일만 돌아갈 것이요 천룡귀신이 항시 보호하오리다.”

 왕이 이 말을 듣고 여러 사람과 아울러 담의 부모를 만나고자 즉시 길을 떠났다.

 왕이 떠난 후 담은 드디어 숨이 끊어지고 말았다. 담의 부모는 의외에 사방에서 인정기가 있는 것을 알고 서로 놀래어 말하되 “어떤 사람이 이 심산궁곡을 찾아올까. 아무리 보아도 우리 담은 아니로다.” 하고 앉아있던 판에 왕이 문득 이 초막에 당도하여 말하되 “나는 본시 가이국왕으로서 도인이 산중에 오셔서 수도하신다는 말을 듣고 특히 공양을 올리고자 왔나이다.” 하니 도인들이 이 말을 듣고 문득 일어나 예를 하고 “대왕이시여 안녕히 오셨습니까. 대왕을 위시하여 궁중 후비와 태자 권속이며 국민이 다 안온하옵나이까. 우순풍조(雨順風調)하고 오곡이 풍등 하며 이웃 나라가 서로 침해나 없으십니까.” 하니 왕이 말하되 “도인의 은덕을 입사와 다 평안하옵니다. 산중에 그렇게 오래 계셨으니 혹 금수의 침해나 없으십니까. 한서가 몸에 맞으시며 도체안온 하시옵니까.” 하니 도인이 말하되 “대왕의 후은을 입사와 항시 안온하옵니다. 저의 등에 한 효자가 있으니 이름이 담이옵니다. 항상 산과를 따서 저의 등을 공양하옵더니 방금 물을 뜨러 나갔사오니 비록 초석일망정 잠깐만 앉아 기다리옵소서.” 하니 왕이 이 말을 듣고 뜨거운 눈물을 흘리며 말하되 "나는 본시 죄악이 많은 사람이라, 산에 들어와 사렵을 하다가 화살이 담에게 그릇 명중 되어 이제야 사과를 올리옵니다."하니 두 부처가 이 말을 듣고 경각에 땅에 거꾸러져 다시 일어날 줄을 모르는지라.

 왕이 황급히 붙들어 일으키니 두 부처가 서로 통곡하며 하늘을 향하여 말하되 "내 자식은 본래 효성스럽고 인자하여 땅도 아플까봐 함부로 밟는 일이 없었거늘 무슨 죄가 있어서 화살을 맞아 죽었나이까. 뜻밖에 천지가 진동하고 백조가 비명키로 혹 우리 담이 어쩌지나 아니하였나 하여 의심이 없지 않았더니 우리 담이 죽을 줄이야 뉘라서 알았었사오리까." 하며 다시 머리를 돌려 왕에게 물어 가로대 "화살은 어디를 맞았으며 조금이라도 목숨이 붙어 있습니까."하니 왕이 담의 부탁하던 말과 아울러 사실대로 말을 하니, 두 부처가 이 말을 듣고 더욱 마음을 둘 곳이 없어 "비록 눈으로 보지는 못할망정 손으로 만져라도 보겠사오니 대왕은 우리 두 사람을 담의 시체 있는 곳으로 좀 인도해 주옵소서."하는지라 왕이 주저치 않고 즉시 인도해 주니 아버지는 담의 다리를 안고 어머니는 담의 머리를 안고 앙천통곡하며 담의 화살 박힌 곳을 수없이 핥으며 축원하되 "너의 독기가 전부 내 입으로 들어오라. 내 이미 연로하고 또 눈도 보지 못하는 물건이니 네 대신 내가 죽고싶다.

네가 살고 내가 죽으면 죽어도 한이 없겠노라. 담이 만약 천지가 아는 효자일진댄 화살이 곧 빠져 회생케 하옵소서."하였다.

이때에 제2 도리천왕과 제4 도솔제천 등이 천안으로 두 도인의 이 광경을 보고 곧 내려와 신약으로써 담의 화살을 빼어 담이 문득 회생하였다.

두 부처가 담의 살아났다는 말을 듣고 즉시에 두 눈을 떠서 평생에 보지 못하던 아들의 얼굴을 보게 되었다.

짐승과 새들도 모두 즐거워하고, 바람도 자고, 일광이 명랑하야 경각에 화기가 천지에 충만한지라 왕이 크게 즐거워하여 제석천과 담의 부모와 담에게 일일이 예배하고 "국재(國財)로써 도인들을 봉양하리라."하니 담이 가로대 "대왕이 은혜를 갚고자 할진대 저의 부모를 위해서 이곳에 머물지 마시고 속히 궁으로 돌아가시어 인민을 편안케 하시고 영을 발하여 계문을 지키게 하실지며, 대왕께서도 이후로는 절대로 사렵을 마시고 살생을 금하게 하옵소서. 현세에 몸이 편안치 못하고 명이 짧으며 지옥에 들어가 무수한 고를 받는 것이 다 이 살생의 소치이옵니다. 그뿐 아니라 사람의 일생은 풀 끝에 이슬과도 같은지라 부귀가 무상하야 가는 물결과 석양에 지는 해를 뉘라서 붙잡을 장사가 없는 것이오니 대왕이 비록 숙세 공덕으로써 지금에 왕이 되었으나 만일 왕의 위세를 빌려 방자한 행동이 있고 보면 반드시 타락하는 날이 있으리라."하니 왕이 크게 기뻐하고 또 서원하여 가로대 "내 이제부터는 담의 가르침을 지키리라." 하더라.

때에 종자 수백인이 또한 다 즐거워하여 5계를 다 지키기를 맹서하며 왕도 궁중으로 돌아가 즉시에 영을 내려 5계 10계를 다 지키도록 명하고, "만일 안맹한 부모를 담과 같이 지극 봉공하는 자가 있으면 후히 상을 주리라."하니 때에 국중 인민들도 담으로써 효의 표본을 삼아 부모에게 효도하는 자가 많았고 또한 5계와 10선을 닦아 길이 천상락을 수용하게 되었다.

부처님께서 아난에게 고하사대 "담은 현재 나의 전신이요, 안맹한 두 부처는 현재 정반왕과 마야부인의 전신이며, 가이국왕은 현재 아란 너의 전신이요, 제석천은 현재 미륵의 전신이다. 내가 오늘날 무상 정도를 얻어 성불을 하게된 원인 중에는 이와 같이 숙세에 부모를 잘 공양하여 선업을 많이 쌓은 공덕이 불소(不少)하며 담이 죽었다가 다시 회생하야 천룡귀신을 감동케 한 것도 또한 지극한 효성의 소치라." 하시었다.

이상으로써 담 효자의 이야기는 다 마친 바 내용을 알고 보니 결코 한때의 척서 거리로 돌릴 이야기가 아니요, 다방면으로 우리의 인간 생활상 무량한 교훈이심을 알 수 있다.

첫째로 두 부처가 비록 안맹은 되었을지라도 의식이 별 걱정이 없는 장자의 처지에서 단연히 수도 생활을 발원한 희유상을 위시하여 두 부처의 전도를 걱정하여 일부러 장자가에 화생한 담의 보살심, 가중재물로써 무의무탁한 사람들에게 전부 보시한 이타행, 마디마디 나타나는 담의 지극한 효성, 부모로서 자식을 사랑하는 거짓없는 모성애, 코끼리는 어금니 때문에 죽고 물소는 뿔 때문에 죽고 비취는 털 때문에 죽고 사슴은 가죽 때문에 죽거니와 사람은 무엇 때문에 죽느냐는 무언의 암시, 인생의 무상급 살생의 해독, 무엇이나 교(驕)가 생기면 타락되는 진리, 왕으로서 자기의 그름을 참회하고 도덕의 가치를 알아 도인을 우대한 일, 또 왕으로서 담의 가르침을 받아 평소에 항례(恒例)로 하던 살생을 일금하고 전국을 도덕화 시킨 일, 끝으로 숙세의 자비행이 없으면 금세에 성불하기가 용이치 않다는 법설 등 어느 말씀이나 다 땅에 놓기도 아까운 교훈이 아니랴.

  독자 여러분께서도 이 이야기의 주인공이 되어 보심이 어떠실지. 입담도 없는 말로 너무 지리하였음을 사한다.

원기23년 〈회보〉 제 47호 목부.

오뉘탑(兄妹塔)의 전설

　지금 충청남도 공주군 계룡산에 상원암이라는 암자 터가 있고 그 위에는 탑 두개가 섰으되 동편에 씩씩하게 서 있는 것은 오빠 탑이오, 서편에 반중둥 꺾어져 있는 것은 누이 탑인데 그에 대한 전설은 다음과 같습니다.

　옛적 옛적 조선에 이름 높은 상원조사라고 하는 스님이 계시는데 그 스님이 계룡산에다가 상원암을 지어 놓고 거기서 삼십년간 독신수양을 하셨습니다.
　그런데 어느 해 겨울 일입니다. 밤은 깊고 눈은 나리는데 무엇이 문밖에서 덥석 덥석 하는 소리가 들립니다.
　스님은 염불 소리를 뚝 그치고 길쭉한 눈썹으로 내리덥힌 눈을 깜박깜박 하며 한참 생각하다가 큼직한 몸집을 슬금슬금 옮겨서 문을 열고 내다보았습니다. 뜻밖에 큼직큼직 하게도 큰 범 한 마리가 스님 앞에 나타나서 앞발로 제 목구멍을 가르치며 무엇이 여기에 걸려있다는 표정을 하면서 구원해 달라는 듯이 고개를 숙여 절을 하고 있습니다.

 스님은 그만 자비심이 번쩍 일어나서 범 옆으로 다가앉아 범의 대가리를 쓰다듬고 "무엇이 네 목에 걸렸다는 말이냐."고 물었습니다. 그런즉 범은 고개를 끄덕이며 입을 딱 벌리고 스님 앞으로 내밀었습니다.

 그런데 스님은 생전 처음 맡아보는 고약한 냄새가 범 입에서 나오지만 오로지 자비심으로써 팔을 걷고 손을 들어서 범의 목구멍을 더듬어 본즉 과연 무엇이 가로 걸린 것을 발견하고 힘껏 뽑아 내었습니다.

 그런즉 보기도 끔찍하게 사람 다리 정갱이 뼈가 한 도막 나왔습니다. 스님은 깜짝 놀라 범 대가리를 한번 두들기며 "이 몹쓸 놈아, 이게 무슨 살생이냐. 살생도 분수가 있지. 만물의 영장인 사람을 이렇게 함부로 살해했단 말이냐. 네 죄는 당장에 화엄신장의 벌을 받아야 할 터이지만 이번만은 용서하는 것이니 다시는 이런 살생을 했다가는 죽고 못 남으리라."하시면서 어린애 훈계하듯이 순순히 법설을 해주셨습니다.

그러니까 범은 천만번 감사하고 또는 잘못 한 일을 깨우친 듯이 고개를 끄덕여서 절을 무수히 하고 슬멍슬멍 가버렸습니다.

그 뒤 삼일 밤에 또 다시 문밖에서 무엇을 갖다 놓는 듯이 꿍꿍하고 소리가 납니다. 스님은 혼자말로 "응 응 저놈이 또 무엇하러 왔단 말이야."하고 문을 열고 보니 저 놈의 범이 커다란 도야지 한 마리를 물어다 놓고 스님을 향하여 바친다는 듯이 고개를 숙여서 예를 합니다.

스님은 깜짝 놀라 큰 소리로 호령하되 "네 이놈 살생말라니까 또 무슨 짓이며, 더구나 청정도량에서 중 보고 고기를 먹으라는 말이냐."하고 벼락같이 꾸짖으며 법장을 들고 곧 때릴 듯이 하니까 범은 무참한 듯이 묵묵히 섰다가 할 수 없이 슬금슬금 도야지를 들러 메고 가버렸습니다.

그 뒤 일일 밤에 삼경이 깊었는데 또 다시 문밖에서 섭쩍섭쩍 소리가 들리거늘, 스님은 귀찮은 듯이 얼굴을 찡그리고 하는 말이 "저놈이 또 왔단 말이냐"하고 문을 열어 내다보니 참으로 놀랍지요. 인제는 난데 없는 색시 한 분이 머리에는 화관을 쓰고 몸에는 원삼을 입은 그대로 눈 위에 쓰려졌는데 범이란 놈은 스님을 보고는 잠깐 고개를 숙여 예를 하고 슬쩍 들어서며 "이제는 은혜를 갚았으니 나는 모릅니다."하는 듯이 스님

말 들을 틈도 없이 성큼성큼 도망해 버렸습니다.

　스님은 별안간 하도 엄청난 일을 당하니까 기가 막혀서 아무리 수양 깊으신 스님이라도 잠깐동안 엄두를 찾기에 곤란했습니다.

　범은 벌써 달아나 버렸으니 나무랄 여지도 없고 우선 사람 먼저 살리는 것이 최급무인지라 하는 수 없이 스님 손수 색시 시체를 안아서 방안으로 들여 뉘여넣고 전신을 검사하여보니 터럭 끝도 상처는 없고 더구나 가슴에는 아직 훈훈한 온기가 남아 있습니다.

　그래서 스님은 회생할 희망이 있는 것을 대단 기뻐하시고 '나무아미타불'을 부르면서 그 입에다가 물도 떠넣고, 수족도 주무르며, 귀도 추고 여러 가지 응급 수단으로써 정성껏 간호하였습니다.

　과연 부처님의 도움이신지 한식 경 후에 색시는 한숨을 길게 품고 눈을 번쩍 떠보았습니다. 그러나 색시는 꿈인지 생시인지 모르고 어찌해서 평생 못 보는 곳에 와서 누웠으며 어떤 중이 앉아서 염불을 해줄까하는데 새삼스럽게 무섭고 부끄럽고 창피해서 깜짝 놀란 듯이 눈을 감아버렸습니다.

　스님은 회생된 것을 보고 깜짝 반가워서 얼른 물어 앉으며 "여보시오 정신차리십시오. 당신은 아마 대가집 신부이신데 어찌되어서 범의 장난을 당하셨는지 대단한 봉변이올시다. 그러나 주소가 어디이시며 뉘 집 따님이신지 안심하시고 일러주십시요."하고 간곡히 청하였습니다.

그러나 색시는 차차 정신이 회복될수록 자기가 범에게 잡혀온 사실이며 겸하여 양반 집 신혼여자의 본색을 말하기에 퍽 수치스러워서 종시 말 없이 누었습니다.

스님은 궁금하고 기급하나 하는 수 없이 불전에 꿀어 앉아 염불로 그 밤을 새었습니다.

이튿날 아침에 색시도 생각해보니 자기 집을 일러주어야 찾아주게 될 것이요 또는 스님의 정성에 감복이 되어서 새 정신을 차려 가지고 일어나 앉아서 얼굴을 고쳐가며 스님의 자비스러운 말씀에 대답하였습니다. "나는 공주 땅 어느 대감 댁 막내딸인데 어제 신혼예식을 치르고 밤이 되어서 여비를 데리고 후원초당의 새 방으로 가는 길에 별안간 우루루하고 벼락치는 소리가 나면서 무엇이 후리치는 통에 그만 정신을 잃어버리고 어느 영문도 모르게 여기까지 왔는데 대사의 말을 들으니 범에게 잡혀온 모양이라. 죽을 사람이 대사의 은덕으로 살아났으니 은혜 백골난망이오나 어서어서 나를 좀 데려다 주십시오."하고 공손히 고개를 숙여 예를 하였습니다.

그러나 어제 밤새에 온 눈은 한 길 두 길로 쌓이고 쌓여서 도

무지 문 밖에 나설 수 없게 되었습니다.

 스님께서는 끼니가 되면 손수 밥을 지어서 대접하고 밤이 되면 자기는 불단 밑에서 자고 색시는 아랫목에 편히 쉬게 하였습니다.

 그러나 하루 이틀이 지나도 눈은 개이지 않는데 아무리 귀가 집 여자 일지언정 스님의 자비심에 감화되어 필경 스님에게 청하여 둘이 서로 남매의 의를 맺기로 하였습니다.

 스님께서는 청정결백한 마음과 인연 깊은 맹세를 부처님 전에 고백하고 남매지례를 차렸습니다.

 그날부터 색시는 자기가 밥도 짓고, 방도 닦고, 틈틈이 염불도 하고, 경도 읽으며 괴로움을 잊어갔습니다. 그렁저렁 이듬해 정월 그믐에 이르러서야 겨우 눈길이 열렸습니다.

 이제는 둘이 서로 의논하고 색시 친정을 찾아가기로 하였습니다. 스님은 굴갓 장삼에 바랑을 지고, 색시는 석 달 동안 부엌에 끄슬려서 걸둥이 된 모양 그대로 앞서거니 뒷서거니 하며 삼십리 동안을 걸어가는데 중로에서 욕도 많이 얻어먹고 비양도 들어가며 겨우겨우 색시 집 문전에 당도했습니다.

 색시가 단걸음에 뛰어들어가니 집안에서는 개만 컹컹 짓고 종들도 멀둥멀둥 볼 뿐이라, 색시는 바로 내당으로 뛰어들어가며 "어머니."하고 울음 반튼 소리를 쳤습니다. 그 모친은 뜻밖에 석달 전 호식(虎食)해 갔던 딸을 만나보니 한동안 울고불고 큰 소동이 일어났습니다.

　외당으로 대감이 들어와서 차근차근 전후사실을 물은즉 색시는 범에게 붙들려 계룡산 상원암까지 가서 그 절 수도승의 구호를 받아 살아난 일이며 중과 남매의 의를 맺고 석달동안 같이 지낸 일을 낱낱이 고했습니다.

　대감은 별안간 화를 버럭 내며 "네 이 몹쓸 것, 석달 동안이나 중놈하고 살다가 무슨 면목으로 찾아왔단 말이냐. 수치스러우니 빨리나가라."고 호령을 치며 하인을 불러서 "외당 문간에 쉬고 있는 중놈을 얼른 쫓아내라."고 벼락같이 명령했습니다.

　색시는 변명할 여지도 없이 부모 전에 두 번 절하여 은근히 고별하고 쫓겨나올 제 부모에게 원망도 없고 세상 사람에게 부끄러움도 없이 오직 천연한 태도로 치마폭을 걷어잡고 황망히 따라 갑니다.

　저 무지한 하인에게 매를 맞고 굴갓을 벗어들고 허둥지둥 따라나서는 스님을 부르면서 따르고 따라서 해가 저물어서야 겨우 상원암에 당도하였습니다.

　색시는 단단한 결심을 한 듯 그 자리에서 바로 머리를 깎고 새롭게 중이 되어 스님의 교훈을 받기로 하였습니다. 그래서 그때부터는 정말로 오빠 누이의 정을 가지고 또한 특별한 스님 상좌의 예로 둘이 서로 청정결백한 맘과 참되고 법다운 정신으로써 가르치고 배우게 되었습니다.

원래 스님께서는 견성성도 하신 지가 수십년이었고 누이인 중도 일심정력으로 불법의 진리를 수련한 결과 십년 후에 또한 대도견성을 하여 스님과 함께 이름높은 보살님이 되었습니다.

그후 누이보살은 오십여세, 오빠스님은 팔십여세의 백옥같은 정결한 몸으로 열반에 들어 이 두 분의 사리를 거두어서 탑을 세웠습니다. 지금껏 두 분의 사리탑은 불멸의 빛으로 춘풍추우 수백년에 씩씩하게 서있어서 보는 사람으로 하여금 그 깨끗하고 순결한 정신에 감동을 주고 있습니다.

그런데 이 전설을 쓰는 것은 우리 불문의 수도자로서 꼭 본받을만한 사실이 몇 가지 있다고 생각한 까닭이올시다.

첫째는 인간 오욕 중에 가장 참기 어려운 남녀의 성욕을 무난히 끊어 없애는 일, 둘째는 불법의 진리는 범같이 악한 맹수라도 능히 감화시킨다는 일, 셋째는 수도자의 환경이 대개는 역경난경으로부터 발심되기가 쉽다는 일, 이상으로써 참고 삼아 보아 주시기 바라나이다.

원기24년 〈회보〉 제 58호 유허일.

무형한 함정

나는 어느 날 옛 글을 보다가 '분(忿)을 발하여 배우기에 힘을 쓰라'는 제목 하에 아래와 같은 이야기가 쓰여 있음을 보았다.

옛날 어느 산촌에 호환(虎患)이 심하여 가축은 물론이요 사람을 많이 잡아가는 지라, 산촌 사람들은 그 범을 잡기 위하여 담장 밑에다 큰 함정 하나를 파 놓았다.
그러나 혹 사람이 그리 빠질까 염려하여 그 위의 담벽에다 '여기에 범을 잡으려는 함정이 있으니 조심하라'는 글을 써 붙였다. 마침 어떤 사람 하나가 그곳을 지내다가 함정에 빠져서 "사람 살리라."는 소리를 벽력같이 지르거늘, 이웃사람들이 그 소리를 듣고 달려가서 구출해 놓고 말하되 "저 벽에 써 붙인 글을 보지 못 하였느냐?" 한즉 그 사람이 말하되 "무엇이라고 써 붙였느냐. 여기에 함정이 있으니 내가 그 글을 보았으나 본래 글을 알지 못하는 소치라 수원수구(誰怨誰咎 : 누구를 원망하고 누구를 탓하랴 라는 뜻) 하리요." 하고 크게 느껴 울며 말하되 "사람이 배우지 못하면 살아서 무엇하리요." 하더니 즉시 입학하여 오래지않아 문사가 되었다 한다.

나는 이 말을 들을 때 실로 그렇겠다는 생각이 나며 글이란 참 인생의 안목이라, 어디에 필요치 않은 곳이 없으니 반드시 배워야 할 것은 물론이요, 사람이 만일 저러한 실험을 당하고도 배울 분심이 나지 않는다면 그는 사람의 오장이 아닌줄 생각한다.

그러나 이 문제는 그만 해두고 또 다시 우리의 앞에는 어떠어떠한 함정이 놓여 있는가를 한번 검토해 보자.

우리가 만약 냉정한 머리로써 이 문제를 한번 생각해 본다면 우리 앞에는 저 범의 함정은 다만 글만 가지고는 알아보기가 어려운 함정이다.

그러면 무슨 함정이 그러한 함정이 있을까? 그는 곧 모든 사람들이 탐·진·치 삼독심의 유혹을 받아 물욕세계의 고해생활로 들어감을 이름이니 다시 말하면 곧 심조(心造)의 함정이란 말이다.

　왜 이것을 함정이라 할까. 이에 간단히 한 두 가지의 증거를 든다면 어떤 사람을 물론하고 재·색·탐이 많아 그것에 만족을 구하려 하면 정신과 몸이 오로지 거기에 몰두하게 될 것이니, 이때를 당하여는 그 사람의 눈에 오직 재색만 보일 뿐이요 예의 염치와 모든 화패(禍敗)의 기틀은 눈에 보이지 않아 저 글 모르는 사람이 범의 함정을 함부로 밟아 가는 것과 같이 모든 것을 당하는 대로 취하려다가 문득 불의의 구렁으로 들어가 온갖 고초를 당하게 될지라. 이것이 함정이 아니고 무엇이랴.

　만약 이 욕심이 심한 지경에 이르고 보면 인생으로서 차마 하지 못할 도적·간음·살생 등의 중한 죄악에 빠져 모든 사업을 파괴한다, 자기의 신명을 상실한다 하여 가지가지의 화망(禍亡)을 당할 것은 물론이요 설사 일시의 욕락을 채운다 할지라도 영원히 광명의 길을 잃고 수화(水火)의 구렁으로 들어가고 마나니 고금을 통하여 유무식 귀천을 물론하고 이 구렁에 패망을 당한 자 그 수효를 헤아릴 수 없다.

　이 외에도 온갖 물욕과 진심과 우치심은 다 이와같이 함정을 이루나니 약간의 글자와 지혜로써 어찌 이 함정을 알아보리요. 그러므로 공자님께서 말씀하시되 "모든 사람들이 가로대 내 아노라 하나 그물과 덫을 놓은 함정으로 몰아넣어도 피할 줄 아는 자는 없다." 하셨고 석가여래께서 말씀하시되 "중생이 모든 업력을 따라 지옥에 든다." 하셨나니 어찌하면 다 이 함정에 빠지지 않고 평탄한 데로 나아갈까?

이것은 반드시 도학의 안목이 열려야 할 것이다. 왜 그러냐 하면 도학이라 함은 인생의 요도를 밝혀서 사람으로 하여금 모든 경계에 흔들리지 않을만한 자주력 정신을 얻게 하며 또는 일의 시비이해와 이치의 대소유무를 밝혀 모든 지혜를 얻게되며 또는 정의는 취하고 불의는 사(捨)하는 실행력을 얻게 함이니 우리가 만약 죽는 경우를 당하여도 변치 않을 만한 신성으로써 공부에 정진하여 삼대력만 성취한다면 아무리 저 세간 만물을 대한다 할지라도 불의한 탐욕심이 앞을 서지 않고 정의의 지혜가 먼저 나타나서 모든 일에 중도와 덕의를 행하여 이상에 말한 함정을 회피하고 도리어 낙원을 이루게 될지라.

이로써 본다면 사람의 함정이 근본적으로 갖추어 있는 것이 아니요 오직 우리의 마음이 들어서 혹은 낙원을 만들고 혹은 함정을 만드는 것이니 우리는 일신·일가·일사회·일국가의 운전수인 이 마음을 잘 밝혀서 일신이나 일가정이나 일사회나 일국가를 무형한 함정으로 몰아 넣지 말고 평탄한 낙원으로 인도하여야 될 줄 믿는다.

원기20년 〈회보〉 제 15호 김기천.

게의 보은

일본 땅 산성국이라는 곳에는 '해만사'라는 절이 있는데, 그 절 안에는 무수한 게 그림이 걸려있다고 한다.

옛적 이 해만사가 생겨나기 전에 그곳에는 대단히 인자한 농부의 집이 하나 있었다. 식구로 말하면 아버지, 어머니, 아홉 살 먹은 딸, 머슴 합 네 사람이 불교를 믿고 매일 아침 저녁으로 염불과 경전을 배우면서 평화스럽게 지냈다.

그런데 하루는 그 딸인 '정자'가 어머니 부탁으로 산 넘어 있는 숙부 집에 심부름을 갔다가 오는 길에 그 동리에 사는 '삼길'이라는 나쁜 아이를 만나게 되었다.

그런데 삼길은 조그마한 게 한 마리를 실로 싸매서 끌고 다니며 괴롭게 하는지라 인정 많은 정자는 그것을 본즉 불쌍한 생각이 나서 "아아 불쌍하게도 어린 게를 잡아서 괴롭게 하는구나. 삼길은 참 나쁜 아이다." 라고 중얼거리며 삼길을 향하여 "어린 게가 불쌍하니 그만 풀어주라."고 하였다. 그러나 삼길은 "왜 나는 애써서 논바닥에 가서 잡았는데 버려야! 나는 이렇게 가지고 놀다가 집에 가면 구어 먹을란다."고 대답한다.

정자는 그만 걱정이 되어 "그러면 우리 아버지에게서 얻은 돈 1전을 줄께 그 게를 나에게 팔라."고 애원하매 완백한 삼길은 그만 돈 1전이 욕심나서 가졌던 게를 정자에게 주고 저는 돈을 받아가진 후 "정자야, 너는 참 어리석은 계집애다. 이 돈을 가지면 게 보다도 맛난 과자를 사 먹을 수가 있는데."하며 그만 달아나 버렸다.

정자는 그 게 새끼를 손바닥에 놓고 동무를 대하여 말하듯이 "너는 냇물 깊이 들어가서 놀지 않고 왜 나왔다가 그 나쁜 아이에게 잡혔더냐. 하마터면 너는 구어 먹힐뻔 하였으니 이 다음엔 조심하라."하며 냇물가에 가서 발의 실을 풀고 넣어준 후 집으로 돌아왔다.

그날 밤 정자는 불전에 예배를 드린 후 아버지에게 그날 1전으로 삼길의 게 새끼를 사서 냇물에 넣어준 이야기를 하였다. 아버지는 대단히 좋아하며 "참 잘 하였다. 부처님께서도 기뻐하시리라. 예전 부처님은 비둘기 새끼를 구조하시기 위하여 당신의 다리 살점을 베여서 독수리에게 주신 일도 있었단다. 너는 과자 사먹을 돈을 가지고 그 게 새끼를 살렸으니 그 얼마나 아름다운 일이냐."하며 칭찬을 하였다.

그 후 2, 3일 지나서 그 아버지는 밭에 나가서 일을 하고 석양에 돌아오는데 밭고랑에서 깩깩하는 소리가 나므로 무엇이 그러나 하고 유심히 본즉 큰 구렁이란 놈이 개구리 다리를 물고 잡아먹으려 하고 개구리는 달아나려고 비명을 치고 있는지라, 그것을 본 아버지는 그 구렁이를 향하여 "불쌍한 개구리를 놓아주라."고 소리를 질렀으나 구렁이는 들은 체도 않고 개구리 다리를 문 채 요동하였다.

아버지는 그만 흙덩이를 집어던지며 "이놈의 구렁이야 그 불쌍한 생물을 잡아 먹으려하느냐 그만 놓아주라. 만약 네가 개구리를 놓아주면 나는 너에게 나의 딸을 주겠다."라고 그저 개구리 불쌍한 생각만 하고 무심중 그 말을 하였다. 구렁이는 그만 개구리를 놓고 약속을 지키라는 듯이 한번 쳐다본 후 논둑 구멍으로 들어가 버리고 개구리는 살아서 달아났다.

아버지는 집에 와서 석반을 먹으며 그 딸을 보고 "정자야, 나는 오늘 밭에서 일을 하고 오는 길에 큰 구렁이가 개구리를 잡아 먹으려 하기에 그 개구리를 살려주면 너를 나의 사위 삼겠다고 하였더니 그만 안 먹고 구멍으로 들어가더라."고 하였다.

딸은 그 말을 듣더니 그만 놀라며 "아버지 그 구렁이가 저를 데리러 오면 어찌 합니까." 하는지라 아버지는 "걱정할 것 없다. 너는 사람이고 저는 구렁인데 어떻게 제가 올 것이냐. 불쌍한 개구리를 살려주었으니까 부처님께서도 두호하여 주실 것이다."하며 마음 놓고 잤다.

그런데 그 이튿날 한밤중이나 되어서 누가 와 문을 두드리는지라 머슴이 나가 문틈으로 내다보고 "누구냐." 한즉 "나는 어제 이 집 주인하고 약속한대로 이 집 딸을 데리러 왔으니 그대로 전하라." 하는지라, 머슴의 전하는 말을 듣고 아버지는 나가서 벌벌 떨면서 "3일만 참아주면 그 동안 준비하겠다."고 하니 그만 어디로 가버렸다.

이 말을 들은 전 가족이 모두 떨고 있는데 정자는 무슨 각오가 있는 듯이 그 아버지를 향하여 "저를 출가시키는 셈 잡고 회목으로 급히 방 한칸을 지어달라."고 했다.

그래서 급히 뒤안에다가 회목으로 방을 지었다. 그날 저녁때가 된즉 정자는 새옷을 갈아입고 방으로 들어가서 책상 위에 경책과 향을 피운 후 "나무대자대비 관세음보살."을 부르고 있었다.

그리고 그 문을 꼭꼭 봉하라고 하여 개미하나 들어갈 틈도 없이 막고 전 가족이 떨고 있었다. 그런즉 그날 야삼경이나 되서 또 문을 두드리는데 무서워서 아무도 나가지 않고 염불만 하고 있었다.

　구렁이는 성이 난 듯이 그만 대문을 박차고 들어오더니 쏜살같이 뒤 안 정자 있는 데로 들어갔다. 그러나 그 방을 열 수가 없으므로 구렁이는 그 방을 둘러싸고 독기를 내서 정자를 녹여 죽이려고 하였다.

　정자의 부모는 방에서 떨고 있는데 한밤중이나 되어서 그곳에서 벼락치는 소리가 들리더니 정자의 염불소리도 나지 않으므로 정자가 꼭 죽은 줄로 알았다.

　그랬더니 한참 후에 또 다시 낭랑한 염불 소리가 나매 어찌된 셈인지도 모르고 울고만 있던 중 날이 밝아 태양이 올랐는지라, 그만 전 가족이 정자 있는 방으로 쫓아가 본즉 큰 구렁이는 정자 방을 두르고 죽었는데 그 밑에는 여러 천만마리의 게가 붙어서 물고 꼬집고 하다가 깔려 죽었다.

　정자 부모는 정자에게 문을 열라고 하여 정자를 맞아 내오면서 "간밤에 얼마나 놀랬느냐?"고 물은즉 정자는 "염불을 하다가 어머니가 들어와서 같이 자자 하여 세상 모르고 한잠 자고 깨었더니 날이 새더라."고 예사로 대답을 한다.

　이것은 반드시 관세음보살께서 정자를 살려주신 것이오, 또 정자가 살려준 게 떼가 그 은혜를 보답하기 위하여 와서 구렁이를 죽인 것이다.

부모는 신기하여 그만 절에서 중을 데려다가 게 떼를 장사지내고 다음은 구렁이도 장사지내준 후 그 근처에 사원을 세웠다. 보은에 희생한 게 보살을 천도 기원하고자 그 절 이름을 '해만사'라 지었다 한다.

게와 같은 미물도 제 생명을 살려준 은혜에 보답하거든 하물며 사람으로서 어찌 그 은혜를 배반할까 보랴.

원기24년 〈회보〉 제 56호 이공주.

아버지 덕

〈회보〉 제51호에는 소화일속(笑話一束)이라는 제목으로 우스운 이야기 10편을 묶어 놓았다.

어느 날 아침에 거지 아버지와 어린 아들이 불난 집 앞을 지나가며
"아버지 우리는 집이 없으니까 불이 아무리 나도 집 탈 걱정은 없지요." 하니
"암 그렇고 말고, 그것이 모두 누구의 덕이냐. 다 이 아비의 덕인줄이나 알어" 하더랍니다.

원기24년 〈회보〉 제51호.

보지도 못했는데

전차 속에서 차장이 장님을 보고 차 삯을 내라한 즉, 장님은 시치미 딱 떼고

"차 삯이 무엇이오"

"전차를 탔으니까 5전을 내라는 말이오"

"여보 그러면 당신이 날더러 전차를 탔다는 말이구려. 나는 전차가 어떻게 생겼는지 보지도 못하였는데 언제 차를 탔다고 차 삯을 내겠소"하고 능청을 피어서 차 안 사람이 모두 웃더랍니다.

원기24년 〈회보〉 제51호.

장님 등불

　장님이 등불을 들고 가는데 눈 뜬 사람이 와서 맞닥뜨려서 장님의 발을 밟았습니다. 그런즉 장님이 화를 내면서

　"이건 눈 뜬 사람이 눈 감은 사람에게 부딪친담. 아마 청맹과니(눈뜬 봉사) 인게로군."

　"이 사람아 눈은 아무리 떴어도 캄캄한 밤중이니까 무엇이 보여야지" 한즉 장님은 가지고 있던 등불을 번쩍 들어 보이면서 "눈뜬 사람 같으면 이 등불을 못 보아."

　"허허 장님이라 할 수 없군. 그것이 아무리 등이라도 불이 꺼진지 오래 되었으니 어떻게 보란 말이야."

　장님은 그제야 자기가 불꺼진 빈 등을 들고 다닌 줄을 알았답니다.

　　　　　　　　　　　　　원기24년 〈회보〉 제51호.

아버지 어렸을 때

아버지 머리에 흰털이 둘씩 셋씩 늘어가는 것을 보고 일곱살 먹은 아들이

"아버지 아버지, 머리에 흰 머리가 어째서 생깁니까?" 하고 물었습니다.

"네가 아버지 말을 잘 안 듣고 걱정을 시킬 적마다 흰 머리가 늘어간단다." 하였더니, 어린 아들은 그 말을 듣고 무슨 생각을 한참 하고 있다가 별안간에 손뼉을 치며 아버지 팔을 붙잡고 덤비면서

"아버지 그럼 할아버지 머리는 흰 머리 뿐이니 아버지 어렸을 때는 나 보다도 훨씬 많이 걱정을 시키셨구나." 하더랍니다.

원기24년 〈회보〉 제51호.

이것도 바람

어떤 염치없는 부인 한 분이 감기 걸린 어린애를 안고 앉아서 의사에게 병 증세를 이야기 하는데 방귀 소리가 요란스럽게 났습니다.

사실인즉 그 부인이 뀐 것인데 어린애가 뀐 것처럼 "이것도 바람이지요." 한즉 의사는 시치미를 뚝 떼고 "아니요 그것은 아기 어머니의 바람입니다." 하더랍니다.

원기24년 〈회보〉 제51호.

뽕구새

옛날 어느 사또님의 밥상을 들고 들어가던 하인이 사또님 앞에서 방귀를 "뽕" 하고 뀌었습니다.

사또님이 골이 나서 "이게 무슨 소리냐" 묻는지라 하인이 할 수 없어서 급한대로 "네, 뽕구새 올시다."고 대답했습니다.

사또가 어이가 없어서 골을 점점 더 내면서 큰 소리로 "이 놈 그게 뽕구새 소리라니, 삼일 안으로 뽕구새를 잡아와야지 만일 못 잡아오면 목을 베일 터이다."고 했습니다.

하인이 사흘만에 무언지 들고 와서

"황송합니다만 뽕구새가 없기에 그 어미를 잡아 왔습니다." 고 내어놓은 것을 보니 똥이더랍니다.

원기24년 〈회보〉 제51호.

쓴 것만 해도

시아버지는 마당을 쓸고 며느리는 죽을 쑤고 있었습니다. 시아버지는 며느리가 물 길러간 사이에 며느리 모르게 한 그릇 먹으려고 끓는 죽을 한 대접 퍼들고 담 뒤로 갔습니다.

며느리도 물을 길어 가지고 와서 시아버지 없는 틈에 한 그릇 먹으려고 한 사발 퍼 가지고 담 뒤로 갔다가 둘이 맞닥뜨렸습니다. 시아버지는 끓는 죽을 훌훌 불면서 먹으려다가 며느리에게 들켜서 할 수 없이 죽 한 대접을 얼른 머리에 집어썼습니다.

며느리도 부끄러우니까 죽 사발을 내밀면서 "아버지 죽 좀 더 받으세요."하니까 시아버지 고개를 숙이고 "먼저 받은 것만 해도 귀밑까지 흐른다." 하더랍니다.

원기24년 〈회보〉 제51호.

시인과 하인

옛날 영국에 '소위프트'라는 시인이 하인을 데리고 어느 시골을 가는데 해가 저물어서 여관에 들어가 잤습니다.

그 이튿날 아침에 시인이 그 하인더러 구두를 가져오라 한즉, 하인은 흙이 묻어서 보기에 대단히 더러운 구두를 닦지도 않고 그대로 갖다 놓았습니다.

시인이 "어찌하여 흙 묻은 것을 닦지도 않았느냐."고 물은즉, 하인은 "조금 걸으시면 또 더러울 터이니까 닦지 않았다."고 하였습니다.

시인은 그 말을 듣더니 잠자코 그 구두를 그대로 신은 뒤에 슬그머니 여관집 주인을 찾아가 "자기 하인에게 아침밥은 주지 말아 달라."고 부탁하였습니다.

그리고는 모른 체 하고 다시 길을 떠났습니다. 한참 가다가 그 하인은 주인을 보고 "저는 아침밥을 안 먹었더니 배가 고파서 길을 갈 수가 없다." 하며 "먹을 것을 좀 주시라."고 하더랍니다.

그래서 주인은 대답하되 "무얼 조금만 있으면 곧 저녁 때가 되는데 아침은 먹어 무엇하나, 구두도 신으면 더러울 터이니까 닦지 않는 것과 같은 일이지."하였더니, 그 다음부터는 하인이 조금도 어김없이 구두를 닦아서 가져오더랍니다.

원기24년 〈회보〉 제 51호.

바보영감의 술 떡

옛날에 어수룩하기로 유명하고 돈 없기로 유명한 바보영감이 있었습니다. 그는 마음좋고 술 잘 먹고 떡 좋아하지마는 돈이 한 푼도 없으니까 정월 초하룻날도 술 한잔 먹을 수 없어서 입맛만 쩍쩍 다시고 있었습니다.

보기에 하도 딱하니까 그의 마누라가 이웃집에 가서 술찌갱이를 얻어다가 그것으로 넓적한 떡을 만들어 주면서 "여보 이것이나 먹으면 술 먹은 것만큼 취할 것이니 어서 잡수시오."하였습니다.

영감은 그것이나마 고맙게 여기면서 한 개 먹고 또 한 개 먹고, 또 먹고 또 먹고 몇 개나 되는지 수효도 모르게 많이 먹었습니다. 술 제강 떡이라도 하도 많이 먹으니까 술기운이 올라서 얼굴이 붉어지고 신이 나서 어깨가 으슥으슥 해졌습니다.

"이만큼 취하였으니, 길에 나가더라도 누구든지 술 먹고 취한 줄 알지 제강떡 먹고 취한 줄 아는 사람은 없겠지."하고 길거리에 나아가 비틀비틀하면서 취한 걸음을 걸었습니다.

마침 그때 아는 친구 한 사람이 마주 오다가 동전 한 푼 없이 지내는 영감이 술이 굉장하게 취한 것을 보고 이상히 여기면서 "영감, 자네 굉장히 취했네그려. 정월 초하루부터 큰 수가 생긴 모양일세 그려." 하고 비행기를 태우니까 "아무렴 취하고 말고, 곤드래 만드래 잔뜩 취했다네."하고 흥청거리는 고로 '이놈이 꽤 허풍을 떠는구나' 생각하고 비웃느라고 "허허 정말 대단히 취했네그려. 무엇을 먹고 그렇게 몹시 취했나." 하니까 영감은 점점 신이 나서 "응 취하고 말고. 술찌갱이를 흠뻑 먹고 취했네."

그 말을 듣고 친구는 어찌 우습던지 허리를 펴지 못하고 웃으면서 도망하였습니다. 영감이 집에 돌아와서 마누라에게 그 말을 하니까 "아이고 대체 어리석기도 하오. 술찌갱이를 먹었다고 그러니까 남이 웃지요. 누가 묻거든 술을 많이 먹고 이렇게 취했다고 그래야지요."하는지라 영감은 그럴 듯이 듣고 손뼉을 치면서 "옳지, 옳지. 이번에는 꼭 그러지."하고 그 길로 곧장 그 친구의 집에 찾아갔습니다.

큰일이나 난 것 같이 떠들면서

"여보게 아까도 취했지만 지금도 이렇게 몹시 취해서 죽을 지경일세."

"왜 그렇게 취했나."

"술을 많이 먹고 취했다네."

"술을 얼마나 먹었단 말인가."

"아홉개나 먹었다네." 해서 또 밑천이 드러났습니다.

"하하하 이놈아 어떤 놈이 술을 아홉 개 먹는다더냐. 또 제강떡을 아홉덩이나 먹은 것이로구나." 하고 웃는 고로 창피만 당하고 돌아와서 그 마누라에게 이야기 하니까 "여보 아무인들 웃지 않겠소. 술을 아홉 개 먹었다는 사람이 세상에 어디 있단 말씀이요. 이 다음에 만나거든 한 동이를 먹었다고 그러시오."

이튿날이 되기를 잔뜩 기다렸다가 아침이 되니까 밥도 안 먹고 친구 집으로 뛰어가서 "어이고 오늘도 참말 굉장히 취해 죽겠는걸." 하였습니다.

"무얼 먹고 취했단 말인가."

"술을 먹고 취했지."

"얼마나 먹었단 말인가."

"얼마가 무엇인가, 한동이나 먹었네."

친구가 그 말을 듣고 속으로 아내에게 배워 가지고 왔구나 생각하고 한 번 더 묻기를 "찬 술을 먹었나 더운 술을 먹었나."

하였습니다.

영감은 쩔쩔매다가 한다는 말이 "화로에 석쇠 놓고 구어 먹었지."하여 기어코 제강떡 먹은 것이 드러나고 말았다 합니다.

원기24년 〈회보〉 제 51호.

II 무자비의 자비

무자비(無慈悲)의 자비

　여름 어느 날 '혜심승도'의 정원에 뒷산에 사는 사슴 한 마리가 내려와 무성한 각색 잡초 가운데에서 제 구미에 맞는 풀을 뜯어먹으며 한가로이 돌아다녔다.
　승도는 한참동안 그 사슴의 거동을 보더니 무슨 생각을 하였던지 곧 한 제자를 불러서 이르되 "너는 곧 큼직한 몽둥이 한 개 갖고 와서 저 사슴을 사정 두지 말고 두드려 쫓아버리라."고 하였다.
　그런즉 그 제자는 과연 큰 몽둥이를 들고 내려가서 무심히 풀 뜯어먹는 사슴을 두드려 쫓는지라, 이 광경을 목도한 사람들은 그 승도가 너무나 무자비하다고 생각 하였다.
　왜 그러냐 하면 천연적으로 나온 풀 좀 뜯어먹는 것이 무슨 잘못이라고 쫓으며, 또는 고이 쫓는다 하더라도 곧 달아나겠거늘 말 못하는 짐승을 사정없이 두드려 줄 일이 무엇인가. 과연 도덕가의 행동에는 위반되는 일이라고 생각하였다.

　그 후에도 사슴은 가끔가끔 그 뜰 앞에 내려와서 노는 일이 있었던 바 승도는 언제든지 사슴만 보면 원수시 하여 기어이 쫓아내고야 말았다.

　이 일을 안 어느 사람은 그곳에 왔다가 승도를 보고 충고 같이 말하되 "정원에 자연히 나온 풀을 아끼어 모처럼 내려와서 노는 사슴들을 몽둥이로 때려 쫓는다는 것은 자비하신 부처님 제자로서 할 일은 아닌 것 같은데 당신은 무슨 뜻으로 사슴에게 무자비행을 하나니까."라고 물어보았다.

　그런즉 승도는 대답하되 "네, 나도 자연히 나온 풀을 아끼어 사슴을 때려주는 것은 아니외다. 일만 사슴이 내려와서 놀아도 쫓거나 때려 주지 않고 제 멋대로 내버려둔다면 차차 사람들과 친해져서 나중에는 어떠한 사람 앞에라도 와서 놀게 될 것이니 그런 때에 사냥꾼이나 불량한 사람을 만난다면 그 사슴의 전정이 어떻게 될 것입니까. 물론 그 생명을 빼앗길 것은 명약관화 한 사실이니 내가 사슴을 두드려 쫓는 것이 얼른 보면 무자비한 듯 하나 그 실은 나의 자비가 아니면 그런 일은 못할 줄 압니다."라고 하였다 한다.

과연 그 승도의 대답 속에는 심장한 의미가 들어있으니 이 세상 보통 사람의 심리란 불량하기 쉬워서 만약 그러한 짐승을 보게 되면 반드시 해코자 하며, 설사 직접 해독은 안 준다 하더라도 그의 전정까지 염려하여 주기는 어려운 일이다.

그런데 승도는 사람들이 불량함을 천진한 사슴에게 인식시켜서 후일에 해독을 입지 않도록 하여줌이니 그 얼마나 자비스런 마음인가.

우리도 부처님의 대자비를 배워서 행하려는 수도자이니 밖으로 표현되는 자비행도 하려니와 승도와 같은 숨은 자비까지 겸행하여 당하는 대로 유익을 끼치기로 할진저.

원기23년 〈회보〉 제 46호 이공주.

범종대화상(梵鍾大和尙)

일본 '홍선사'의 주지 '대규화상'이란 중은 출가한지도 오래되었고 또한 계행도 얌전하여 누구에게나 상당한 인망을 얻고 있었다.

그러나 절이 가난하였으므로 화려한 법복은 한 번도 입어보지 못하고 항상 흑색법의 일 건을 가지고 지내는지라, 이것을 본 신도 중 몇몇 유지는 말하되 "점잖으신 주지스님이 법복과 가사가 추해서는 안되겠으니 곧 오늘이라도 본산으로 가셔서 색 법의를 주문하여 입고 와달라."고 금자(金子) 백냥을 모아서 주었다.

대규화상은 그만 반색을 하여 그 돈을 받으며 감사의 뜻을 표한 후 그 익일에 발정하는지라, 모든 사람들의 생각에는 대규화상이 본산 묘심사에 가서 훌륭한 색 법의를 사가지고 올 줄로 알았다.

그러나 대규화상은 여러 사람의 생각과는 정반대로 묘심사에 들어가지도 않고, 바로 3조통 불구점을 찾아가서 백냥을 다 내주고 커다란 범종 한 개를 구입하여 홍선사로 돌아왔다.

그런데 홍선사 신도들은 주지스님이 얼마나 훌륭한 색 법의를 사 입고 오시나하여 모두 예복을 갖추고 동구 밖까지 마중을 나가서 기다리고 있었다. 하지만 스님은 역시 전에 입던 추레한 흑 법의를 입은 채 여러 인부들에게 큰 범종을 끌어가지고 오는지라, 여러 신도들은 하도 어이가 없어서 "이것은 대체 무엇입니까?" 하고 물었다.

그런즉 화상은 희색이 만면하여 벙글벙글 웃으며, "내가 대화상이 되어 색 법의를 입는 대신에 범종대화상을 모셔 오게 된 것이오. 당신네가 애써서 만들어준 귀중한 백냥의 대금을 가지고 나와 같이 공부없는 승려의 몸에 색 법의를 입혀봤자 무슨 큰 공덕이 되겠습니까? 그보다는 이 범종대화상을 맞아 뫼셔 둔즉 아침은 일찍부터 '어서들 일어나서 일들 하라 땡땡' 또 밤이 되면 '벌써 날이 저물었으니 편히 쉬고 명일 일을 준비하라 땡땡' 이와 같이 아침 저녁으로 무언의 설교를 하여 줄 터이니 그 얼마나 좋은 일이겠소. 더욱 남은 해가 얼마 남지 않은 나와는 달라서 백년천년이 지날지라도 죽지 않으니 다만 기쁠 뿐이오."라며 그 범종 사온 취지를 들려주었다.

그런즉 신도들은 그 설명에 감탄불이하여 더욱 대규화상의 덕을 함앙하여 신성이 독실하여졌다 한다.

우리 보통 사람의 생각이란 심히 어리석어서 자기 분수 밖에 화려하고 깨끗한 의복을 입으려 하고 구하는 자도 많다. 그 중에도 심한 자는 공금을 횡령하여다가 자기의 일신을 윤 내려 하는 자도 없지않거늘 이상에 말한 대규화상은 자기의 법의대로 지정하여준 금전을 가지고 범종을 사서 중인의 경종을 삼아 주었으니, 그 얼마나 장한 일인가.

우리도 보통 어리석은 사람을 면하고 참다운 수도인이 되려 하거든 대규화상의 본을 받음이 가할줄 안다.

원기24년 〈회보〉 제 51호 송죽.

욕심과 착심

중국 어느 산중에 조그마한 절이 하나 있었다. 그런데 그 절 주지승으로 말하면 불법에 대한 공부심은 없고 오직 재물에 대한 욕심만 있어서 언제든지 돈 모으는 데에만 정신을 팔고 있었다.

그에게는 상좌 하나가 있었는데, 그는 어려서부터 그 절에 와서 중 노릇을 하였으나 도무지 공부는 안 가르치고 심부름만 시키는지라, 어려서는 부득이 그대로 지내 왔지마는 이제는 상당한 연령도 차고 따라서 명예심도 생겼다.

하루는 그 주지승을 보고 "제가 이 절에 온지 십여년에 공부는 하나도 못하고 부질없는 일만 하여 아까운 세월을 허송하였으니 이제는 다른 선방에 가서 공부를 조금 하겠사온즉 스님께서 비용을 대어주십시오. 그리하여야 저도 남과 같이 대우를 받아보지 않겠습니까?"라고 애원을 하여 보았다.

　그러나 스님은 학비 줄 일이 아까워서 그런 말은 들은 체도 않고 대답도 않는지라, 상좌는 그만 분한 마음 끝에 악심이 발하여 '저 욕심쟁이 스님이 돈이 아까워서 나의 애원도 들어주지 않는구나. 자기가 그런다면 나도 더 참을 수 없다. 그리고 스님 돈 있는 곳도 내가 아는 터이니, 살짝 그 돈을 훔쳐가지고 어느 선방으로 가서 공부만 잘하면 나의 소원은 이루어질 것이 아닌가' 하고 중심에 생각한 후 기회만 엿보고 있었다.

　어느 가을날 비 오는 밤에 스님의 동정을 살피던 중 마침 코고는 소리가 들리는지라 곧 일어나 스님 방으로 들어가서 돈주머니를 집어내었다.

　그 순간 잠든 스님이 잠을 깨어 눈을 떠본즉 자기 생명보다도 귀중히 여기는 돈주머니를 상좌란 놈이 훔치는지라, 그만 눈을 부릅뜨고 일어나서 "네 이 도적놈."하더니 그 돈주머니를 빼앗었다.

　훔쳤던 돈주머니를 뺏긴 상좌는 전후사 생각할 틈도 없이 그만 스님의 호신용으로 두었던 칼을 빼어 스님의 목을 찌른즉, 스님은 비명을 지르며 거꾸러졌다.

　그 찰나에 돈주머니를 뺏어가지고 뛰어나와 즉시 무주 '호덕사' 라는 절로 도망 하여 입선하기로 하고, 또 요행히 수좌라는 직명까지 얻게 되었다.

결제 일이 돌아옴에 사방에서 선객이 운집하여 설법을 듣고 있었다. 수좌가 우연히 문을 열고 나가니 자기가 죽이고 온 스님이 황망히 들어오는 것이 아닌가.

수좌는 그만 놀라서 수미단 뒤로 들어가 가사를 머리에 둘러 쓰고 벌벌 떨면서 어느 틈으로 내다본즉 그 스님은 눈을 둥글 둥글 굴리면서 찾더니 그만 입맛을 다시고 돌아나가는지라, 수좌가 가만히 나와서 가사를 벗고 막 자리에 앉으려 한즉 뒤를 돌아보던 스님의 눈에 띄었다. 스님은 질풍같이 쫓아 들어오더니 "너 이놈 여기 있었구나."하며 그만 상좌의 목덜미를 눌러 그 즉석에서 절명시키고 말았다.

그는 곧 상좌에게 칼을 맞고 죽은 욕심쟁이 주지승의 망혼으로, 너무 원통히 죽으니 원귀가 되어 그와 같이 쫓아와서 상좌를 죽이게 된 것이다. 이 어찌 두렵지 아니한가.

그 후 또 한가지 이상한 일은 호덕사에서 그 수좌가 죽은 후에도 매년 2차씩 입선 공부를 하는데 결제 날에 수좌를 정하여 수좌석에 앉힌즉 눈에는 보이지 아니하나 바로 그 자리에서 "수좌는 누구냐."하며, 수좌가 나뒹구는 것이었다.

일동은 이상히 생각하고 그 자리를 비워 놓았던 바 그 후에도 번번이 그러는지라, 나중에는 하는 수 없어서 목상을 깎아 '상주부단수좌위(常住不斷首座位)'라 써서 제 일석에 안치하고 참말 수좌는 제 이석에 앉혀서 공부를 하는 것이 준례가 되었다.

그런데 어느 해에는 진룡대사라는 아주 영걸스런 화상이 호덕사에 법사로 와 있게 되었다.

그는 제일석 수좌의 내력을 듣고 무엇을 곰곰이 생각하더니 말하되 "내가 그 요망한 유령을 퇴치시키리라." 하였다.

그 후 과연 결제 날이 당도하매 진룡화상은 법복을 입고 정중히 제 일석에 안치한 목상을 집어 사정없이 내동댕이 치고 자기가 그 자리에 앉더니, 눈을 척 내리깔고 좌선을 시작하였다.

그런즉 또 어디선지 "수좌는 누구냐." 한다. 좌선하던 진룡화상은 그만 눈을 크게 뜨고, 벽력같이 소리를 지르며 "수좌는 진룡이다." 하였더니, 그 다음부터는 다시 그런 일이 없었다 한다.

그 상좌는 자기의 욕망을 채우기 위하여 스님을 죽이고 나와서 겨우 소망하는 선객이 되었으며 겸하여 수좌라는 직명까지 얻게 되었는데 인과보응이라는 자연의 명령에는 항거치 못하여 불의의 악살을 당하매, 역시 원귀를 면치 못하고 사신(邪神)이 되어 호덕사 선방 수좌석을 떠나지 못하였던 것이다.

그런데 다행이라 할까 불행이라할까, 마침내 진룡화상을 만나 그와 같이 호령을 듣고 쫓겨나 다시는 나오지 않았다 하니, 이 얼마나 이상한 일인가?

우리 보통 사람이란 욕심이나 착심 원심 갖는 것을 예사시 한다. 그러나 만일 그 욕심·착심·원심을 떼지 못한 즉 생전 사후에 무진고(無盡苦)가 층생첩출(層生疊出)하여 삼악도를 면할 날이 없나니, 보라! 그 욕심쟁이 화상도 자기 상좌의 학비를 아끼다가 전 재산과 귀중한 생명을 뺏기었고, 따라서 자기를 죽인 상좌에게 원심이 독하게 맺쳐 원귀 악신이 되어가지고 그와 같은 악행을 하게 된 것이다.

그리고 또 그 상좌는 선방 수좌에 착이 붙어서 수라보를 받아가지고도 그곳을 떠나지 못하다가 진룡화상에게 쫓겨나서 또 어느 곳으로 가 악행을 할런지 그 어찌 다 추측이나 할 바이랴? 과연 삼가고 조심할 바는 욕심·착심·원심이라 하노라.

그러나 우리는 탐진치를 제거하고 계정혜 삼학을 가진 수도자이다. 부지런히 수도정진하여 원만대도만 성취한다면 저 모든 악심잡념은 저절로 소멸되고 따라서 우리 앞에는 무궁한 극락이 전개될진저.

원기24년 〈회보〉 제 51호 이공주.

소동파와 불인(佛印)선사간 문답

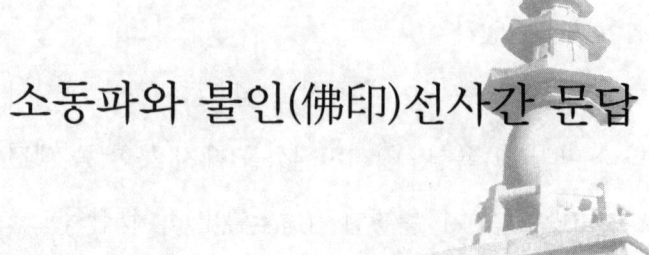

소동파가 어느 날 불인선사라는 도승과 함께 산보를 하던중 관음보살을 뫼신 법당 앞에 당도하게 되었다.

당내를 들여다 본 즉 관음보살의 손에는 기다란 염주가 걸려 있는지라, 그것을 본 소동파는 곧 선사에게 묻되

"관음보살이 염주를 가지고 있는 것은 참 우습소. 자기가 이미 부처일진대, 염주 가질 필요가 무엇이란 말이오."

"그는 그렇지 않소. 부처일수록 항상 염불은 계속하고 있나니, 그러므로 관음보살도 백팔번뇌를 나타낸 염주를 자꾸자꾸 돌리면서 염불을 하는 까닭이지요."

"그는 참 알 수 없는 일이오. 그러면 염불은 대체 무엇이라고 부른단 말이오."

"그것은 다름이 아니니 곧 자기의 소원은 자기에게서 구하고 결코 남을 향하여 구하지 말라는 의미 하에 자기의 명호를 스스로 염하고 있는 것이지요. 즉 우리의 행복과 쾌락도 각자 내심에서 구할 것 같으면 성공하는 날이 조만간 돌아오지만 만일 그 이치를 모르고 등상불이나 귀신 등 저 밖에서 구한다면 결코 성공할 수 없나니, 그러므로 자비심이 많으신 관음보살께서는 모든 우치한 둔근자를 위하여 빠른 법을 가르치고 계신 것이라오."하고 대답하니, 소동파는 그 선사 설명에 그만 감탄불이 하였다고 한다.

원기24년 〈회보〉 제 51호 백설.

사심은 우리의 원수이다

우리 인생이 이 세상에서 생활하기로 말하면 반드시 일을 하여야 하고, 그 일을 잘 하기로 말하면 첫째 그 마음이 온전하고 전일하여야 될 것이다.

만일 중도에 어떠한 사심(나태심이나 불의 욕심)이 나서 온전한 마음을 그리로 뺏긴다면 그 일은 크나 적으나 그르치고 말 것이니 그 어찌 두려울 바 아니랴?

보라! 농부가 농사를 지을 때에도 그 일에 전일(專一)한 정성을 들이지 않고 만일 주색잡기 등 즉 사심에 끌린다면 가을에 수확이 없을 것이요, 장사하는 사람이 그런다면 장사를 망할 것이며, 관공청에 다니는 관리가 그런다면 관공청에서 쫓겨날 것이요, 공부하는 사람이 공부할 때에 그런다면 공부를 성취

하지 못할 것은 명약관화 한 사실이다.

과연 사심이 들어서 우리의 경영하는 바 일을 저해하며, 우리의 이상과 포부를 이루지 못하게 한다면 그 얼마나 가증할 일인가? 그러므로 나는 사심은 우리의 원수라고 이름하노라.

예전 진묵대사께서는 전주 대원사에 계옵실 때에 당신의 마음공부(사심 떼는 공부)를 하시기 위하여 전주 장날이 되면 일부러 천종 만물을 벌려놓은 장거리로 내려오셔 돌아다니시다가 혹 술과 안주를 보시고 잡수고 싶은 생각이 나셨다든지, 기타 모든 사물을 접촉하시는 가운데 혹 어떠한 사심이 동하셨다면 그 날은 수심이 가득한 얼굴로 "오늘은 장을 아주 잘못 보았다."(사심에 끌리어 온전한 마음을 잃어버렸다는 뜻)고 화를 내시고, 그 반대로 만약에 어떠한 사물에도 그 마음을 동하지 않고 오직 온전하셨으면 그런 날은 "장을 아주 잘 보았다."고 희색이 만면하여 활발한 기상으로 돌아오셨다 한다.

또 일본의 유명한 남천봉 노사는 매일 좌선공부를 할 때에 한 시간이나 두 시간이나 그 정신이 온전하였으면 그 날은 종일 쾌활한 안색을 가지고, 만일 하기 싫은 나태심이 난다든지 혹은 오욕간에 어떠한 사심이 일어난다면 그런 때에는 반드시 '남천봉' 이라는 법장을 가지고 있다가 자기의 손등을 때려서 그 노사의 손등에는 평생 혹이 달려있었다 한다.

노사는 항상 말하기를 "다른 사람 잠 잘 때에 나도 잠자고, 다른 사람 먹을 때에 나도 잘 먹고, 다른 사람 편안히 쉴 때에 나도 편안히 쉰다면 그러한 사람은 평생에 범인을 면치 못할 것이다. 누구나 이 세상에서 활동할 때에 남 다른 특별한 수고 없이 하기 편한 일이나 하고 훌륭한 인격이나 특별한 대우를 바라는 자는 천리를 모르는 자요, 온전한 정신을 잃고 불의의 욕심(사심)이 주장하는 자이니 그러한 자는 실로 어리석은 동시에 결코 소원은 이루지 못하게 될 것이다."고 단언하였다고 한다.

그러면 위에 말한 바와 같이 진묵대사가 시장에 나가서서 그 물질에 마음을 뺏기지 않으려고 노력하신 일이라든지, 남천봉 노사가 좌선할 때에 자기의 손등을 때려서 혹이 나오게 한 일이라든지 그 내막에 들어가서는 우리의 원수인 사심 하나를 제거하자는 데에 불과하다.

또 수고 없이 훌륭한 인격이나 대우를 바라는 것은 어리석다는 말도 그 내막에 있어서는 아니 될 일을 구하려는 마음 나는 것이 곧 사심이니, 그 사심을 제거하라는 데에 불과한 말이다.

보라! 과거에 석가세존께서는 왕궁태자의 존귀하신 몸으로도 생로병사의 이치를 깨치기 위하여 사시궁전과 사랑스러운 처자와 모든 부귀영화를 다 버리시고 유성출가하사 설산고행을 감수하지 아니하셨는가?

 과연 석가세존 같으신 어른은 추호의 사심이 없이 오직 도를 구하시는 데에만 전일 하셨고, 그리하셨기 때문에 후일 대원정각을 증득하사 삼계의 대사가 되시고 사생의 자부가 되셨나니 우리도 우리의 목적을 달성하기로 말하면 과거 부처님의 가지신 용력으로써 먼저 온갖 사심을 제거하고 온전하고 전일한 마음을 얻기에 노력하여야 할 것이요, 그러한 마음을 얻기로 말하면 먼저 본회 공부의 요도로써 공부를 하되 정신을 수양하여 일심을 얻고 사리를 연구하여 지혜를 얻고 작업을 취사하여 실행력을 얻어야 할 것이다. 우리 공부자는 새로이 각성하여 하루 속히 삼대력을 얻어서 원수인 사심을 떼어버리기로 합시다.

원기22년 〈회보〉 제 32호 이공주.

각후(覺後)에 덕성(德性)

일본에 '백은'이라 하면 5백년래에 드문 유명한 선사였다. 당시 그 문하에는 여러 선도들이 모여서 매일 선도 공부를 하였다.

그런데 그중 한 젊은 승은 재주있고 총명하야 도리를 알고 깨닫는 것은 빠르나 그 성질이 경망하야 안정한 태도가 없으므로 그 동무들에게 '기광'이라는 별명까지 듣게 되었다.

그런데 하루는 기광이 '자기 작불' 이란 법문을 듣고 제 소위 깨쳤다 하야 또한 경동하여 가로대 "저 부처라고 하는 것은 개똥과 다를 것이 없다. 그런데 그를 무서워하고 거기에 절을 하는 자는 천치요 바보가 아니고 그 무엇이랴."하며 이전 제가 공경예배 하던 부처님에게 발길질을 한다, 또 부처님 탑상에

가 걸터앉는다 하여 그 난폭방자한 행동은 눈으로 볼 수가 없었다.

어느 날 한 승이 경책을 보고 있은즉 기광이 곧 달려가서 "너 무엇을 하느냐. 어디 그 경 좀 보자."하며 그만 휙 집어서 제 품 속에 넣고 말하되 "너는 아직도 깨지 못하였구나. 내가 깨치게 하여주마. 사실 그 자리만 깨고 보면 경이 무슨 소용이냐."하더니 그만 밖으로 나가 변소로 쏜살같이 달아난다.

그 승은 하도 어이가 없어서 곧 쫓아나가 기광이 들어간 변소 안을 엿본즉 아아 얼마나 놀라울 일이랴. 그는 자기 생명보다도 귀중히 여기던 경책을 짝짝 찢더니 밑을 닦아버리고 나온다.

그는 너무도 화가 나 벌벌 떨며

"너 변소에서 무엇을 하였느냐."

"나말이냐, 너의 경책으로 밑씻개를 하였다. 그것이 잘못되었다는 말이지."

"약간 잘못되었다고만 할 것이 아니라 너는 죽을 죄를 지은 놈이다."

"그러니까 너는 아직도 깨지 못하였다는 말이다. 나는 곧 부처다. 부처가 어디 따로 있는 것이 아니라 깨면 부처가 되나니 나는 그 자리를 깼으니 부처가 아니고 무엇이냐. 부처는 경책으로 밑을 닦아도 아무 일이 없는 것이란다.”하며 의기양양 한다.

그 승은 할 수 없이 아무 말도 못 하고 곧 백은선사에게로 가서 그 사실을 직고 하였다. 그런 즉 백은선사는 곧 기광을 불러서

“네가 경책으로 밑을 닦았다 하니 사실이냐.”

“네 그랬습니다. 저는 제가 이미 부처인 것을 깨쳤사오니 부처가 그런 경책으로 밑 좀 닦는 것이 어떠하오리까.”한다

“응, 너의 말도 그럴듯 하다. 그러나 네가 참으로 부처일진댄 부처의 대접이 너무 가볍지 아니하냐. 사람의 손때 묻은 불결한 경책으로 밑을 닦아드리는 것 보다는 깨끗한 백지로 닦아드리는 것이 옳은 일이며 따라서 공덕도 클 것인데.”하니 기광은 그때에야 비로소 미안한 안색을 지으며 “네 알겠습니다.”하고 물러갔다 한다.

자고로 선승이란 거만하기 쉬운 것이며 또한 격외의 언어와 행동을 흔히 하는 것이다. 그러나 그 진경을 대오치 못하였다든지, 설사 오득을 하였다 하더라도 만일 덕성을 잃어버린다면 곧 지옥중생과 다를 것이 없나니 그러므로 백은선사는 기광에게 그 덕성의 결함됨을 암시하여 아는 것이 있도록 공경심을 가지라는 경고였던 것이다.

고금을 물론하고 공부를 하는 사람들이 지식을 얻고 도리를 깨치기도 심히 어려운 일이지만 각후에 덕성을 겸비하기는 일층 어렵다 하나니, 이상에 말한 기광도 자기 작불이란 의지는 틀림없이 깨쳐 알았건만 그의 덕성이 부족하야 경거망동을 하다가 스스로의 품격과 가치가 떨어질 일을 감행하게 된 것이 아닌가.

고성 말씀에 '선악이 개오사'라 지덕(智德) 두 자를 심각하여 정각정행자가 될진저.

원기23년 〈회보〉 제 50호 이공주.

천불문답(天佛問答)

이 글은 《천청문경》이라는 불경 중에서 약간을 선택한 것인 바, 경문의 내용이 어느 '천'과 '불'과의 사이에 문답식으로 되어서 〈천불문답〉이라고 제하였다.

불법 문중에서 천(天)에 대한 해설이 여러 가지가 있어 그 의의가 실로 광범하나 여기에는 공부가 차차 천지와 더불어 합기덕(合其德)이 되어 들어가는 수행자의 존칭으로서 해설함이 좋을듯 하다.

"무엇이 제일 잘 드는 칼이며, 무엇이 제일 무서운 독약이며, 무엇이 제일 치성하는 불(火)이며, 무엇이 제일 어둔 것입니까."

"사람과 사람 사이를 성글게 하는 추박한 말이 제일 잘 드는 칼이며, 예의와 염치를 불고하는 탐욕이 제일 무서운 독약이며, 좌우를 돌아볼 줄 모르는 진심이 제일 치성하는 불이며, 지혜없는 것이 제일 어둔 것이니라."

"어떤 사람이 제일 큰 이익을 보는 사람이며, 어떤 사람이 제일 큰 손해를 보는 사람이며, 무엇이 제일 굳은 갑옷과 투구이며, 무엇이 제일 잘 드는 칼입니까."

"정신으로나 육신으로나 물질로나 남에게 혜시를 많이 하는 자가 제일 큰 이익을 보는 사람이며, 정신으로나 육신으로나 물질로나 다른 사람의 혜시를 많이 받는 자가 제일 큰 손해를 보는 사람이며, 정욕도 능히 참고 진심도 능히 참으며 미운 사람도 잘 보아내고 어려운 규칙도 잘 견뎌내고 괴롭고 하기 어려운 일을 잘 참아내는 인욕심이 제일 굳은 갑옷과 투구이며, 무명의 번뇌를 잘 쫓아내는 자성의 지혜가 제일 잘 드는 칼이니라"(칼에 대한 문답이 두 번이나 나왔으나 위에 말한 칼은 사람과 사람과의 정의를 끊는 칼이요, 방금에 말한 칼은 자심 중의 무명번뇌를 끊는 칼이니 칼이라는 이름은 동일하나 용처는 각각 다르다.)

"무엇을 도적이라 하며, 무엇이 지자(智者)의 재물이며, 어떤 사람을 강도라 하나이까."

"삿된 생각을 도적이라 하며, 오늘도 한 가지 선을 행하고 내일도 한 가지 선을 행하여 날날마다 선한 일을 많이 쌓아놓는 것이 지자의 재물이며, 직접 계문을 범하여 무소불위 하는 것을 강도라 하나니라."

"어떤 사람이 제일 편안한 사람이며, 어떤 사람이 제일 부귀한 사람이며, 어떤 사람이 제일 단정하고 엄숙한 사람이며, 어떤 사람이 제일 추하고 더러운 사람입니까."

"욕심 적은 사람이 제일 편안한 사람이며, 만족한 줄 아는 사람이 제일 부귀한 사람이며, 계문을 잘 지키는 사람이 제일 단정하고 엄숙한 사람이며, 계문을 잘 범하는 사람이 추하고 더러운 사람이니라."

"이 세상에 무엇이 제일 가는 낙이며, 무엇이 무서운 열병이며, 어떤 사람이 제일 큰 양의입니까"

"심지가 요란치 아니한 것이 이 세상에 제일 가는 낙이며, 보는 대로 헐떡헐떡 하는 탐욕이 무서운 열병이며, 부처님이 제일 큰 양의이니라." (탐욕에 대한 문답도 두 번이나 나왔으나 독약이라는 말이나 열병이라는 말이나 그 뜻은 별 차이가 없다)

"무엇이 들어 친한 벗을 배반케 하며, 무엇이 들어 천상에 나지 못하게 하며, 어떤 사람이 제가 저를 속이는 사람입니까."

"인색하고 탐하는 마음이 들어 친한 벗을 배반케 하며, 착심이 들어 천상에 나지 못하게 하며, 자기의 부귀를 과히 믿어 복 지을 생각과 수도할 생각을 내지 않는 자가 저를 속이는 사람이니라."

원기25년 〈회보〉 제 62호 미륵산인.

효도의 감응

옛적 인도 '향히국'에 전 동자라는 착한 아이가 있었다. 어려서 모친을 여의고 집은 빈한한데 눈먼 늙은 아버지를 모시고 서글픈 생활로써 매일매일 밥을 빌어다가 눈먼 아버지를 봉양해 왔다.

그러던 중 설상가상으로 어느 해에는 크게 흉년이 들어서 얻어 먹기 조차 할 수 없게 되었다.

하루는 그 이웃 자선 장자 묘법의 집에서 팔만사천명 대중공양을 한다는 말을 듣고 눈먼 아버지를 줄잡아 모시고 묘법의 집에 가서 대중공양 하는 것을 보고 문득 대 발원이 하나 생겼다.

그것은 다름이 아니라 동자의 생각에 '만일 어떠한 신력을 입어서라도 우리 아버지 눈만 뜨게 할 수가 있다면 후일에 나도 그 공덕을 갚기 위하여 일만명의 승려에게 대중공양을 하리라'고 서원을 세우고는 그만 그 자리에서 기절하여 죽어 버렸다.

이러한 지극한 효성에 감동이 된 염라대왕은 이 동자에게 서원을 이루어 주기로 하고 도로 살려내어 보내되 "지금 묘법 장자가 아들이 없으니 네가 나가서 그 묘법 장자의 아들 노릇을 해라. 그리고 부처님 신력을 빌려다가 너의 아버지 눈도 뜨게 해줄 터이니 함께 모시고 잘 살도록 하라."고 명령했다.

죽은 아들의 시체를 안고 몸부림치며 울고있던 그 아버지는 너무도 뜻밖에 죽었던 아들이 살아나는 것을 보고 깜짝 놀라면서 "나무아미타불" 한 소리에 멀었던 눈을 번쩍 떠버렸다.

그래 동자가 염라대왕의 명령을 묘법 장자에게 말하자 장자도 기뻐하여 그 날부터 아들로 정하여 전 동자를 고쳐 묘법 동자라 하고, 본생 아버지까지 함께 섬기게 되었다.

원체 효성이 지극한 사람이라 두 아버지 잘 섬긴다는 효행과 아울러 이런 소문이 국왕에게 알려지게 됐다. 국왕께서는 묘법 동자에게 높은 벼슬을 내려 지방장관까지 되고 그 후에는 묘법 장자의 뒤를 이어서 또한 장자 생활로 자선 보시에 불법승 삼보공양을 소원대로 성취하게 되었다.

이 사실이 있은 후 몇 천년 간에 인도 문화가 점차 동으로 옮겨오게 되면서 반도 강산에까지 기적다운 일이 있었다.

전남 곡성군(元玉果) 성덕산 〈관음사 연기〉에 보면 다음과 같은 사실이 실려있다.

1천5백년전 충남 예산군(元大興村)에 거주하던 맹인 원양이란 사람이 있었다. 아내는 죽고 집은 가난한데 오직 홍장이라는 금옥 같은 딸 하나를 의지하고 살아왔다.

어느 날 원양은 홍법사 노승에게서 멀었던 눈을 뜨게 하는 여의법이 있다는 말을 듣고 한탄하기를 "나도 돈만 있으면 시주를 많이 하고 저 여의법의 실험적 은혜를 얻어서 눈을 뜨게 될 터인데." 하면서 혼자말로 중얼거렸다.

이 말을 들은 홍장은 스스로 원하기를 '어떻게 하든지 아버지 소원을 기어이 이루어 드리고야 말리라' 고 결심했다. 이때 홍장의 나이 16세 방년으로 꽃같이 고운데 이와같은 큰 서원은 세웠으나 여자의 몸으로 졸지에 별 도리는 없고 해서 혼자 당황하다가 무심코 소양포 물가에 나가서 말없이 서있었다.

때마침 중국 상선이 지나가는 것을 보고 슬픈 소리로 부르짖었다. 선인들은 배를 멈추고 좇아와서 여러 가지 사정을 듣고 또는 홍장의 아름다운 얼굴에 느낌이 나서 필경 큰 돈을 주고 사가게 되었다.

그래서 홍장은 몸 팔린 돈을 아버지에게 들여보내며 "소원대로 불전기원을 하여 소원대로 눈을 뜨도록 하시라"고 한마디 애 끊어지는 말을 남겨 부탁하고, 한 송이 꽃봉오리가 아침 이슬을 머금은 듯 줄줄이 내리는 눈물을 삼키면서 만경창파의 일엽편주에 몸을 싣고 만리 남경을 향하였다.

그런데 선인들은 아무리 무지한 무리라도 홍장의 출천 효성과 또는 씩씩한 거동에 자연 감동이 되어서 공손하고 조심스럽게 모셔다가 황제에게 올렸다. 때는 진혜 제 영강 년간 정해 오월이다.

마침 황후가 돌아가시고 후계 인물을 구하던 때인지라, 황제는 홍장의 미모와 효행에 감동이 되어서 궁중으로 맞이하여 황후로 삼았다.

홍장은 황후가 되어 몸이 존귀할수록 아버지 생각이 더욱 간절하게 되었다.

어느 해 춘삼월에 선인에게 명하여 큰배에다가 보물을 많이 실어서 관음상을 모셔 가지고 멀리멀리 황해바다를 건너서 반도 강산을 찾게 되었다.

배는 뜨고 떠서 흐르는 대로 정처 없이 다니다가 찾느라고 찾은 곳이 즉 성덕산 이었다. 그 자리에다가 바로 관음사를 세우고 원양으로 하여금 불(佛)의 신력을 입어서 마침내 멀었던 눈을 뜨고 영화로운 세월을 보내었다.

그러다가 원양은 다시 세상 인연을 하직하고 불제자가 되어서 수도생활로써 마쳤다고 한다.

이상 두 가지 고설(古說)은 무의식적으로 볼 때에는 한갓 허망한 소설같이 생각하나 만일 이것을 지성 감천이란 진리적 감상으로써 볼 때에는 실로 불가사의 기적이라고 할 수 있나니, 보라! 저 눈 가운데에서 죽순이 나고 얼음 위에서 잉어가 뛰는 것이며, 더구나 반도문화의 대표적 걸작인 심청전은 그 사실이 꼭 홍장의 일과 같을 뿐더러 그 일의 기기적 풍미가 우리 인간의 상계에서 훨씬 뛰어난 것이 아닌가.

그런즉 과연 우리 인생은 신(信)할 곳에 신하고 또는 서원 할 일에 서원을 하여 지극한 서원과 철저한 신앙으로써 이 몸을 희생할 곳에 희생하고, 이 목숨을 던질 일에 던진다면 불가사의의 신력을 반드시 입게 될 것이다.

그런즉 우리 공부자는 오직 신할 곳에 신하고 서원 할 일에 서원하야 만파부동의 중력을 갖고 일심불변의 목적으로써 구경 열반에 들어야만 소원성취를 하리라고 믿는다.

원기25년 〈회보〉 제 64호 유허일.

정성은 성공의 어머니

어떤 사람은 말하기를 우리는 가난하니 복도 지을 수가 없고 도학공부도 할 수가 없다 하며 자포자기하는 말로 탄식에 그치고 마는 사람이 있으나 이는 실로 잘못된 생각이라고 하겠습니다.

넉넉히 잘 사는 사람이라고 다 복을 짓고 다 도학공부를 하는 것이 아니요, 가난한 사람이라 하여 다 도학공부도 못하고 복도 못 짓는 것은 아닙니다. 부귀 빈천을 물론하고 특별한 정성만 있으면 육신과 정신이 살아서 생명을 가지고 있는 이상 얼마든지 복을 지어 진진한 낙을 수용할 수가 있고 대각 성불까지도 하여 육도사생을 자유자재 하는 최상 극락까지도 수용할 수 있는 것입니다.

옛 부처님 회상에 정성으로써 큰 복을 지어 나중에 성불까지 하게 된 사람을 참고로 소개하고자 합니다.

석가 세존께서 사위국 '기수급고독원'에 계실 새 '바사익왕' 이라는 임금이 부처님께 여러 가지 공양을 올리던 중 어느 날은 등화 공양을 올리고자 등과 기름을 많이 준비하여 기원정사로 갔습니다.

그 소문을 들은 백성들은 등화 공양 구경을 하기 위하여 남녀가 수없이 모여들었습니다.

그 때에 빈녀 '난타'라는 가난한 여인 한 사람이 있었는데 집도 없이 얻어먹고 돌아다니는 걸인이었습니다.

난타도 구경을 가서 구경꾼 틈에 끼여 구경을 하다가 "대저 오늘은 무엇하는 날인데 이렇게 사람이 많이 모이고 저 위에 있는 사람은 무엇 하는 사람이냐."고 옆에 있는 사람에게 물었습니다.

그런즉 그 사람은 대답하되 "오늘은 바사익왕께서 기름을 천 석이나 들여서 부처님 전에 등불을 켜 올리는 날이므로 그 구경을 하기 위하여 이렇게 사람이 많이 왔다."고 말하여 주었습니다.

그 말을 들은 난타는 생각하되 '저렇게 부귀 복덕이 많으시어 인간에 제일 높으신 자리에 계시는 임금께서 무엇이 부족하시어 더 복을 지으시려 하시는가. 나는 더 말할 것도 없이 얻어먹는 거지로서 이 생에 복을 짓지 못하면 내 생에는 지금보다 더 가난하게 될 터이니 이 노릇을 어찌할꼬' 이와 같이 탄식하다가 다시 결심한바 있어 바로 동네로 내려와 집집으로 돌아다니며 밥을 얻었습니다.

그래 그 얻은 찬밥을 팔려고 외치고 다녔더니 어떤 사람이 겨우 돈 일전을 주고 사가는지라, 난타는 돈 일전을 손에 쥐고 기름 집으로 달려가서 "여보시요 기름장사, 기름 일전어치만 나에게 파십시요."

그런즉 그 말을 들은 기름 장사는 말하되 "그까짓 기름 일전어치 사서 무엇하오. 아니 팔겠소."하고 거절하였습니다.

그 말끝에 난타는 다시 말하되 "여보 그런 말 하지 마오. 비록 적어도 부처님 전에 불을 켜 올리려는 것입니다."

다시 이 말을 들은 기름 장사는 말할 수 없이 감격하여 "그렇습니까. 그러면 한 등잔 가량이나 가지고 가십시요."하고 후하게 주었습니다.

난타는 기쁜 마음을 참지 못하며 기름 한 등잔을 손에 들고 기원정사로 달려 갔습니다. 그때 부처님께서는 벌서 영안(靈眼)으로 살피시옵고 아난존자에게 말씀하시되 "저 문 밖에 크게 부귀할 사람이 찾아오니 문을 열어서 친절히 안내하여라."

하시었다.

　그래서 바사익왕과 신하들과 여러 좌중이 돌아본즉 머리가 헝크러지고 수족과 얼굴은 새카만데다가 다 떨어진 누더기를 입은 험상궂은 거지 여자 한 사람이 등잔 하나를 들고 와서 불을 붙여 가지고 오더니 공손히 부처님께 올리고 "세존이시여 이 공덕으로써 세세생생에 빈천보를 여의고 불도를 이루게 하여 주옵소서." 하고 물러갔습니다.

　그날 밤을 지내고 그 이튿날 목련존자가 여러 등불을 검사하여 본즉 모조리 다 불이 꺼졌으되 난타가 올린 등불만이 꺼지지 않고 있는데 그 불빛이 찬란하여 한량없는 광명을 놓고 있었습니다.

　그래 등불을 끄려고 아무리 부채질을 하고 애를 써도 등불은 흔들리지도 아니하여 끄지 못하였습니다. 하도 신기하여 그 이유를 부처님께 아뢰온즉 세존께서 금구를 열고 말씀하시되 "대왕 및 여러 신하와 장자 등은 등불을 바치되 손쉽게 바치는 고로 성신이 적어서 불이 쉽게 꺼지게 된 것이요, 난타가 올린 등불은 비록 약한 등불 하나를 올렸으나 그 속에 한량없는 정성이 뭉치어 있는 고로 그러한 기적을 나툰 것이니, 이 여자는 이 공덕으로써 죽은 뒤에 남자로 태어나서 미래 이십겁 동안 악도에 떨어지지 아니하고 천상 인간으로 다니며 모든 복락을 수용한 뒤에 마땅히 성불하여 부처를 이루되 그 이름은 '살만 타우가' 라 하리라" 이와 같이 수기를 하였습니다.

 자 여러분 보십시요. 난타는 부자도 아니요 또 기름 한 등잔의 공양이 많지도 않습니다. 그러나 지성이면 감천이란 말씀 그대로 성심과 성의가 맺힌 난타의 등불 한 개야 말로 그 공덕이 얼마나 큽니까. 그러니 성의만 있으면 무슨 일이든지 곧 성공할 수 있는 것이 천지의 원리요 자연의 법칙입니다.

 우리는 이 점에 철저한 각성만 얻으면 반드시 성공은 있을 것이라고 자신함으로 말하되 정성은 성공의 어머니라 하였습니다.

원기24년 〈회보〉 제 57호 김형오.

부처님의 평등 자애(慈愛)

옛날 인도국 '기원정사'에서 부처님께서는 매일 아침이면 제자들과 바리를 드시고 사위성 내로 동냥을 들어가시었다.

그래 모든 사람들은 부처님의 성안을 뵈옵기 위하여 그 때가 되면 사방에서 모여들어 전후좌우에 둘러서서 서로 앞을 다투어 혹은 절하고 혹은 울며 하소연하였다.

그런데 그때 부처님의 위력이 어떻게 장하시든지 국왕(바사익)까지도 부처님 앞에서는 공손 예배를 드리며 존경하기를 마지않았다 한다.

하루는 부처님 일행이 동리를 진행하옵는데 얼굴은 시커멓고 머리는 새 보금자리 같으며 의복은 다 떨어져서 갈갈이 찢어지고 악취는 나서 코를 찌를 듯한 거지가 그 등에는 똥통을 짊어지고 마주 걸어왔다.

　그는 민가의 대소변을 통에 담아서 저다 버리는 가장 빈한하고 하천한 '니제'라는 사람이었다. 니제는 부처님 일행을 뵈옵고 깜짝 놀라 내심 생각하되 '석가 부처님은 세계 가운데 제일 존귀하신 어른이오, 나는 인간에서 가장 하천한 생물이다. 이러한 천인으로서 어찌 감히 저와 같이 높으신 어른을 마주 뵈오리요' 하고 발길을 돌리어 옆길로 들어가 달음질을 치는 중 또 다시 부처님을 만나게 되었다.

　이상히 생각하고 또 다른 길로 피하였던바 여전히 부처님 일행이 마주 오시는지라 그만 놀라서 뒤로 물러서려다가 짊어졌던 똥통을 떨어뜨려 전신에 똥물을 둘러쓰고 엎어졌다.

　니제는 진퇴양난하여 어찌할 바를 모르다가 그만 엎드려 울며 말하되 "대자대비 하옵신 부처님이시여! 아무쪼록 이 더러운 인간이 지나갈 자리를 조금만 열어 주시옵소서."라고 애걸하였다.

　부처님께서는 손을 드시며 웃으시는 얼굴과 온화하신 음성으로 "니제야, 너는 무엇이라고 하느냐. 부처님에게는 원래부터 증애의 마음이 없나니 그러므로 일체 인류를 볼 때 절대 평등이다. 빈부 귀천과 남녀노소에 무슨 차별이 있으랴. 누구를 물론하고 도만 알면 곧 높은 자니라. 니제야 너는 나의 제자가 되라. 즉 입도를 하라." 하시었다.

　그런즉 니제는 "저와 같이 최하 비천한 신분으로 어찌 감히 국왕까지도 예배 공경을 들이는 부처님의 제자가 되오리까."

　"놀라지 말라 니제야, 나의 제자에는 거부장자 '수달다' 도 있고 하천빈곤의 '우바니' 도 있으며 대지보살의 '사리불' 도 있고 대우주 '이반특' 도 있으며 소욕 '마하가섭' 도 있고 다욕 '바란타' 도 있으며 또는 극악무도의 '앙굴마라' 까지도 있다. 그러면 나는 대지 선자에게도 설법하고 천지 악인에게도 설법을 한다. 불법이 원래 출가수도자만 위하자는 것이 아니오, 재가속인에게도 유루 없이 보급을 시키려는 것이다. 정부 '비사구' 도 나의 제자요 음부 '연화색' 도 나의 제자다. 그러면 똥통 메고 다니던 니제가 나의 제자 못될 것이 무엇이랴. 나는 일체 인간으로 하여금 평등 낙지로 인도할 뿐이다."라고 일장설법을 하옵시매, 니제는 그만 황감하여 즉석에서 부처님의 제자가 되었다.

　똥통을 메고 다니던 빈천자 니제가 석가부처님의 친 제자가 되었다는 말이 세상에 전파되매 모든 사람들은 놀라서 말하되 "그렇다고 똥통쟁이를 인류 정신지도의 구제 성자인 비구를 만들었다면 너무 심하지 아니한가." 혹은 "그는 아니 될 말이지."라고 비평 조소가 봉기하였다.

불시라 부처님의 제자 중에도 그와 같은 불평을 품은 자가 있었으며, 당시 국주 바사익왕께서도 크게 분노하였다. "무엇! 똥통쟁이가 부처님의 제자가 되었다. 그것은 아니 될 일이다. 만일 제가 비구가 되었다고 우리 왕궁에도 출입을 자유로 한다면 그 꼴을 누가 볼 것이냐. 짐이 오늘은 기원정사에 가서 부처님께 말씀하고 그것은 취소하여 버릴란다."라고 말씀하신 후 곧 기원정사로 행가 하시었다.

동구에 들어선즉 그 옆에는 큰 바위가 있는데 곱게 생긴 비구가 안좌하고 있는지라, 왕은 그에게 "부처님께 자기가 온 통지를 하여 달라."고 부탁하였다.

그런즉 비구는 홀연 암중으로 폭 들어가 그 영자(影姿)를 감추었다가 조금 지난 후 돌연히 도로 나타나더니 "곧 들어 오시랍니다."고 앞에 서서 안내하는지라.

왕은 그 비구의 신통함을 보시고 그만 놀라서 부처님께 인사를 드리신 후 곧 말씀하되 "지금 나를 안내하던 비구는 과연 공부를 얼마나 하였으며 어디서 온 비구오니까."라고 물었다.

부처님은 성안에 미소를 띠시며 가라사대 "그는 왕께서 천히 여기옵시는 똥통쟁이 니제라는 비구올시다."라고 대답하셨다.

그런즉 그를 부처님 제자에서 취소 시키려던 바사익왕은 다시 두 말도 하지못하고 조금 후에 환궁하여 버렸다 한다.

우리는 부처님의 평등 자애심을 우러러 본받읍시다.

원기25년 〈회보〉 제 65호 송죽.

남을 제도하려면
부루나존자의
본을 받자

　저는 부산 지방에 소위 교무라는 명칭을 띠고 온지가 어언간 구 개월이나 되었습니다.

　저로 말하면 공부도 아직은 미숙하고 아무런 경험도 없이 오직 웃어른들의 지도만 받아오다가 별안간 중한 책임을 짊어지고 낯 모르는 지방에 오고 보니 처음에는 정신이 얼떨떨하였습니다.

　그리고 '어떻게 하여야 우리 종사님의 대도 정법을 이 지방에 전파하며 악도 타락을 방지하고 모든 사람들을 선도로 인도하야 볼꼬' 하는 근심 뿐 이었습니다.

　그런데 그때에 가자마자 하선 때이므로 우선 전세를 얻어서 노인 몇 몇 분과 입선이라고 하고 매일 육 과정을 지키던 바

회원 아닌 그 동리 인사들의 비평과 조소는 물밀듯 들어오고, 별별 욕설과 험담이 끊일 날이 없으며 백방으로 우리의 공부와 사업을 방해한 모양은 실로 당하기 어려웠습니다.

이런 꼴을 보지 못하던 저는 분하고 괘씸하고 미운 생각이 치밀어서 어찌 할 바를 몰랐었습니다.

그러나 '덕불고 필유린' 이라. 그러한 가운데에도 우리 공부와 사업에 이해가 충분하고 따라서 열렬한 활동을 하시는 몇몇 분의 동지가 계심으로 그 분들과 무시로 구수 상의하며 악전고투를 한 결과 이제는 불법연구회 지부라는 간판을 붙인 새 건물이 두어 채 생겨났고 동지도 차차 불어나는 현상입니다.

그리고 저도 이제는 많은 경험도 있고 어느 정도 까지는 안심을 얻은 모양입니다.

그러나 처음 와서 2,3개월 동안은 어떻게도 외롭고 슬프고 분하든지 '우리 종사님의 정정당당한 대도정법을 이와 같이 비방하며 방해하는 지방에 더 머무를 필요가 없다' 는 생각이 나서 어느 방면으로든지 부산 지방을 떠나버리기로 내심에 작정 하였습니다.

그런데 우연한 기회로 한 경전을 보고 안심을 얻은 일이 있었습니다. 그 경전을 소개하면 과거 영산회상에 석가 부처님께서 그 제자인 부루나존자와 문답하신 것입니다.

부루나가 세존에게 여쭙되

"세존이시여 저는 서방 수로나국에 가서 세존의 법을 포교하고 싶사오니 허가하여 주옵소서."

"부루나여, 그 나라 사람의 성질이 매우 포악하여 반드시 너에게 악구(惡口)를 하며 해를 끼치리니 그런다면 어찌 하려느냐?"

"그런다면 저의 몸을 때리지 않는 것만 다행히 여기며 일을 보겠습니다."

"부루나여, 그 사람들이 너의 몸을 때린다면 어찌 하려느냐."

"그런다면 저의 목을 칼로 찌르지 않는 것만 다행히 여기고 그 일을 보겠습니다."

"부루나여, 만일 죽인다면 어찌하려느냐."

"그런다면 저는 그들을 향하여 이 보기 흉한 몸뚱이를 속박에서 해방하여 주니 감사하다고 하겠습니다."고 대답하였습니다.

그런즉 세존께서는 부루나를 칭찬하시며 가라사대 "선재선재라 부루나여, 그만한 인욕심을 가졌다면 수로나국의 악인들이라도 능히 제도 할 것이니 가서 착수하라."하시니 부루나는 곧 그 나라로 가서 한 여름 동안에 5백인의 신도를 얻고 많은 정사를 건축하였다는 사실이었습니다.

저는 그 경을 보고 저의 환경을 생각하여 본즉 '다만 욕설을 들을 뿐이요, 나의 몸을 때리는 사람도 없고, 칼로 찌르는 사람도 없고, 목숨을 죽이려는 사람도 없는데 이것을 못 견디어 온 목적을 달성 못하고 가려고 한 것은 너무나 가볍고 어리석다는 생각이 나며 이 앞으로는 어떠한 천신만고와 함지사지를 당하더라도 감내 하겠다' 는 용맹심이 생기고 안심을 얻은 동시에 이제는 누가 무엇이라고 하든지 부루나존자의 말씀을 생각하고 지내렵니다.

원기20년 〈회보〉 제 16호 김영신.

강의대담(剛毅大膽)

강의대담이라 함은 '굳세고 담력이 크다'는 말이니 즉 사람의 마음이 견고하고 강강하야 어떠한 사물을 대하던지 무서워하거나 두려워하는 마음이 없이 태연자약하다는 뜻이다.

그러면 우리 인생이 이 세상에 나와서 보통 평범한 생활을 하기로 말하면 온양유순한 마음만 가지고도 잘 살아갈 수가 있겠지만 경우에 따라서는 반드시 강의대담의 필요를 절실히 느끼는 때도 없지 않으리라고 생각한다.

왜 그러냐 하면 인생은 파도흉흉한 고해와 같은지라, 평온하게 살다가도 불의지변이 생길 수가 있나니 그런 때에는 오직 이 강의대담이 무엇보다도 필요하기 때문이다.

그러면 우리도 이 강의대담을 양성하여야 할 것이니, 강의대담을 양성하는 방법은 무엇일까.

 곧 오랜 시일에 정심 공부를 많이 하여 자주력 정신을 얻어서 내 마음을 내 마음대로 쓸 줄 알아야 부동심이 되는 머리에 비로소 강의대담이 자연 되어지나니 그러므로 고금에 마음공부가 없는 보통 사람이란 비겁한 행동이 많은 것이오, 마음공부를 많이 하여 심력을 얻은 제불제성이나 위인 달사들은 강의대담한 행동이 많은 것이다.

 또 한가지 자비스러운 일이 있으니 천만군병을 호령지휘하던 장군도 오히려 놀라고 겁내는 일이 있지만 저 산간벽지에서 묵묵 좌선하던 수도인으로서 심력을 얻은 이는 어떠한 경계를 당하든지 절대로 놀라거나 겁내는 일이 없는 것이다.

 그것을 본다면 과연 수양의 힘이란 인도정의도 밝혀주려니와 강의대담도 키워주나니, 우리 인생에게 얼마나 필요하고 위대하다는 것임을 잘 알 수 있다.

 그래서 강의대담에 대한 실지 일화를 1, 2건 들어서 써 보려하니 혹 여러분의 참고재료가 된다면 천행일까 한다.

 옛적 중국 송나라 때에 맹장 조한(曹翰)은 그 성정이 또한 잔인하기로 유명하였다.

 하루는 역적의 무리를 토멸하기 위하여 강을 건너고 산을 넘어서 노산 원통사(盧山 圓通寺)라는 절에 들어가게 되었다. 그런데 그 절 승려 등은 조장군의 위명에 놀라서 그만 절을 비워놓고 산중으로 피신 하여 버렸다.

그러나 그 중 연덕선사라는 총선화상(叢禪和尙) 한 분만은 평일과 같이 좌선을 계속하고 앉아서 조 장군이 그 앞에까지 왔으되 엄연부동하여 일어나지도 않고 예도 하지 않았다.

그런즉 그 행동과 모양에 불쾌를 느낀 조 장군은 그만 노기발발하야 찼던 칼을 빼서 연덕선사 코끝에다 대고 "네 이놈, 이 괘심한 놈 같으니! 사람을 일시에 기백명씩 죽여도 눈 한 번 깜짝않는 무섭고 날랜 조장군의 소문을 듣지 못하였느냐." 하며 고함을 질렀다.

그런즉 선사는 서서히 몸을 움직여 장군의 얼굴을 노려보면서 "오, 조장군, 그러면 생사라는 관념이 끊어진지 오래된 연덕화상의 소문은 또한 듣지 못하였느냐."며 크게 소리를 질렀다.

맹장이라는 조한도 그 연덕선사의 부동심에는 감동이 되었던지 자기도 모르게 그만 합장하고 연덕선사에게 배례를 드렸다 한다.

또 운화선사라는 분은 명나라에서 일본으로 건너온 귀화승으로 천질(天質)이 다예다능(多藝多能)하고, 기품이 고결하며,

자성이 온아한 위에 또한 면밀하여 행주좌와어묵동정간에 잠깐도 그 마음을 방종해본 일이 없었다.

그런데 그때에 '수호광방'이라는 분이 운화선사의 소문을 듣고 '어떻게 해서든지 운화의 대도기량을 한번 시험해 보리라'고 생각한 후 여러 가지로 연구한 결과, 어느 날은 그 부하 몇 사람과 미리 짜고 "운화선사가 오면 내가 어떠한 암호를 할 것이니 그때에 이리 이리 하라."하여 두었다.

그리고 주연을 배설한 후 선사를 초청하게 되었다. 그래서 광방은 선사가 온즉 반가이 맞아 인사를 나눈 후 술잔에 술을 부어서 막 입에 대려고 할 그 일찰나에 별안간 바로 그 앞 창문 밖에서 "꽝" 하고 대포 일성이 요란하게 발사되었다.

그런즉 그 옆에서 심부름하던 소성은 미리 그럴 줄 알고 있었건마는 귀청이 떨어질 듯한 급한 포성에는 그만 놀라지 않을 수 없어 손에 들었던 술잔을 떨어뜨리게 되었다.

그런데 운화선사는 초연몽몽한 중에서도 얼굴색이 조금도 놀라지 않을 뿐더러 손에 들었던 잔의 술도 주름살이 잡히지 않았다.

그것을 목도한 광방은 그만 감탄하여 곧 기립한 후 선사를 향하여 "무례한 장난을 한 죄는 용서하여 주시기 바란다."고 사과했다.

그런즉 선사는 역시 평탄한 기색으로 "천만 외의 말씀이오. 무문(武門)에서 포성을 듣는 것은 예사가 아니오니까." 하고 서서히 다 마신 빈 술잔을 방광에게 보냈다 한다.

 방광이 그 잔을 받아서 다시 술을 부은 후 자기가 마시려고 막 입에 대려고 할 때에 옆에 있는 선사가 "으악"하고 외마디 소리를 질렀다.

 그런즉 방광은 그만 깜짝 놀라서 잡았던 술잔을 떨어뜨리니 그곳에 만좌하였던 사람들은 모두 겁이 나서 얼굴이 창백하여지며 벌벌 떨었다.

 그러나 선사는 까닭없이 평화온건한 얼굴로, "선승의 봉할(棒喝)(선가 문답시 사용법)은 선방에서는 늘 듣는 소리외다." 고 하였다.

 그 일이 있은 후 광방은 참으로 운하선사를 앙모 존경하였다 한다. 얼마나 강의대담한 일인가?

원기22년 〈회보〉 제 37호 이공주.

노군(魯君)과 장자(莊子)의 문답

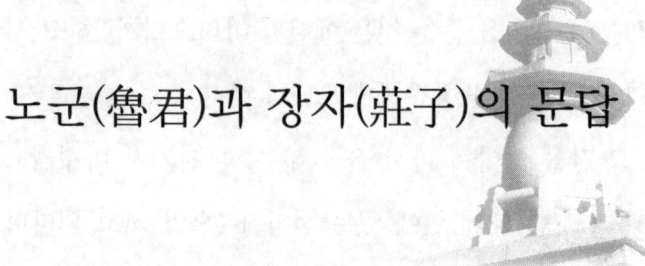

노군이 장자를 보고 가로대

"우리 노국에는 유도인(儒道人)이 많아서 선생의 도를 배우는 사람은 대단히 적은 모양이지요."

"천만예요. 내 마음에 노국의 유도인은 몇 명에 불과 하리라고 생각하는데 왕이 모르시고 하시는 말씀 같습니다."

"아니요, 그렇지 않사외다. 그 증거로 우리 노국 사람들은 과반이 유도복을 입고 다니니 그것만 보아도 확실히 알 수 있을 것이외다."

"네, 그것은 왕께서 의복을 보시고 하신 말씀입니다. 그러나 참 유도인은 의복에 있지 않다고 생각합니다. 대저 유도인이라 함은 곧 인의(仁義)의 덕행자를 운(云)함이요 유도복이라 함은 유도자의 외형 장식에 불과하나니, 아무리 유도복을 입고 다닌다 하더라도 만일 그 사람에게 인의의 마음이 없다면 그는 다만 유도복을 입은 범부요, 참 유도인이라고는 할 수 없는 것이외다.

　인의(仁義) 두 글자는 실로 군자만이 수용하는 덕행으로서 외형은 오랑캐의 몸가짐을 한 사람이라도 인의의 마음만 가졌다면 그는 범부가 아니요, 곧 유도인이라고 할 것이외다. 그러므로 과거 복희 신농씨는 유도복을 입지 않았건마는 인의의 덕행이 있음으로서 천하 제일 가는 유도자가 된 것이겠지요.

　그러면 노국에도 아무리 유도복을 입은 사람이 많다하나 만일 유도의 덕행 즉 인의의 마음을 갖추지 못하였다면 그를 참 유도인이라고는 할 수 없나니, 만일 군께서 나의 말을 의심하시거든 한 번 시험을 하여 보시면 쉽게 아실 수 있을 것이외다. 즉 오늘 당장이라도 '유교의 덕행이 없이 유도복을 입고 내왕하는 자 있으면 즉시 사형에 처한다' 라고 대서 특서 하여 전국에 유도복 금지령을 발표하여 보소서. 그런다면 몇 일 내로 유도인의 진가를 아실 것이외다." 라고 하였다.

　그런즉 노군이 장자의 말대로 전국에 발표하였던바 불과 4,5일 사이에 전국에 유도복을 입은 사람은 전멸되고 다만 한 사람만이 의구히 변치 않고 유도복을 입고 다니는지라 그때에 비로소 노군은 장자 말씀에 크게 감탄하였다 한다.

그러면 어찌 노군 뿐이리요. 우리 보통 사람이란 누구나 외형에 나타나는 것만을 보고 '잘 났네 못 났네' 혹은 '도인이다 비도인이다' 하여 실상은 놓고 거짓을 가지고 말하나니, 그 어찌 가소롭지 아니하랴.

장자 말씀에 오랑캐의 몸가짐을 한 사람이라도 인의의 덕행만 가졌다면 그는 범부가 아니라 훌륭한 유도인이라는 말씀과 같이 우리도 외형이사 잘났거나 못났거나, 남자거나 여자거나 불고하고 오직 육근을 동작 할 때 3대력을 아울러 쓰며, 4은 4요만 실천궁행 한다면 곧 범부가 아니라 성인이며, 중생이 아니라 부처라 하리니, 우리 수도인은 다같이 외형에 끌리지 말고 실지 공부에 주력할지로다.

원기24년 〈회보〉 제 53호 이공주.

조조(曹操)의 돈지(頓智)

 옛날 중국 위나라의 조조라는 장군은 수만 군졸을 거느리고 적진을 향하여 출발하였습니다.
 그런데 길은 멀고 여름 폭양에 날은 더워 그만 길을 잘못 들어서 아무리 가고 또 가도 향방을 모르겠는데, 물은 한 모금 구경할 수도 없었습니다.
 그래 대장이나 병졸이나 갈증이 나서 견딜 수가 없으므로 행진을 중지하고 낙망불이 하였습니다.
 그런즉 조조는 무엇을 한참 생각하더니, 별안간에 일어나면서 큰소리로 외쳐 가로되 "이제 이 앞으로 2리쯤만 가면 그곳에는 크고 넓은 매화나무 숲(梅林)이 있는데, 아마 지금쯤은 그 열매가 많이 열려 있을 것이다. 그 매실은 맛이 대단히 시어서 몇 개만 먹으면 입안에 침이 나서 물 대용도 되려니와 여름철 배가 아픈 사람이 먹으면 훌륭한 약효가 있다하니, 우리도 그 매화나무 숲까지만 가거든 일동이 병구(兵具)를 내려놓고 실컷 매실도 먹고 마음껏 쉬게도 할 것인즉 조금만 참고 가자."고 전령사를 통하여 각 군대에게 영을 내렸습니다.

그런즉 군대 전체가 그 말을 듣더니 입에서 물이 흘러서 갈증을 면하고 용기가 백배하여져서 목적지까지 도달하였었다 합니다.

과연 우리 사람의 지혜란 것은 그와 같이 난측한 것으로 죽을 사람을 능히 살릴 수도 있으며, 물 한 모금 없는 곳에서 수만 군중의 갈증도 능히 면케 하여 줄 수가 있는 것입니다.

그러나 그 반면에 만일 어리석고 미욱함이 있어 지혜의 단련이 없은즉 할 일도 못하고 두고도 못 먹어서 곤욕을 당하나니, 우리는 부지런히 공부하여 무량한 지혜를 얻어봅시다.

원기24년 〈회보〉 제 51호 백설.

부모 보은에 대한 감상

옛날에 증자가 부친 증석이를 시봉할 새 항상 술과 고기로써 차담을 올리고 상을 물러 갈 때에는 반드시 남은 음식의 주실 바를 여쭈어 보며, 부친이 손님을 대접하기 위하여 음식을 가져 오라 명하시면 어김없이 갖다 올리었다.

그 후 증자의 아들 증원이가 증자를 시봉할 새 또한 술과 고기로써 차담을 올리되 상을 물릴 때에는 남은 음식의 주실 바를 묻지도 아니하고 또는 부친이 손님을 대접하기 위하여 음식을 가져 오라 명하시더라도 없다고 속여 대답하되 그대로 두었다가 손님 떠난 후에는 다시 부친에게 드렸다.

그러니 효도란 것은 백행의 근본인 만큼 종류도 수가 없다. 우선 음식 시봉 하나만 보아도 날마다 짐승 세 마리를 잡아 봉친 한다 할지라도 부모의 뜻을 거슬리면 효가 아니오, 그와 반대로 '하루에 나물죽 한 그릇을 대접하더라도 부모의 뜻을 순종하는 것이 효라' 하는 격언과 같이 증자는 부모가 좀 덜 자시더라도 마음에 주시고 싶은, 뜻 맞는 손님과 함께 자시게 하는 것이 오직 효라고 생각하였으니 이는 심지의 봉양이라 하겠다. 증원이는 음식은 오로지 내 부모를 위해서 장만한 것인즉 되도록 내 부모를 많이 자시게 하는 것이 유일의 효가 된다고 생각하였으니 이는 육체의 봉양만 하는 것이라고 하겠다.

육체의 봉양이 물론 심지의 봉양만은 못하겠으나 이것을 다시 한번 드려서 삼강오륜이 없어진 인심에 비추어 보면 혹은 무자력한 부모를 뒷방 늙은이로 내여 놓고 과실 한 개 나물 한 가닥 알뜰히 시봉한 일 없이 좋은 것이 있으면 제 처자만 데리고 저만 잘 먹으려 하거나 또는 따로 사는 부모에 대해서도 될 수 있는 대로 재산을 뜯어다가 저 혼자만 잘 먹고 살려고 하며, 필경은 뜻과 같이 못하면 부모 집에 불을 놓거나 극단에 이르러서는 차마 말 못 할 무시무시한 독살까지 하는 무륜 패악한 자식들로 보아서는 증원인들 그 얼마나 알뜰하고 거룩한 효자라고 할까.

그런즉 우리는 부모 섬기는데 증자의 시봉 하는 일례를 가져다가 거울을 삼아 심지의 봉양을 주로 하는 동시에 육체의 봉양까지도 유루 없이 행하자는 것이다.

그러나 시봉을 받는 부모의 처지에 있어서는 저 가증한 어미 까마귀와 같이 무리하게 반포만 구해서는 아니 될 줄로 안다. 과연 세상 사람들이 까마귀를 일러 '새 중에는 증자라' 하는 말은 다름 아니라 자식 까마귀가 그 어미 양육지은을 갚기 위하여 먹을 것을 물어다가 열심으로 그 어미를 먹이는 것을 보면 미물에 뛰어난 행위라고 이름이다.

그러니 자식 까마귀는 증자라는 존호를 받는데 부끄럽지 않다 할지라도 그 어미 까마귀로서는 소위 양육해 주었다는 값을 받아먹으려고 저의 자력이 넉넉히 자식 이상으로 활동할만한 능력이 있음에도 불구하고 기어이 그 자식만 꼭 붙 잡고 날 먹여 살려라 하는 격으로 자기는 육신을 꼼짝 아니하고 입만 딱 벌리고서 이리로 가나 저리로 가나 그 자식 뒤만 따라 다니는 것이 그 얼마나 미운 짓이라 할까.

그러므로 우리 정전 내 '부모 보은' 제2조에 '부모가 무자력하여 자녀의 시봉이 아니고는 어찌할 수 없는 경우에 이르고 보면 힘 미치는 대로 심지의 안락과 육체의 봉양을 드릴 것이라' 하였으니 우리는 마땅히 자식이 되어서는 증자와 같이 봉양을 하려니와, 부모가 되어서는, 자력 있을 때까지는 무리한 반포지은을 구하는 어미 까마귀 생활을 하지 말고 자기가 벌어먹으면서 자력생활 할 그 동안만은 자식으로 하여금 공익사업에 헌신하여 타인 부모라도 무자력한 사람을 위하여 활동하게 하는 것이 정당한 인적 생활이 될 것이며 따라서 자식된 자로도 원만한 보은자가 될 줄로 믿는다

원기20년 〈회보〉 제 19호 유허일.

나의 참회

저는 어느 날 한 서적을 보다가 어떠한 인물의 행적을 보고 스스로 간담이 서늘해지며 저의 전과를 마음 깊이 참회한 일이 있습니다. 먼저 그 인물의 행적을 소개하고 다음에 저의 전과를 일일이 들어 끝을 맺으려 합니다.

이전 어느 나라에 '염파'와 '상여'라는 두 사람이 있었는데, 염파는 무관이요 상여는 문관이었습니다. 그 나라는 이 두 사람이 있음으로써 강국이란 말을 들었고 두 사람이 아니면 국사를 해나갈 수 없었습니다.

그런데 이 나라의 불행이라 할지, 이 두 사람의 불행이라 할지 염파는 상여를 시기하여 기회를 보아 그를 살해하려는 마음이 났었습니다.

 그러나 상여는 염파의 추악한 마음과 불미한 행동이 있음을 알면서도 오직 나라를 위하여 일신의 이해와 지위를 포기하고 굴기하심으로써 항시 염파를 상관 같이 위하였습니다. 그럼에도 불구하고 염파는 상여에 대한 증오심이 날로 심하여 하루는 상여가 조회하러 가는 길에 기회를 타서 살해코자 결심하였습니다.

 그때에 상여는 염파가 옴을 보고 좌우 군졸에게 명하여 "오던 길로 수레를 다시 돌리라." 하거늘 시위하고 있던 여러 군졸들은 평일에 염파와 상여간에 친히 지내지 못함을 아는지라 상여에게 말하되 "대감은 권위로나 덕행으로나 염파 장군보다 부족함이 없거늘 어찌 그를 무서워하여 소졸한 말씀을 하십니까." 했다.

 상여는 위모정장하고 관유인자한 어조로 좌우군졸에게 말하되 "너희는 들으라. 내가 염파를 무서워서 수레를 돌리라 한 것은 아니다. 염파와 나로 말하면 이 나라에 몸을 바친 사람이니 개인의 소소한 감정으로써 어찌 국사에 해될 일을 하겠느냐. 만일 내가 탄 수레를 돌리지 아니하고 서로 만나게 되면 누군가 죽던지, 둘 중에 하나는 죽을 것이니 우리 두 사람 가운데 하나가 죽고 보면 이 국사를 한 사람의 힘으로 어찌 원만히 할 수 있을 것인가."라고 했다.

　이에 좌우 군졸들은 물론이요 후일에 염파가 이 말을 듣고 곧 후회심을 발하여 가시 돋힌 매를 등에 지고 상여를 찾아가서 뜰 아래 단정히 무릎을 꿇고 사죄한 결과 두 사람 사이는 특별한 친교로써 국사에 힘을 썼다 합니다.

　저는 이 두 사람의 행적을 볼 때 스스로 상여의 처사에 감탄치 않을 수 없으며, 나에게도 혹 이와 같은 마음이 있는가 조사해 보았습니다. 그러나 상여의 심리에는 조금도 비슷한 점이 없고, 도리어 염파의 심리가 많았나니 저는 이를 깨달은 순간 제가 소인이었음을 생각하여 뜨거운 참회를 마지 않았습니다.

　그러면 그 동안 내가 써 나온 심리는 어떠하였던가. 소위 전무출신의 이름을 띠고 이 공부 이 사업에 희생할 처지에 있는 나로서 당연히 하여야 할 일에 자신은 하지 않고 다른 사람의 잘 하는 것을 심히 미워하고 시기하였으며, 다른 사람의 잘한 공을 숨기고 내 앞에 그 공을 나타내려고도 하였으며, 남의 집에 일 하러 간 사람 모양으로 종사님 이하 여러 동지가 나를 칭찬하면 모든 것에 열성을 내고 그렇지 아니하면 남의 일 보듯 하였으며, 혹 저 사람에게 어떠한 단점이나 없는가, 혹 중인에게 미움이나 받지 않는가 하여 그 사람이 진보되기를 원하지 않고 타락되기를 원하였나니 이 모든 마음이 회중은 잘 되던 못되던, 저 사람은 이롭게 되던 해롭게 되던 오직 내 몸 하나만을 위하는 소인의 심리가 아니고 무엇입니까.

이것이 전무출신 한 목적이며 본의였던가 곰곰이 그 심리를 생각하니 너무나 근본 목적을 망각한 심리였습니다.

상여는 다만 일국을 위하는 사람으로도 저와 같은 마음을 썼거늘 소위 국한이 없는 대도 사업에 헌신한 나로서 얼마나 더러운 마음입니까. 스스로 밉고 부끄러운 마음, 붓으로 그릴 수 없습니다. 그러나 이는 다 지난 일이니 이후부터는 단연히 이를 고치기로 결심하는 동시에 남 몰래 뜨거운 참회의 눈물을 흘렸습니다

원기21년 〈회보〉 제 24호 김정종.

까닭있고 열심(熱心)있는 사람이 됩시다

저는 일전에 《성자의 광(光)》이란 서적 중에서 '봉담(鳳潭)의 열심' 이라는 예화를 읽고 조그마한 감상이 나서 몇 말씀 적어 보려 합니다.

옛적 일본에 '봉담' 이라는 승려가 있었습니다. 그 승려는 유시부터 경도의 대불찰 근처에 거주하여 매일 비예산(比叡山)이라는 험한 산을 넘어 다니면서 천태(天台) 강의를 듣고 있었습니다.

그 강의소는 승전대사(僧傳大師)가 건립한 대강당인데 최초에는 강당이 빽빽하게 청중이 모이더니 성의 있는 사람이 갈수록 점점 줄어지기 시작하여 최후에는 봉담 1인 밖에는 아무도 없었습니다.

하여간 천태 삼대부(三大部) 육십권의 속강(續講)이니까 강사나 청중들이 매우 열심 있는 자가 아니면 계속하기 어렵게 된 형편이었습니다.

봉담은 자기 혼자 되었지만 조금도 나태심을 내지 않고 매일 산을 넘어 다니는데 하루는 강사 말이 "이렇게 청중이 적어서는 강의를 계속할 필요가 없다. 그만 중지하자."라고 말하였습니다.

봉담이 말하되 "선생님께서 청중이 적으니까 중지한다 하시면 내일에는 제가 많이 데리고 오겠사오니 어떻게든지 강의를 계속하여 주십시요."라고 말하여 강사의 허락을 받았다. 집으로 돌아와 급히 시장에 가 대가리가 둥글둥글한 인형을 많이 사 모아 다음날 인형을 들고 강당에 들어가서 방의 이쪽 저쪽에다 인형을 열을 지어 놓고 자기도 그 중에 앉아서 선생 오기만 기다리고 있었습니다.

강사는 '오늘 봉담이가 얼마나 청중을 데리고 왔는가' 하고 강당에 올라가 본즉 먼저와 같이 봉담이 혼자 눈동자를 둥글둥글 하면서 있고 기외(其外)에는 머리 깍은 법사 인형이 일자로 열을 지어 있었습니다.

강사는 이것을 보고 불같이 성을 내어 "이게 무어야. 사람을 멸시하여도 분수가 있지."하고 대성질책을 하였습니다.

그러나 봉담은 조금도 놀란 기색이 없이 "선생님, 그러실 것 없이 저의 말을 좀 들어보십시오. 사실 이것은 인형이지만 최초 여기에 모였던 사람들도 대부분은 이 인형과 같지 않았습니까. 비록 말은 하고 음식을 먹기는 하나 참으로 강의를 듣는 정신은 없는 자들 뿐입니다. 선생님은 그런 사람이라도 수만 많으면 좋겠다 하시기 때문에 이 인형을 청중으로 보아주실 줄 생각하고 이렇게 인형을 많이 사 모아가지고 왔습니다."고 말했다.

이 말을 들은 사승(師僧)은 한참동안 아무 말도 못하고 있다가 봉담의 지극한 열심에 감격하여 "이제부터 타인은 일 없다. 너 혼자라도 좋다."하여 그 길고 긴 강의를 최후까지 계속하였다 합니다.

이 말을 얼른 들으면 한 웃음거리에 지나지 못하나 우리는 여기서 취할 점이 많다고 생각합니다. 그것은 첫째 우리가 비록 매일 말을 하고 밥을 먹고 법설을 듣고 육과정(六課程)을 밟아가는 가운데 혹 이 위에서 말한 인형노릇이나 하지 않는가? 또는 사실로 봉담이와 같이 자기의 몸을 잊고 법을 구하는 분심과 성심이 있는가를 시급히 조사해 보아야겠다고 생각합니다.

　그리하여 만일 이상의 조건 중 하나라도 미비한 점이 있고 보면 어떻게 하든지 우리가 인형노릇 하지 말고 봉담이와 같이 까닭 있고 열심 있는 사람이 되어야 할 것입니다.

　봉담이로 말하더라도 그만한 열성과 까닭이 있기 때문에 후일에 입신양명 하여 세월의 흐름을 따라 여러 사람의 뇌리에 이름을 기억케 하고 뿐만아니라 오늘날 제가 붓을 들어 종이에 향할만한 감상이 나게 된 것도 역시 봉담이의 열심과 까닭에서 원인한 바가 아닙니까.

　우리들은 좋은 일을 발견하면 하나도 빼지 말고 의무적으로 다 모방함이 좋을 줄로 압니다. 우리가 봉담이의 보패(寶貝)만 얻어서 주머니 속에 넣어 가지고 다니게 된다면 우리의 공부계나 사업계가 일진 왕성하여 우리가 기다리고 바라는 대각성불과 중생제도를 능히 할 수 있는 근원이라고 생각합니다.

　그런즉 우리는 '나태는 생존하면서도 사(死)니라.' 하는 옛 성현의 금언을 일층 명심하여 하루 속히 봉담이의 법 구하는 분심과 성심을 모방하며 인형노릇을 말고 까닭있게 살아야 되겠다는 것을 거듭 말하는 바입니다.

원기18년 〈회보〉 제 2호 양대윤.

몽환(夢幻) 같은 일생

이 이야기로 말하면 우리 공부자들이 한번 들어 둘만도 하고 또는 세속애착으로 인하여 무진한 고통을 받는 데에 보감이 될까 하여 그의 대강을 소개한다.

옛날 신라 때에 조신이란 중은 '세달사' 라는 절의 소유전답을 감독관할하기 위하여 특파된 사람이었다.

조신은 세달사의 전답을 한번 쭉 돌아본 후 자기 거처하는 농막으로 향하여 가는 찰나 문득 저편을 바라보니 만개한 복사나무 밑에 어여쁜 처녀가 앉아서 꽃구경을 하고 있었다. 백옥 같은 살결에 영채있는 두 눈이며 몸 놀리는 자태 는 실로 조신의 정신을 황홀케 하였다. 조신은 얼빠진 사람 모양으로 그 자리에 꽉 서서 어찌할줄 몰랐다.

그런즉 그 처녀는 조신의 거동을 보았는지 곧 몸을 움직여 걸어나오다가 조신의 눈과 마주치매 곧 눈을 내리깔고 걸음을 빨리 했다.

조신은 무의식 가운데 그 뒤를 쫓아 따라갔다. 그는 김태수의 집 대문까지 가서 한번 살짝 뒤를 돌아본 후 그만 몸을 감추고 말았다.

조신은 낙망하여 어찌할 줄 모르는 중 처녀가 한번 돌아보던 일이 더욱 마음에 걸려서 스스로 걷잡을 수가 없었다.

그 판에 마침 떡 장사 노파가 지나가매, 조신은 곧 떡 장사에게 "그 처녀를 아느냐."고 물었다.

노파는 빙긋 웃으며

"이 고을 성주댁 소저시라오."

조신이 또 "어디 정혼하였나요."라고 묻자

노파는 "그건 똑똑히 모르겠소."고 대답했다.

조신은 묻고 싶은 말은 여산약해(如山若海)하나 차마 입을 열지 못하고 말았다.

조신은 그 뒤부터 눈을 감으나 뜨나 김낭(金娘)의 자태가 눈 앞에 어른거려서 미칠듯 하매 그저 공연히 김 태수 집 담을 빙빙 돌아다니기도 하며, 혹은 처녀가 앉았던 도목 하에 앉아보기도 하며 매일 이와 같이 되풀이 하던 중 날이 가고 달이 가매 더욱 초조함을 마지아니하였다.

 봄이 가고 또 여름이 가고 어느덧 쓸쓸한 가을에 이르렀다. 그러나 조신의 눈에 김낭은 구경 할 수도 없었다. 그래 조신은 최후 수단으로 부처님 전에 애원이나 하여 보기로 결심했다. 법당에 들어가 단정히 앉아서 합장 예배하고 염주를 돌리며 "대자 대비하신 부처님이시여, 김 태수의 딸 김낭으로 하여금 소승의 아내가 되게 하여 주옵소서."하며 "나무아미타불."을 연속하여 불렀다.

 조신은 어려서 불문에 들어와 자기의 축원과 남의 축원을 이십여년 하여왔으나 지금의 축원과 같이 일심정력을 들여본 적은 없었다.

 그러나 가을도 훌쩍 넘어가고 겨울도 또 넘어가고 다시 신춘이 돌아와 사방에는 이화 도화가 만발하고 춘색을 자랑하건만 조신만은 쓸쓸히 법당 안에 들어박혀 일심으로 기도 드리는 데에 열중할 뿐이엇다.

 그리하야 4년이라는 날자가 흐른 어느 날, 조신은 볼 일이 있어 마을에 내려간 즉 길거리에서 전에 보던 떡 장사 노파가 어떤 여자와 함께 서있었다.

 여자가 "성주님은 참 사위도 잘 보셨지."하자

노파는 "암, 그 소저에게 그 신랑이야말로 천생 배필이야." 하고 대답하는 소리를 들었다.

조신은 무심히 지나가다 그 말이 귓가에 들어오매 눈앞이 아득하고 정신이 삭막하였다. 그래 곧 노파 앞으로 가서

"김태수 소저가 출가하였나요?"

"벌써 석달 전에 하였다오."

조신은 그만 도망하듯 그곳을 피하여 걸어나오니 끝없는 절망 뿐이다. '아아 사년간 정성도 쓸데없이 김낭은 갔구나' 하고 중얼거리며 절로 돌아와 곰곰 생각하니 가증한 것은 부처님이었다.

4년간 정성을 떡 잘라먹듯 하여버린 부처, '그렇게도 영험이 없을까. 에라 그와 같이 무험한 부처를 더 섬길 필요가 무엇이랴' 하며 즉시 법당으로 뛰어들어가 불전에 딱 버티고 서서 "그래 이놈의 부처야. 4년간 그 지극한 정성을 몰라보냐. 너 같은 것에게 빈 내가 어리석다."하고 불상을 발길로 걷어찬 후 그 자리에 거꾸러져서 방성통곡을 하다가 그만 기진하여 혼혼히 잠이 들어버렸다.

그런데 누가 와서 "여보세요 여보세요."하며 부드러운 손으로 조신의 어깨를 가만 가만 흔든다.

조신이 깜짝 놀라 눈을 떠보니 그의 눈 앞에는 4년간을 오매

불망 하던 김낭이 아닌가. 조신은 꿈인지 생시인지 여광여취 하여 "아아 이 웬일이시요." 할 뿐이다.

　김낭은 "대사님 용서하셔요. 저는 대사님을 한번 뵈온 후 4년간 마음을 조리다가 부모님 강권으로 출가라고 하였으나 도무지 살수가 없어 몸을 빼어 도망해 왔으니 용납해 주세요." 한다.

　이 말을 들은 조신의 두 눈에서는 감격의 눈물만이 비오듯 하며 너무 기쁜 찰나 입을 벌려도 말이 나오지 않는다.

　그날부터 조신과 김낭 두 사람은 조신의 고향을 찾아가서 오막살이 하나 장만한 후 사랑의 보금자리를 삼았다. 비록 그날 벌어 그 날 먹는 빈궁한 생활이나 서로 사랑하는 마음으로써 만족 환희하며, 혹 한가한 때가 있고 보면 조신은 김낭에게 "여보, 4년간 나는 중이오 당신은 규중 처녀로 안될 일을 이루어 달라고 기원을 할 때 내 애가 얼마나 탔겠소."

"그래도 당신은 남자이니 외출이나 했지만 나는 나가도 못하였으니 그 마음 어떠하였으리까." 하며 4년전 일을 피차에 다시 하소연한다.

　그러나 이 꿀과 같이 달콤한, 이 재미있는 생활도 현실이라는 고(苦)의 세계는 주저치 않고 나타나고 말았다. 그럭저럭 5, 6년을 지내고 사랑의 긴장미가 지난 후부터는 피차에 짜증과

다툼이 일어나게 된 것이다.

"여보, 오늘도 굶을 모양이오."

"그러니 할 수 있나."

"할 수야 없지만 딱하지 않소."

"딱하지만 몸이 아픈데 어떻게 하란 말이요."

"수원수구 할 것 없이 우리가 서로 만난 것이 잘못이외다. 당신은 '세달사' 지장노릇이나 그대로 하고, 나는 최씨네 집에서 며느리 노릇이나 그대로 하였더라면 오늘날 이 고통은 없을 것이 아니요."

병든 남편 앞에서 이와같은 불평, 불쾌를 말할 정도로 그들의 생활은 불안하여졌다. 나중에는 할 수 없이 아내는 남의 빨래와 바느질, 남편은 노동 막벌이로 겨우 입에 풀칠을 하며 그럭 저럭 40년을 살고 나니 그 동안에 자식은 남녀 합하여 다섯 명이 생겨났다.

그것들을 먹이기 위하여 늙은 두 내외가 새벽 미명부터 각각 나갔다가 밤이 되어 돌아오면 피곤하여 말할 기운도 없었다. 겨우 죽을 우글우글 끓여서 조금씩 먹고는 되는 대로 엎드려 자는 것이었다.

이 수년내로 조신 내외는 말 한마디 서로 건네는 일이 없고, 만일 말을 한다면 짜증이오 원망이었다.

조신은 생각하되 '한때에 어여쁘던 김낭의 자태는 어디로 사라졌으며, 한때에 즐겁고 달콤하던 그 생활은 어디로 사라졌나. 차라리 세달사의 지장으로 부처님이나 섬기며 안온한 수도 생활이나 하였더라면 그 얼마나 좋을 뻔 하였나' 하며 두 눈에서 눈물이 하염없이 흐른다.

그들은 살다 살다 못하여 할 수 없이 행여 다른 곳으로 이사나 가보면 나아질까 하고 살던 동리를 떠나가기로 작정한 후 정처 없는 길을 나섰다.

남편이 어린 아이 하나 업고, 아내도 하나 업고 손목을 서로 잡은 세 남매는 그 뒤를 따라 묵묵히 걸어간다. 요행히 후한 집이나 만나면 찬밥덩이나 얻어먹고 만일 인가를 못 만나면 3,4일씩 굶는 것이 상사이다.

밤이 되면 하늘로 이불하고 땅으로 자리하며 돌로 베개를 삼아 일곱 식구가 자는 것이다.

어느 날 그들은 '해헌령'이란 고개를 넘으려 하는데 해는 서산에 걸렸다. 그런데 맏 아들이 기운 없는 말 소리로 "잠깐 쉬어가자."고 한다. 조신은 못들은 체 하고 한참 그대로 가다가 돌아다보니 아들이 없다.

부득이 업었던 아이를 내려놓고 중얼중얼 욕을 하면서 다시 아래로 내려가 보니 아들은 그 자리에 엎드려있다.

조신이 깜짝 놀라 다리를 쳐들어 보니 그는 벌써 이 세상 사람이 아니었다. 또 아내는 남편이 오지 않으므로 아이들을 끌고 뒤따라 가보니 그 참혹한 광경은 다만 내외의 눈에서 눈물만 계속 흐르게 했다.

　아내가 입을 열어 "굶어 죽었구료."하니 조신은 대답하되 "굶어 죽기는, 왜 아까도 냉수를 두 대접이나 먹었는데."한다.

　그들은 없는 힘을 다하여 그곳에 구멍을 하나 파고 15세 된 장자의 시체를 묻었다. 조신 일행은 한숨 지며 그 곳을 떠났으나 걸음이 안 걸렸다. 겨우 겨우 '우곡현'이란 고개에 이르러서는 조신 내외가 병이 나서 꼼짝할 수 없으므로 부득이 그곳에 나무 부스러기와 거적때기를 여기 저기서 주어다가 되는 대로 움막을 하나 치고 여섯 식구가 입택하였다.

　그리고 장녀인 열살된 계집 아이가 바구니를 끼고 동냥 나가서 찬밥을 조금 얻어 오면 다섯 식구는 그것으로써 연명을 하여 나갔다. 엄동설한 추운 날에 맨 땅 위에 거적을 덮고 누웠으매 손가락 발가락이 모두 다 빠져나갔으나 말 한마디 아니하고 이를 악물고 견딜 뿐이었다.

　그런데 비극이 생겼으니 다름이 아니라 동냥 나갔던 계집애가 동리 개에게 다리를 물려서 비명을 지른 후 집으로 돌아온 후 전신을 꼼짝 못하고 다만 "아야 아야 나 죽소, 나 살려주."

하는 신음 소리를 계속하다가 밤을 지낸 새벽에는 아무 소리가 없었다. 조신은 '혹 잠이 들었나' 하고 손을 더듬어 딸의 몸을 만져보니 그의 몸은 이미 얼음과 같이 차게 되었으니 아 어찌 기막히지 아니하랴!

두 내외는 아픈 몸을 일으켜 딸의 시체를 근처에 파묻었다. 아내는 조신을 보고 "여보 내게는 당신이 짐이 되고 당신께는 내가 짐이 되었으니 오늘 이 자리에서 모든 윤기를 끊고 갈라서는 것이 피차 짐이 가벼워질 것 같으니 당신 마음엔 어떠하오."한다.

조신은 한참 무엇을 생각하더니 "그 말이 옳소. 4, 50년 지난 일은 꿈으로 알고 각각 헤어집시다."

의논이 끝난 후 남은 자식 셋 중에서 하나는 아비가, 둘은 어미가 데리고 남북으로 갈리게 되었다.

그런데 병들고 굶주린 여자 몸에 어린 것 둘을 데리고 가는 그 초라한 아내를 바라보매 하도 기막혀서 조신은 "엉 엉" 소리를 높여 울다가 제 울음소리에 깜짝 놀라 눈을 떠보니 김낭과 결혼하야 50년간 고생하던 것은 한낮 꿈이고 자기가 아직 독신이라는 것을 알게되었다.

다시 말하면 김낭이 출가하였다는 말을 듣고 법당으로 와서 통곡 하다가 잠이 들어서 그와 같은 꿈을 꾼 것이었다.

조신은 정신을 차린 후 아까 발길로 차서 비스듬이 돌아앉은 불상을 황급히 도로 바로 뫼시고 그 앞에 꿇어 앉아 "알았습니다. 이 미련한 놈이 세상이 그와 같이 괴로운 것인 줄을 모르고 거기를 가려고 4년간 축원을 드렸습니다. 그러나 대자대비 하옵신 부처님께서는 어여삐 여기시고 불쌍히 여기사 그 어리석은 기원을 성취 못하게 하여 주옵신 높으신 성지(聖旨)를 이제야 깨달았습니다. 오직 모든 죄를 용서하여 주옵시고 더욱 끝까지 지도하여 주시옵소서." 하며 부처님의 영험에 감동되어 경건한 태도로 엎드려 배례하고 또 배례하였다 한다.
　여러분 이 조신의 꿈 이야기와 같이 사람의 일생 생활에 애착이란 과연 무상한 것이요 허망한 것입니다. 그런데 우리 어리석은 사람들은 그 무상을 깨닫지 못하여 불의한 애착 생활을 계속 하려니 우리는 이 수도 생활에 의지하여 애착 탐착에 끌리지 말고 오직 담담한 도로써 영겁의 낙원을 장만하기로 합시다.

원기23년 〈회보〉 제 48호 이공주.

지기적 동지(知己的 同志)가 되자

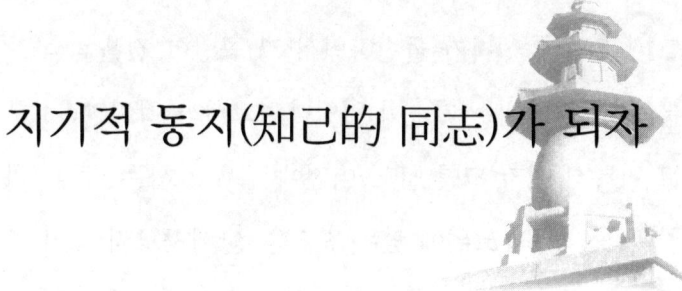

소소한 낙엽성에 만유무상의 진리를 음미하며 홀로 독서삼매의 경(境)을 소요하다가 문득 어느 수양 서적에서 한 이야기를 얻었으니 원문 그대로 옮겨보자.

옛날 '장자'가 그 벗 '혜자'의 묘 앞을 지나다가 묵연직입(默然直入)하여 깊이 생각에 잠겼음을 보고, 그 제자 한 사람이 장자에게 묻되 "선생이 평소에 생사일여를 말씀하신바 사(死)에 대하야 일찍이 비애를 느끼신 바 없었거늘 이제 혜자의 묘를 묵조하실제 추회지정을 버리지 못하신 듯 하옵니다." 하였다.

이에 장자가 "너에게 말하리라. 위 상산의 땅에 긴 짜구를 잘 쓰는 사람이 있었다. 그는 사람의 코 위에 콩 만한 진흙을 붙여놓고 10간 밖에 섰다가 돌진하면서 그 콩만한 진흙을 물로써 씻은 듯이 깎아내는 기술이 있었다. 그 나라 왕이 이 소문을 듣고 기특히 여겨 그를 불러 어전에 세우고 하는 말이 '내 들으니 네가 타인의 코위에 있는 진흙을 긴 짜구로써 능히 깎는다 하니 내 앞에서 곧 시험하여 보라' 하셨다.

이 말을 들은 그는 눈물을 흘리며 말하되 '왕이시여 용서하소서. 신이 전일에는 그러한 기술을 가졌었으나 이제 그 상대를 잃었는지라 감히 그를 행치 못하나이다. 그 연유는 신의 친구 중 신과 마음이 상통하고 신의 기술을 확신하는 자 있었으므로 그의 코 위에 진흙을 붙여놓고 긴 짜구로써 찍으면 그는 일모불란(一毛不亂)의 태도로써 고목과 같이 서 있었습니다. 그러나 지금에 그 친구가 이미 죽었는지라 뉘라서 신의 말을 믿고 고목과 같이 서있을 자 있으리까' 하였다.

보라! 성성(猩猩)이 지성성(知猩猩)이요, 호걸이 지호걸임과 같이 세상이 아무리 넓다 하되 지기를 얻기가 이다지 어렵다 할지니 내 어찌 혜자의 '죽엄'을 서러워할까만은 혜자 사후에 내 이미 상대를 잃었는지라, 내 마음을 알아주고 나의 뜻을 통할 자 없거늘 내 마음이 아무리 넓다 하기로 뉘로 대해 말할 자 있을꼬." 하였다 한다.

이상의 이야기는 그러한 인물이 실재하였는지 또는 장자가 그 제자를 교훈하려는 의도에서 나온 비유인지는 모르나 애처를 잃고도 오히려 노래하던 초연자약한 장자로서 그 벗 혜자의 죽엄을 서러워한 이면에는 엄연한 진리가 잠재한 듯 하니 나는 그 가운데에서 '지기의 필요함' 과 '믿음의 중요함' 을 깨달았다.

　어느 철인의 말에 '세상은 사막이요 인생은 사막을 걷고 걷는 한 나그네' 라는 말이 있거니와 과연 우리가 윤리와 도덕이 쇠퇴한 가운데 정의와 상조가 없이 서로 싸우고 서로 흘기는 이 고해 세상에서 나그네로 일생을 지내자면 의지가 상통하고 이상이 합치되어 고락을 같이 하고 진퇴를 같이 하며 한가지 환희하고 한가지 우려할만한 지기지우가 그 얼마나 필요타 할꼬?

　더구나 우리와 같이 제생의세를 목적하고 사업선상에 나선 자에게는 황금보다도, 미옥보다도 이 지기지우인 동지, 간담상조(肝膽相照)의 막역적 동지가 가장 귀하고 가장 중함이 될 것이다.

　그러므로 예로부터 어떠한 사업을 도모한다든지, 자기의 사상을 널리 전파하려 한다든지 할 때에는 의례이 먼저 공명의 동지를 구하고 그 동지를 얻은 다음에는 정과 의를 서로 건네어 단결하고 단결하였나니 관포지교(管鮑之交)와 유관장(劉關張)의 의는 주지의 일이어니와 상산사호(商山四皓)의 종유(從遊)와 죽림칠현의 교분이 다 지기의 실증이다. 이 외에도 동서양을 막론하고 철학가나 혁명가, 종교가, 사상가, 애국지사들을 통하여 죽음을 같이 하고 핍박을 같이 하면서까지 자기네들의 사상을 배양하고 선포하며 또는 이를 고수하야 일생의 반려, 인류문화 건설의 빛나는 희생이 된 자 많았으니 존재(尊哉)라 지기여, 중재(重哉)라 지기여. 회상컨대 우리는 종사주의 대법 하에 동지로서의 뜨거운 악수는 이미 건네었다.

그러나 한 걸음 나아가 '오심 즉 여심이요 오신 즉 여신' 이라 할만한 지기적 동지가 되었는가, 또는 슬픔에 같이 울고 기쁨에 같이 웃으며 죽음이라도 같이 하고 피와 살이라도 서로 나눌만한 일심 동체의 동지가 되었는가. 우리 모든 회우가 진실로 그렇게만 된다면 우리의 사업에 지장이 어이 두려우며, 우리의 공부에 고통이 어이 무서우랴.

그러면 어떻게 하여야 우리 회우가 지기적 동지가 되고 단합적 동지가 될 것인가. 고어에도 '지기가 됨에는 신봉의 동일함을 요한다' 는 말이 있거니와 우리 일반 동지가 종사주를 향한 신봉의 마음과 교리에 대한 신앙의 마음만 더욱 견고히 하고 더욱 열열히 하여 보라. 짜구 쓰는 사람의 친구가 그 친구의 기술을 믿듯이 종사주는 우리를 어둠에서 광명으로, 범부에서 성현으로, 악인에서 선인으로 인도하시며, 우리의 교리는 능히 세상을 치료하고 빈사상태에 빠진 고뇌인생을 능히 낙원으로 구출하여 종사주의 법광이 비치는 곳에 인류 이상의 평화세계가 전개되고 우리 회운이 미치는 대로 인류 문화가 되나니라. (하략)

원기23년 〈회보〉 제 49호 유성열.

양설(兩舌)을 경계하신 옛 이야기

오늘은 양설을 경계하신 옛 비유 이야기 하나를 들려드리겠습니다. 이 이야기는 한갓 우습기만 한 것이 아니라 그 이면에는 아마 적지 않은 교훈이 숨어있을 줄 믿으오니 잘 들어주십시오. 이제부터 그 이야기를 옮깁니다.

옛날도 아주 옛날, 그 어느 깊은 산중에 사자와 호랑이와 여우가 각기 한집을 이루고 살았습니다. 그런데 원래 사자와 호랑이는 힘세고 용맹있기로 알려진 짐승이라 사이가 대단히 좋지 못할 일이로되, 호랑이는 생각하기를 '내 힘이 아무리 세다 하되 저 사자란 놈은 당해내기 어려울 것이니 그놈과 사이가 좋아야만 되겠다' 하고 언제든지 의가 좋도록 하였고, 일방 사자도 생각하기를 '내가 비록 산중왕이라고는 하지만 저 범이 홀가분한 놈은 아니야. 잘못 건드렸다가는 이롭지 못할 뿐 아니 내 나이 이제는 늙었으니 점잖도 좀 내야지. 함부로 어린놈들을 못살게 할 것이야 무어 있나' 하고 호랑이와 서로 사이좋게 지내더랍니다.

그런데 약바른 여우란 놈이 하루는 양지쪽에 누어 '이 산에 호랑이와 사자가 있어 두 놈이 다 무서운 놈인데 저놈들의 사이가 대단 구수하니 아마 저놈들이 서로 싸우지 말자는 불가침조약이 성립된 모양이야. 그러하다면 그 새에 끼어 저자들의 밥이 될 놈은 힘 약한 나뿐이니 어떻게 저 두놈들끼리 싸움을 붙여놓고 나는 저놈들에게 죽지 않을 좋은 방법은 없을까.' 하고 궁리를 거듭하다가 드디어 한 꾀를 얻었습니다.

그리하여 그 이튿날 아침 일찍 일어나 화장을 곱게 하고는 작은 산의 호랑이를 찾아갔습니다. 호랑이가 마루에 앉아 담배를 피우다보니 저 아래서 여우란 놈이 깡충거리고 오는게 아마 무슨 기쁜 소식을 가져오는 듯 하므로 발톱을 감추고 기꺼이 맞이하였습니다.

여우는 호랑이 앞에 허리를 굽혀 극진히 절하고 문안을 올린 후 "오늘은 제가 대감께 드릴 말씀이 있어서 왔습니다."고 말했다.

"거 무슨 말인가."

"네, 다름이 아니라 저는 본래 대감을 극히 숭배하옵고 대감께 해가 미칠 일이라면 저의 몸으로라도 막을 결심을 가지고 있사온바 일전에는 저 놈의 사자에게 찾아갔더니 아 그 흉측한 사자가 아주 놀라운 말을 하더라고요."

"응 무슨 말인데."

여우는 목소리를 낮추어 은근한 태도로 "그 사자가 하는 말이 '나로 말하면 산중대왕으로 나에게 감히 덤빌 자가 없거늘 요사이 보아하니 저 아래 사는 호랑이란 놈이 기운을 펴고 다니며 내 위신에 손상될 일을 함부로 하니 그 고얀 놈을 쉽게 처치를 하리라'고 하니 아 이런 놀라울 바가 있습니까. 물론 대감께서야 그까짓 사자에게 해를 입으실 염려가 없지만 혹 불의의 변이 계실까 하여 이 말씀을 전하여 드리러왔습니다."

호랑이 대노하야 "그 못된 늙은 사자가 나를 죽인다고. 이 털보란 놈을 당장에 주먹감투를 씌우리라."소리를 지른 후 여우에게는 "고맙다."는 치하를 무수히 하고 "자네의 그 고마운 마음 내 잘 아네. 이후로도 내 자네를 동생같이 알 터이니 아쉬운 일이 있거든 가끔 찾아오게." 이렇게 말하여 보냈습니다.

저의 수단이 이루어지는 것을 만족하게 안 여우는 즐거움을 이기지 못하면서 그 길로 사자를 찾아갔습니다.

원래 잠이 많은 사자는 그날도 나무 그늘에서 한참 잠을 자고 있었습니다. 여우가 가까이 가서 형세를 살펴보니 잠이 대단 깊은지라, 함부로 깨우기가 무서워 그 옆에 쭈그리고 앉아 잠 깨기만 기다리다가 문득 잠이 들었습니다.

사자가 한잠을 곤히 자고 깨어보니 눈 앞에 여우가 자고 있는지라 괘씸하게 여겨 온 산이 울리도록 소리를 지르니 천지가 무너진 듯 잠결에 크게 놀란 여우는 허둥지둥 정신을 차려 사자의 앞에 나아가 국궁 배례하니

"네 이 버릇없는 놈. 웬놈이 어른 주무시는 곳에 자리를 같이 하려드는고?"

여우 다시 일어나 절하고 꿇어앉아 고하되 "네, 저는 이 아래 산 위에 사는 여우올시다. 일찍이 대왕께 나와 뵈옵고자 하였으나 미처 그러지 못할 즈음 오늘은 대왕께 긴히 드릴 말씀이 있어 왔삽더니 대왕이 주무시는지라, 깨시기를 기다리다가 부주의하야 잠이 들었었나이다."

'할말이 있다고. 거 무슨 말인고."

"네, 다름이 아니오라 대왕은 산중왕으로 약한 우리에게 미치는바 은덕이 태산같거늘 이 아래 호랑이가 그 은혜를 모르고 대왕의 위신에 좋지 못한 말을 함부로 하고 심지어 대왕을 해하고 제가 이 산의 주인이 되겠다 하니 그런 당돌한 말법이

있습니까. 이 말을 듣고 거저 있을 수 없어 찾아왔나이다."

사자는 이 말을 듣고 어이가 없어 한번 소리쳐 웃고 말하되 "흥! 제라서 나를 해하려 들어, 괘씸한 놈. 진작 그 놈을 이산에서 쫓아내려다가 너그러이 용서하였거늘 그런 배은망덕을 한 놈은 당장에 처벌하리라."호령하고 여우에게는 맛있는 요리로 치하하고 잘 어루만져 보냈습니다.

그 후 여우는 호랑이를 만나면 호랑이에게, 사자를 만나면 사자에게 갖은 사랑과 보호를 받아 걱정없이 지내더랍니다.

그러나 마침내 죽을 날이 돌아왔습니다. 어느 더운 여름날, 사자는 물을 먹으러 개천에 나왔다가 마침 그때 물을 길러온 호랑이와 마주쳤습니다. 벼르고 벼르던 원수를 서로 만난 그때의 그 버티고 노리고선 모양은 생각만 하여도 우습지요.

"너는 어른을 모르고 은혜를 모르는 놈이야. 오늘은 너의 목숨이 다한 날이다."

호랑이도 굴치 않고 큰 소리를 높여 "너는 너의 잘못을 숨기고 남을 책하는 놈이야. 철모르는 여우를 향하여 한 말은 너도 알겠지. 내 너를 늙은 놈이라 하여 용서하였지만 내버려 둘 수 없다."

"그건 또 웬말인고. 내 너에게 한 말이 없거늘 들으니 나의 위신에 손상되는 언설을 한다기에 처벌한다고 하였노라."

"아니다. 나야말로 네가 했단 말을 듣고 분한 마음에 한말은 있다. 네가 나에게 한 말은 여우가 더 잘 안다."

이리하여 두 장군은 싸움을 중지하고 좌우간 여우에게 증거를 대기로 하고 여우를 찾아갔습니다. 여우는 그때 집 앞 산 위에서 좋지 못한 소리로 노래를 하고 있다가 푸푸하는 가뿐 숨소리가 나는지라 뒤를 돌아다보니 사자가 뒤에 서고 호랑이가 앞을 서서 노기가 등등하여 올라오질 않습니까.

'아뿔사, 올 날은 왔구나' 꾀 많은 여우도 여기에 이르러서는 어찌할 도리가 없었습니다. 허둥지둥 하는데 이윽고 다다른 호랑이가 얼굴 빛을 고쳐 부드러운 어조로 "여보게 여우군. 자네 지난 달에 사자가 하던 말을 나에게 전한 일이 있지. 아 그런데 오늘 사자를 만나 처벌을 하려고 그 사유를 물으니 당초에 그런 일이 없다고 하니 오늘은 직접 그 말을 해주게. 그래야 일을 내지 않겠나."

여우는 "아아 그 그 그런게 아니라…"하고 어쩔 바를 모릅니다.

사자는 이때까지 호랑이를 흘기며 세불리 하면 그저 주먹감투를 씌우려고 하다가 여우의 태도를 보니 모든 일이 간사한 여우의 수작임을 알고 호랑이를 향하여 "여보게 호랑군. 우리 이놈부터 조처하고 일을 하세나."

이리하여 여우의 다리는 산산이 찢기고야 말았습니다.

이상은 한 우스운 이야기지만 양설을 경계한 깊은 뜻이 있다고 믿습니다.

원기 24년 〈회보〉 제 56호 유현정.

▼ 원불교 초기교단 예화모음

서문성 · 문향허 엮음

● 인　쇄 | 2004년 1월 2일
● 발　행 | 2004년 1월 10일
● 펴낸이 | 박정기
● 펴낸곳 | 도서출판 동남풍
　· 전북 익산시 신용동 344-2
　· TEL(063)850-3324, 854-0784
　· Fax(063)852-0784
● 찍은곳 | 원광사
● 출판등록 | 1991. 5. 23 제66호

값 9,000원　　*잘못된 책은 바꿔 드립니다.